그리스신화로 읽는 **에로스 심리학**

그리스신화로 읽는
에로스
심리학
신들의 은밀한
사생활을 훔쳐보다
최복현 지음
YANG MOON

contents

제1부 에로스, 세상의 시작

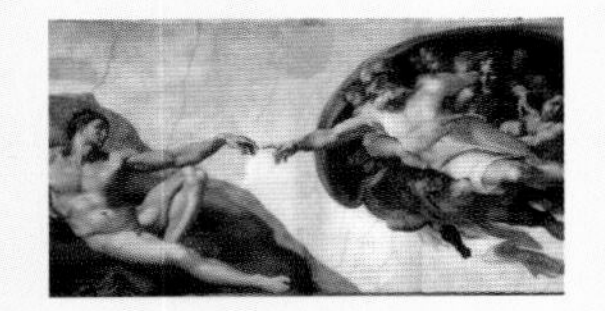

제2부 에로스, 존재의 참을 수 없는 다양한 성 충동

제3부 남자와 여자, 서로 다른 별에서 온 존재

제4부 에로스, 끝없는 바람기와 남녀의 갈등

제5부 달라도 너무 다른 남과 여의 공존

프롤로그 | 신들의 에로스적 심리 읽기

그리스신화는 재미있습니다. 이야기 자체가 재미있다는 말입니다. 신화라고 하면 뭔가 성스럽고 신비로운 느낌이지만 그리스신화는 그냥 사람들이 살아가는 이야기 같습니다. 심지어 우리가 흔히 만날 수 있는 일상적인 이웃을 뛰어넘어 사람들의 입방아에 오르기 십상인 난봉꾼 아저씨나 자유분방한 행실로 뭇 여인들의 수다에 단골로 호출되는 이웃동네 아줌마 같은 신들이 등장합니다.

최고의 신인 제우스는 천하의 바람둥이로 무수한 스캔들을 만들어내고, 가정을 지키는 정숙한 여신 헤라는 남편 제우스의 상대 여자들을 질투하여 유치하기까지 한 복수극을 멈추지 않습니다. 그런가 하면 세상에서 가장 아름다운 여신 아프로디테는 남자라면 사족을 못 쓰고 마음에 드는 남자를 유혹하기 일쑤고, 최고의 아름다움을 자랑하는 여신들이 제각각 황금사과의 주인이라며 험하게도 다툽니다. 그야말로 막장에 막장을 더한 드라마가 펼쳐집니다.

물론 이런 내용이 전부는 아닙니다. 때로는 장쾌한 전쟁 이야기, 재치 넘치는 삶의 이야기, 거센 물결을 헤치며 유혹의 바다를 무사히 건너는 리더십 이야기, 감당하기 어려운 상대를 물리치는 모험 이야기 등 우리가 살아가는 세상에서 일어남직한 인간사 모두가 들어 있기도 합니다. 실은 끝이 없을 만큼 아주 다양한 이야기들이 들어 있는 거지요.

그 많은 이야기의 다양한 테마들 가운데 이 책은 에로스적인 이야기를 중심으로 전개됩니다. 에로스는 우리 삶에서도 가장 중요한 부분을 차지하고 있는 요소지요. 그리스신화 역시 에로스로 시작해, 모든 이야기마다 에로스가 뒤섞여 있으며, 결과 또한 에로스로 끝납니다. 에로스는 그리스신화의 처음이자 끝, 즉 알파이자 오메가입니다. 이 책에서는 그리스신화 속 많은 신들의 이야기에서 그들의 에로스적인 심리를 읽어낼 것입니다. 또한 신화에 나타난 에로스적인 요소와 심리를 설명하면서, 그리스신화에 그치지 않고 세계의 곳곳에 남아 있는 신화 이야기를 소개합니다. 에로스는 우리 삶의 지엽적인 요소가 아니라 인류의 삶 구석구석에 보편적으로 영향을 미쳐온 중요한 원동력입니다.

그리스신화는 크게 세 가지 시선으로 바라볼 수 있습니다. 우선 과거로 읽으면 우리 인류가 살아온 삶의 모습이니, 인류문화 또는 오랜 풍속사라 할 수 있습니다. 그리고 현재의 관점으로 보면 우리 무의식에 자리한 다양한 욕망의 모습들입니다. 욕망을 형상화하여 신들의 세계를 그려놓은 것으로 보는 시각입니다. 때문에 다양한 신들, 그리고 그들의 행동에서 우리 마음 깊은 곳에 울렁거리며 솟아오르려는 신으로 화한 무의식을 만날 수 있습니다. 마지막으로 미래의 눈으로 읽으면 앞으로 우리 인류의 심리가 어떤 모습으로 변해갈지를 가늠할 수 있습니다. 이처럼 그리스신화는 단순한 이야기로 끝나지 않고 인류의 문화를 보여주는 보고이며, 우리 마음을 비추어보는 거울이고, 미래를 미리 가늠할 수 있는 창이라 할 수 있습니다.

어떻게 읽을 것인가. 그것이 인문학적인 물음이며, 나름의 답을 찾는 진정한 인문학 공부라 할 수 있습니다. 정신의학자 칼 융은 개인이 기억하기 싫어서 무의식으로 억압한 욕망 말고, 그보다 깊은 무의식적인 욕망을 보편적 무의식이라고 불렀습니다. 인간이라면 누구나 가지고 있는 무의식, 그 무의식을 들여다볼 수 있는 가장 훌륭한 창고가 바로 그리스신화라고 보았습니다. 이에 따라 칼 융의 원형분석 바탕에서 우선 이야기를 읽는 재미로 출발하여 인문학 공부의 즐거움을 맛보고, 우리 내면에 켜켜이 쌓인 에로스의 심리를 발견하며 깊은 맛을 느끼는 마무리로 재미와 깊이가 있는 신화 여행을 시도할 것입니다.

칼 융이 말한 보편적 무의식의 창고를 열어 우리가 만날 신들은, 실재했던 신들이 아니라 때로는 우리가 딛고 사는 지구(가이아)와 하늘(우라노스) 자체요, 때로는 기후현상, 즉 천둥(브론테스), 번개(스테로페스), 벼락(아르게스)이며, 그 가운데 대다수는 우리 마음에 숨 쉬는 욕망들(복수의 신 에리니에스, 사랑의 신 에로스, 불화의 신 에리스), 인간이 겪게 되는 죽음(타나토스), 조화(하르모니아), 공포(포보스) 등을 인격화한 것입니다. 이 존재들은 이야기만 있을 뿐 그것들의 원뜻은 없습니다. 즉 형상만 있지 의미는 숨겨져 있습니다. 그러니까 이 신들은 모두 상징입니다. 보조관념은 드러나 있으나 원관념은 숨겨져 있습니다. 그 원관념을 찾아내는 것이 신화의 해석입니다. 잘만 해석하면 우리는 참으로 많은 삶의 이치를, 적나라한 우리 욕망의 모습을 발견할 수 있습니다. 즉 그리스신화에는 의미를 찾아내는 재미, 우리 안에 숨은 수많은 다양한 모습들을 가진 욕망들을 알아가는 재미가 있습니다. 그런데 그 형상들을 해석하는 것은 해석자의 몫이기 때문에 실로 무수한 해석이 가능해집니다.

한편 보편심리는 인간이 살아온 과정에서 켜켜이 쌓인 기억들의 발현입니다. 인간이 어떠어떠한 환경에서 살아오며 가진 생각들이 심리로 자리 잡았습니다. 여성이 살아오면서 한 일들과 환경이 현재 여성들의 보편심리, 남성이 살아오면서 한 일들과 환경이 지금 남성들의 보편심리라는 전제에서 신화를 읽어갈 것입니다. 문화와 환경이, 우리에게 주어진 일들이 우리의 무의식을 만들어 왔다는 것을 이해할 수 있으며, 또한 지금 우리가 살아가는 모습들이 이후의 보편심리로 자리 잡게 되리라는 것을 읽을 수 있습니다.

그리스신화는 이처럼 재미와 깊이를 주는 인문학, 우리 자신의 모습 또는 내면을 비추어 보는 거울, 미처 모르고 살았던 삶의 이치를 깨닫도록 돕는 좋은 텍스트입니다. 알면 알수록 재미있고, 재미있게 신화를 공부하면서 점차 인문학의 깊이를 체험하는 즐거움, 그 즐거움을 나누고 싶어서 오랫동안 신화공부를 했습니다. 덕분에 '그리스신화로 세상 읽기'란 주제로 여러 해 동안 강의를 정말 많이 했습니다. 강의를 할 때마다, 강의를 마치고 나올 때면 수강한 이들이 묻곤 했습니다. 강의 내용을 읽을 만한 책을 소개해 달라는 것이었습니다. 아직 강의 내용을 정리한 책은 없다고 하면, 꼭 책으로 내달라고 부탁하곤 했습니다. 그 성원에 힘입어 그동안 강의한 내용들을 정리해 봐야겠다는 생각으로 시작한 것이 이 책의 작업이었습니다.

이름은 다 기억할 수 없지만 그동안 열성적으로 강의를 들어준 이들, 책을 내도록 독려해준 이들에게 감사의 마음을 전합니다. 또한 이 책을 펴내기로 선뜻 결정하고 꼼꼼히 살펴주고 조언해준 양문출판사에 고마움을 표합니다. 지금부터 동행할 독자들께도 미리 감사드립니다.

고맙습니다.

2017년 11월

최 복 현

제1부
에로스, 세상의 시작

:: 세상을 지배하는 에로스

거대한 여자가 누워 있습니다. 그 위로 그보다 더 큰 남자가 엎드립니다. 남자와 여자 사이에 빛들이 사라집니다. 두 남녀가 완전히 하나가 됩니다. 완전한 결합입니다. 그런데 갑자기 단말마의 비명이 들립니다. 그 소리와 함께 재빨리 남자가 몸을 일으킵니다. 남자는 입에 담지 못할 쌍욕을 하며 피를 뚝뚝 흘리면서 멀리 떨어집니다. 여자는 공포로 부르르 떨고 있습니다.

무슨 일이 있었던 걸까요?

대지의 신 가이아와 하늘의 신 우라노스가 결합을 하려는 순간 농경의 신 크로노스가 우라노스의 성기를 자른 겁니다.

그리스신화에서 가장 먼저 일어난 성행위의 주인공은 바로 가이아와 우라노스입니다. 이를테면 하늘과 땅은 붙어 있었다, 그 틈이 벌어졌다, 그러면서 천지가 창조되었다고 신화는 설명하고 있습니다.

이는 우주로 보면 하늘의 열림이요, 인생으로 보면 한 존재의 탄생설입니다. 우주는 하늘이 열리면서 탄생하고, 생명은 틈이 벌어지면서 탄생합니다. 그러한 천지창조의 원리를, 탄생한 두 존재의 결합과 분리의 원리를, 한 생명의 탄생 원리를 신화는 남녀 간의 사랑으로 보여주고 있습니다. 그러니까,

사랑은 언제 시작되었을까?

사랑은 어디서 왔을까?

사랑은 어떤 상황에서 필요했을까?

이러한 기본적인 질문이 사랑의 존재 이유이며 사랑의 본질이라 할 것입니다.

사랑의 본질을 찾아 떠나는 여행, 그 시작은 천지창조로 거슬러 올라갑니다.

그리스신화에서 세상의 처음 시작은 카오스입니다. 카오스란 이름의 의미는 혼돈으로, 다른 말로는 무질서입니다. 즉 우주가 있었으나 그 우주에 속한 지체들이 제자리를 못 찾고 헤매기 때문에 혼돈입니다. 따라서 그리스신화는 혼돈(카오스)에서 질서(코스모스)로의 이행입니다. 이 이행의 중심에 사랑이 있습니다.

이 혼돈스러운 상태에 질서를 찾아주기 위해서는 뭔가의 작업이 필요했습니다. 태초의 신 카오스는 에로스란 에너지를 가지고 가이아를 만들어냈습니다. 그러니까 천지의 시작은 사랑이란 의미이고, 현상의 유지도 사랑이며, 그 마지막도 사랑으로 모든 것의 조화는 사랑입니다. 사랑이 알파와 오메가입니다.

카오스는 가이아의 중심에 타르타로스라는 신을 심어주었으니 가이아의 자궁입니다. 카오스는 가이아를 보호하기 위해 가이아의 주변을 물로 채웁니다. 이 신이 바로 폰토스로 처음의 바다, 먼 바다입

미켈란젤로, 〈천지창조: 아담의 창조〉(1511~12, 바티칸 시스티나 성당)

니다. 또한 가이아의 주변은 온통 어둠의 신 에레보스가 둘러싸고 있습니다.

먼 바다의 신 폰토스가 둘러싸고, 그 위로 흑암이 자리 잡아서 아무것도 분간할 수 없던 태초에 카오스가 흑암인 에레보스 신에게 빛을 들이부으니 곧 아이테르, 밝은 대기가 되었습니다. 이렇게 어둠과 밝은 대기의 만남으로 영역은 적당히 반으로 나뉘었습니다.

이제 어둠의 신 에레보스와 밝은 대기의 신 아이테르 사이에서 어둠의 반을 나눈 밤의 신 닉스, 밝은 대기의 절반인 낮의 신 헤메라가 탄생합니다. 이쯤에서 태초의 지배 신들인 어둠의 신이 물러나고 밤의 신 닉스가, 빛의 신 아이테르가 물러나고 낮의 신 헤메라가 가이아의 주변에서 질서를 잡기 시작합니다.

주변 환경이 정리됨과 동시에 세상의 가장 본질적인 원리인 에로스는 가이아를 탄생하게 한 후로 원래의 에너지 형태로 돌아갑니다. 에로스는 항상 에너지 형태로 우리에게 사랑의 힘을 주며 머뭅니다.

이 에로스를 대신해서 가이아가 생산을 맡습니다. 부연설명하면 그리스신화의 에로스는 두 가지입니다. 카오스가 가이아를 생산할 때 관여한 에로스는 신이 아니라 그냥 태초의 물질 에너지입니다. 태초의 물질 에너지 에로스는 카오스가 멀리 물러나면서 더 이상 가이아의 세계에 관여하지 않습니다. 그 대신에 생산을 돕기 위해 태어난 에로스는 사랑을 담당하는 신입니다. 아프로디테와 아레스 사이에서 탄생한 사랑의 신입니다.

에너지 에로스는 혼돈의 신 카오스가 불러냈으니 사랑은 혼돈 속에서, 흑암 속에서 탄생합니다. 그 이유는 흑암에 빛을, 혼돈스러움 속에 조화를, 무질서에 질서를 주기 위해서입니다. 따라서 에로스의 탄생은 혼돈스러운 세상에 조화를, 무질서한 세상에 질서를, 희망 없는 세상에 희망을 주기 위해 존재합니다. 그만큼 사랑의 원리는 세상을 지배하는 원리 중 가장 중요하며, 반드시 존재해야 합니다.

이 사랑의 에너지가 세상에 충일할 때 세상은 조화롭고 질서 잡힌 코스모스의 세상이 됩니다. 그러나 사랑이 충일하기란 쉽지 않습니다. 애초의 에너지 에로스가 순전하게 보존되지 않고 오염이 되면서 부정적인 요소를 함께 지녔기 때문입니다. 사랑이란 이름은 가졌으나 왜곡되고 불순물이 섞이면서 진정한 사랑의 본질을 찾기 어렵습니다. 이 세상에서 사랑이 사라진다는 것, 그것은 세계의 종말을 의미합니다. 사랑이란 인간이 지켜야 할 가장 고귀한 가치입니다.

:: 새로운 생명을 탄생시키는 에로스 에너지

구약성경의 〈창세기〉는 "태초에 하나님이 천지를 창조하시니라. 그 때에 땅은 공허하고 혼돈하며 흑암 중에 있어 여호와는 수면 위에 운행하시니라. 빛이 있으라 하시니 빛이 있었다……."라고 시작합니다. 이를 그리스신화 식으로 옮기면 "태초에 하나님이 하늘 우라노스와 땅 가이아를 창조했다. 그때 가이아의 환경은 카오스 상태로 에레보스한 중에 있어 여호와는 폰토스 위로 다니셨다. 그때에 태초신은 아이테르를 부르셨다."로 풀 수 있습니다.

기독교의 신은 여호와 한 신뿐입니다. 반면 그리스신화에는 무수한 신들이 있습니다. 신이란 대상은 같으나 그 대상에 대한 인식은 전혀 다릅니다. 그리스신화는 신들을 절대적으로 받아들이기보다 세상을 구성하는 원리나 우주의 원리로 받아들입니다. 그리스신화의 신들은 종교의 대상이 아닙니다. 어떤 존재의 모습이나 존재의 이유, 존재의 내면의 형상화라 할 수 있습니다.

한 존재가 살아가려면 일단 공간이 있어야 합니다. 하늘과 땅이 모든 존재의 공간입니다. 창조신화를 보면 그 공간이 하늘인 우라노스, 땅인 가이아입니다. 이 둘이 붙어 있다면 암흑입니다. 그래서 이들을 떼어놓습니다. 크로노스라는 농경의 신이 하늘신의 성기를 절단하여 땅인 가이아에서 멀어지게 한 것입니다.

카오스가 사랑의 에너지로 만들어낸 가이아는 스스로 사랑의 에너지를 만들어낼 수 있었으니, 그녀의 몸에는 이미 남성이 심어져 있었기 때문입니다. 가이아의 중심에 자리 잡은 자궁 신은 바로 타르타로스로 남신입니다. 덕분에 대지의 신은 스스로 생산하는 능력이 있습니다. 자궁에서 사랑의 에너지가 발산되기 때문에 스스로 생산이 가능했습니다. 자웅동체의 신이었다는 설명입니다.

가이아는 타르타로스, 즉 자신의 자궁에 스파크를 일으켜 생산을 시작합니다. 그것이 최초의 쾌감이요, 최초의 오르가즘입니다. 자신의 몸에 대한 진한 애정, 그 쾌락의 열매는 바로 자신을 뒤덮고도 남을 만큼 거대한 우라노스, 바로 하늘 신입니다. 가이아의 기쁨은 한량없었습니다. 자신을 보호해줄 만큼 크고 위대한 신을 혼자 힘으로 낳았으니까요. 이제 외로운 우주에서 자신을 든든히 지켜주며 외로움을 달래줄 남신이 동반자로 와주었으니까요.

이렇게 하여 사랑의 에너지는 여성신인 가이아와 남성신인 우라노스로 나뉘었습니다. 이 두 에너지가 하나로 합쳐질 때 극한 쾌락과 함께 새로운 생명이 탄생합니다.

하늘의 신 우라노스가 가진 사랑의 에너지는 위에서 아래를 굽어보기 때문에 정복 욕구와 씨 뿌림의 욕구가 강합니다. 어떻게든 쾌락을 누리려는 데 혈안이 되어 있습니다. 그 방법은 여성을 지배하려는 욕구로 연결됩니다. 때문에 남성의 본질 속에는 남성 상위의 욕구가 강합니다. 그것이 누천년 성행위 관습에도 이어져옵니다. 또한 남성은 자신의 씨를 많이 뿌리려고 무진 애를 씁니다. 하여 남자의 본능은 뿌림에 있습니다. 자신의 것, 또는 자신의 씨를 최대한 뿌리려는 욕망이 가장 큽니다. 현대의학이 밝혀낸 바이지만 실제로 남성의 정자는 수없이 만들어져 사흘을 넘기지 못하고 죽는다고 합니다. 그러니 정자가 살아 있는 동안에 그것을 모두 뿌리고 싶어 하는 것이 남성의 본능입니다.

반면 대지의 여신 가이아는 길게 누워 남자가 뿌리는 씨를 받아들여야 하는 입장입니다. 남성을 받아들인 여성은 필연적으로 그 씨앗의 결과를 감내해야 합니다. 반드시 받아들임의 결과물이 있기 때문입니다. 보다 좋은 결과물을 얻으려면, 좋은 씨앗을 받아들여야 합니다. 그러니까 여성은 이를 위해 남성을 선택하려 합니다. 때문에 거부와 받아들임의 의식이 발생합니다. 여성의 난자는 무한히 생성되는 것이 아니라 탄생하면서 이미 정해져 있습니다. 그러니까 남성은 씨앗을 뿌리는 양에 더 관심이 많은 반면, 여성은 씨를 받아들일 때 질적인 면에 더 관심을 갖는 것이 당연합니다. 이 심리가 여성 속에 내재합니다.

그러다 보니 남성은 자기과시를 잘해야 여성의 선택을 받을 수 있습니다. 무엇보다 남성의 과시 능력은 우선 상대를 보존할 수 있는 능력, 즉 자신과 상대의 생존능력입니다. 여성과 자식의 생존을 책임질 수 있는 능력, 즉 경제적 능력입니다.

수렵시대엔 당연히 '나 사냥 잘해. 당신 책임질 수 있다고. 물론 애들까지도 책임질 수 있어.'가 능력이었고, 상대는 그것을 평가하여 선택했습니다. 농경시대엔 크로노스 신처럼 '나 쟁기질 잘해. 자 보라고 쟁기로 아버지를 이겼잖아'라고 자기 힘을 과시했습니다. 어떻게 먹고 사느냐에 따라 그 능력은 변합니다.

비단 사람뿐이 아니라 모든 수컷들 또한 무진 애를 씁니다. 매미는 큰 소리로 부르는 노래로, 사슴은 멋진 뿔로, 사자나 호랑이는 경쟁자를 물리칠 수 있는 힘으로 자기 능력을 보여주면서 자신의 씨를 가능한 한 많이 퍼뜨리려 합니다.

여성은 좋은 씨를 고르려 이 궁리 저 궁리를 합니다. 여왕벌은 수벌들의 능력을 알아보기 위해 하늘 높이 솟구칩니다. 가장 빨리 높이 날아오른 힘찬 수벌과 교미를 하려 합니다. 인간도 마찬가지입니다. 그러니까 인간의 성 원리도 애초에 다른 동물이나 미물들과 마찬가지로 2세 생산을 위한 행위로부터 시작되었습니다. 그것을 신화는 하늘과 땅의 결합으로 설명했습니다.

위에서 뿌리려는 남성은 늘 공격적으로 여성에게 접근합니다. 그러다 여의치 않으면 폭력적으로 나옵니다. 어떻게든 자기 목적을 달성하려는 것입니다. 반면 위를 바라보며 그 욕망을 받아들이는 입장인 여성의 사랑 에너지는 기다림과 쾌락, 그리고 그 결과를 보호해야 한다는 모성적 욕망으로 복잡하게 분화했습니다.

애초에 질서와 조화를 위해 끌어온 에너지는 순수에너지 상태로 있지 않고, 밀고 당기는 싸움으로 변질되기 시작합니다. 그러면서 서로가 서로에게 만족할 만한 그 무엇을 제공하지 못합니다. 여기에서 생긴 욕구불만이 곧 사랑의 에너지에 덧입혀집니다.

그것이 욕망입니다. 이 욕망이 태초의 신에게 절망과 분노를 안겨주었습니다. 질서를 부여하기 위해 끌어온 조화의 에너지가 오히려 세상을 어지럽게 만드는 욕망으로 바뀌었고, 그 욕망이 결국 인간 세상에 죽음을 들여왔습니다. 본질은 좋았으나 욕망으로 변질된 사랑, 여기에 신의 저주가 내렸습니다. 곧 죽음입니다. 인간 세상에 죽음이 들어온 겁니다.

:: 모든 욕구를 우선하는 성욕

〈창세기〉에서 태초의 여자가 뱀에게 유혹을 당해 신이 따먹지 말라고 한 나무를 쳐다봅니다. “그 열매를 보니 먹음직도 하고 보암직도 하고 지혜롭게 할 만큼 탐스럽기도 했다.” 이 의미를 풀어보면 이렇습니다. 첫째, 먹음직한 욕구는 생존의 욕구, 즉 개체보존의 욕구입니다. 둘째, 보암직한 욕구는 성욕으로 종족보존 욕구입니다. 셋째, ‘지혜롭게 할 만큼 탐스럽다’는 제3의 욕구로 학자에 따라 지적인 욕구, 문화욕구, 잉여욕구, 쾌락욕구라고 설명하고 있습니다.

성욕을 중심으로 한 욕망이 인간 세상에 들어오면서 그 성욕과 악도 함께 들어왔습니다. 성욕은 상황에 따라 식욕을 이깁니다. 또한 제3의 욕구를 이깁니다. 그러니까 3대 욕구 중 가장 강한 욕구는 성욕입니다. 여기에서 미움, 시기, 질투, 증오가 나오고, 사랑, 기쁨, 환희, 쾌락도 나오니까요.

태초에 신이 인간을 진흙으로 빚어 에덴동산에 살게 합니다. 그의 이름은 ‘진흙’이란 의미의 아담입니다. 그런데 이 아담이 외로워하자 이브란 여자를 만들어 그의 옆에 있게 합니다. 각진 남자와 곡선의 여자, 참 조화롭겠죠. 보기에 좋았습니다.

그러던 어느 날 아름다운 뱀이 이브를 찾아와 유혹합니다. 유혹자

랭부르 형제, 〈천지창조, 원죄, 낙원에서 추방: 베리공의 호화로운 기도서 중에서〉
(1410-16, 프랑스 콩데미술관)

인 뱀은 여자의 아킬레스건인 허영심을 건드립니다.

"신께서 이 동산에 있는 모든 나무의 열매를 먹으라고 했겠지?"

"아니, 다 먹되 동산 가운데에 있는 나무의 열매는 먹지 말라네요."

"왜 그랬을까? 저 나무의 열매를 따먹으면 하나님만큼 지혜롭게 되기 때문이야."

여자가 본즉 보기에 보암직도 하고 먹음직도 하고 지혜롭게 할 만큼 탐스럽기도 합니다. 결국 이브는 그 열매를 따먹고 아담에게도 따다주어 먹게 합니다. 이를 안 여호와는 "정녕 죽으리라."고 저주를 내리고 그들을 에덴동산에서 내쫓습니다. 그 후 뱀은 배로 땅을 기어다니며 여자의 뒤꿈치를 물고, 여자는 해산의 고통을, 남자는 노동의 고통을 겪다가 끝내는 죽습니다.

이 나무의 열매는 사과로 알려져 있으니, 금단의 사과입니다. 인간은 탄생하면서 일찌감치 금기를 만난 것이지요. 금기, 신은 금기를 미리 만들 줄 아는 존재입니다. 이를테면 미리 앞을 내다보는 존재란 점에서 신은 인간과 구별됩니다. 신의 금기는 예방차원의 금기입니다. 어떻게 보면 신의 폭력이라고나 할까요? 인간이 어길 줄 뻔히 알면서 금기를 만들어놓는 것이지요. 여지없이 인간은 그 금기를 깹니다. 지상의 생물 중에 유일하게 금기를 깰 줄 아는 존재가 인간입니다. 그러니까 금기란 깨기 위해서 만들어준 겁니다.

반면 인간이 설정한 금기는 예방차원이 아니라 시행착오거나 실수의 결과입니다. 일단 일이 저질러진 다음에 이래선 안 되겠구나 해서 세운 것이 금기입니다. 따라서 신과 인간은 여기에서도 차이가 납니다.

성서의 금기는 사과입니다. 신은 인간이 그 사과를 따먹으리라는 것을 몰랐을까요? 최초의 금기, 그 사과의 의미는 대체 무엇일까요?

성경은 금단의 사과가 선과 악을 알게 하는 지식의 열매라고 말합니다. 안다는 것, 그것이 죄의 시작이라는 의미입니다. 그러면 아는 것이 죄란 뜻인데, 무엇을 아는 것이 죄일까요?

아이들은 에덴동산의 아담과 이브처럼 남녀 간의 부끄러움을 모릅니다. 옷을 홀랑 벗고 다니면서도 전혀 부끄러움을 모릅니다. 그러다 대여섯 살이 되면 옷을 벗은 걸 부끄러워합니다. 남자와 여자가 다르다는 것을 알기 때문입니다. 내가 남과 다르다는 인식, 즉 분리의 인식, 엄마와 한 몸이었다가 분리되었음의 인식이 부끄러움이란 결과를 낳습니다.

다름을 알면서 한편 접근하고 싶은 욕망이 인간에게 생겼습니다. 그때부터 성욕이 자라기 시작합니다. 그렇다면 금단의 사과는 성욕을 인식하면서 아담과 이브가 서로를 의식하였고, 신의 미움을 받았다고 해석할 수 있습니다.

〈창세기〉의 아담과 이브 이야기와 유사한 신화가 있습니다. 서아프리카의 판그베족 신화입니다. 이들은 문맹자들이었습니다. 서양 문물을 받아들인 적이 없습니다. 그러니 그들이 성경을, 창세기를 읽었을 리도 없습니다. 그런데 그들에게 전해오는 신화가 아담과 이브가 선악과를 따먹은 이야기와 유사합니다.

이 신화와 성경의 이야기를 비교하면 그 의미의 실마리가 풀립니다.

태초신 에삼니아마베게에게는 모데와 오텐그라는 두 아들이 있었습니다. 어느 날 태초신은 뱀처럼 생긴 아들 오텐그를 데리고 다른 처소를 마련하러 떠납니다. 떠나면서 모데에게 신신당부하기를 에본나무 열매는 먹지 말라고 명령합니다.

모데와 모데의 아내만 남겨두고 떠난 그들은 새로운 처소에 도착합니다. 그런데 그만 모데에게 먹을 곡물과 도구인 불을 남겨두지 않고 온 것을 그제야 알아차립니다. 에삼니아마베게는 급히 오텐그에게 곡물과 불을 갖다주라고 합니다. 그런데 오텐그는 무슨 생각이었는지, 모데에게 곡물과 불을 주지 않고 그 대신에 에본 열매를 따먹으라고 말하고는 아버지에게 돌아옵니다.

심부름을 마치고 돌아온 그에게 아버지가 잘 갖다주었느냐고 묻습니다. 오텐그는 곡물과 불을 그냥 갖고 돌아왔으며, 대신 에본 열매를 따먹으라고 했다고 자랑스럽게 말합니다. 화가 난 신은 오텐그에게 당장 눈앞에서 사라지라고 호통 칩니다. 오텐그는 풀섶으로 숨어들어갑니다.

급히 돌아온 신이 모데를 찾습니다. 숨어 있던 모데가 아버지 앞에 나옵니다. 부끄러워 숨었답니다. 에본 열매를 따먹었느냐는 물음에 그렇다고 대답합니다. 아버지 신은 대노하며 "네가 에본 열매를 따 먹지 않았으면 너에게 시간을 주려했다. 이제 너는 너의 여자를 통해 인간을 낳을 것이다. 그 인간은 절반은 죽고 절반은 살 것이다."라고 저주했습니다. 그리하여 인간은 신의 예언대로 절반은 늙어서 죽고, 절반은 세상을 살아갑니다. 그 후로 인간 세계에 죽음이 들어왔답니다.

성경의 신화와 유사하지요. 금단의 열매를 먹은 후에 인간 세상에 죽음이 들어왔다는 것입니다. 열매를 먹고 나서 인간 세계에 죽음이 들어왔다? 성경에서 죽음에 대한 최초의 언급은 "정녕 죽으리라."입니다. 이는 그 전에 인간은 영원한 자였다는 의미입니다. 그런데 금단의 열매를 먹은 이후 인간은 정녕 죽으리라는 신의 저주대로 죽습니다.

에덴의 사과, 그와 유사한 에본의 열매. 이들은 어떤 관계가 있으며, 이 상징적인 금단의 열매는 어떤 의미가 있는 것일까요? 이 에본의 열매는 샤베나무의 열매란 의미와 여성의 성기를 의미하는 다의어입니다. 그렇다면 금단의 열매란 다름 아닌 여성의 성기를 의미한다고 유추할 수 있습니다. '금단의 열매를 따먹다'라는 말은 쾌락을 알았다는 의미로 확대 해석할 수 있고요. 그러니까 '따먹다'란 말은 우연의 산물이 아니라 태초의 범죄를 알리는 단어이며, 오늘날 속어로 발전한 것인지도 모릅니다.

이 세상에 존재하는 모든 언어는 잘 따지고 보면 그냥 생겨난 것이 없습니다. 결론적으로 쾌락의 욕구로 죽음이 들어왔고, 인간은 쾌락이라는 달콤한 과실을 얻는 대신에 죽음을 받아들일 수밖에 없었다는 의미입니다. 다른 말로 인간 최초의 죄악은 쾌락을 알았다는, 즉 성욕을 알았다는 것입니다. 성욕은 모든 욕망 중에 가장 처음 생긴 것이고, 만고불변으로 이어질 것입니다. 물론 이 성욕으로 절반이 죽어야 할 운명의 자리를 새로 태어나는 2세가 채우게 되는 것이죠. 성욕은 인간이 가진 욕구 중 중심을 차지하고 있습니다. 상황에 따라서는 성욕이 모든 욕망을 지배한다는, 우선한다는 의미입니다.

역으로 이 성욕을 지구상에서 영원히 추방한다면 나머지 인간은

헨드리크 골치우스, 〈인간의 타락〉(1616, 미국 워싱턴국립미술관)

영생불사의 몸이 될까요. 인간이 없다면 신을 찾는 존재가 없을 것이니, 인간은 신을 위해 영생불사의 몸으로 남아 있을 것이란 가정이 가능합니다.

실제로 인간이 에덴에 살 때는 죽지 않았을까요? 적어도 인간이란 이름을 가졌다면, 인간은 에덴에서도 역시 죽었다는 것이 옳습니다. 인간의 다른 이름은 유한자, 반드시 죽는 자란 의미니까요. 영원자라면 인간이라 부르지 않고 신이라 부르겠지요. 성경에서 '정녕 죽으리라'한 신의 말씀은 없던 죽음이 들어온 것이 아니라 죽음은 이미 있었는데 아담도 이브도 그것을 인식하지 못했다는 뜻입니다. 에덴에서는 자궁 속 아이와 같은 상태로 죽음을 인지하지 못했기 때문입니다. 에덴에서 쫓겨났다는 것은 이제 세상으로 갓 나왔다는 의미이고, 죽음을 인식했다는 의미입니다.

금단의 사과는 성욕임과 동시에 지식을 의미합니다. 마찬가지로 갓 나온 아이는 죽음 자체를 인식하지 못합니다. 어머니와 자신의 분리도 모릅니다. 어머니와 일심동체로 여깁니다. 좀 더 자라서 서너 살은 되어야 어머니로부터 심적인 분리가 이루어집니다. 이때부터 타인을 인식하고, 죽음에 대한 두려움도 알게 됩니다. 그리스신화에서 죽음의 신은 타나토스이니, 인간은 에덴동산에서 쫓겨나면서 처음으로 죽음의 신 타나토스를 만난 셈입니다.

:: 인류문명을 발달시킨 에로스적 욕구

신은 왜 성욕을 발현하지 못하게 했을까요?

인류문명이 발달해온 근본에는 성욕이 있습니다. 만일 이 땅에 남자만 있었다면 이만큼 인간이 발전했을까요. 반대로 여자만 존재했다면 이만큼 문명이 발달했을까요.

수컷과 암컷의 세상, 서로가 서로를 탐하고 서로 관계를 맺기 위한 근원적 욕망이 아주 다양한 분야로 발전한 것입니다. 이성간의 동거가 문명의 발달을 가져온 충분한 동기였다는 가정이 가능합니다. 그러니까 나와 다른 존재의 발견, 타인의 발견이 최초의 지식이었습니다. 곧 성욕, 최초의 지식이요, 나와 그 무엇의 분리의 발견이 최초의 지식입니다. 이 지식과 다른 지식이 어느 정도 쌓일 때 인간은 미개나 원시 상태에서 벗어납니다. 곧 문명입니다.

그런데 왜 신은 문명의 발달을 싫어한 걸까요?

인간과 인간이 만나, 다시 말하면 여자와 남자가 만나 극단의 쾌락을 느낄 때, 그것이 오르가즘입니다. 인간은 오르가즘을 체험하면서 신과의 만남에서 느꼈던 즐거움에서 서서히 멀어져 갑니다. 신은 그것을 질투하는 거지요. 남자와 여자 사이엔 오르가즘이 있고, 신과 인간 사이엔 엑스터시가 있는데, 오르가즘에 갇히면서 인간이 엑스터시의 경험에서 멀어지기 때문입니다. 이를테면 문명이 발전하면 발전할수록 인간과 신의 거리는 더 벌어질 수밖에 없습니다. 신은 그렇게 인간을 떠나보내는 것을 예감하고 이를 막고 싶었을 것입니다. 인간이 신의 영역을 침범하기 시작한 것이 바로 성욕에서 비롯되었기 때문입니다.

〈창세기〉에 나타난 본능, 즉 먹음직함의 욕구는 생존본능이요, 보암직함의 욕구는 종족보존 욕구인 성욕이며, 지혜롭게 할 만함의 욕구는 문화의 욕구입니다. 이 3대 본능이 인간을 신에게서 멀어지게 했고, 신의 영역을 침범하게 했고, 이만큼의 발전을 가져왔습니다. 이 욕구들 가운데 가장 기본적인 것이 성욕이요, 이 성욕에서 양대 욕구가 분화됩니다.

수컷은 자기 씨를 퍼트리기 위해 무엇보다 암컷을 책임질 수 있다는 것을 보여주어야 합니다. 그것의 발현이 생존욕구입니다. 저 수컷이 나의 생존을 가능하게 할 능력이 있다고 여길 때 암컷은 수컷의 제의를 받아들입니다. 그래서 시대에 따라 남자의 능력도 분화되어 왔습니다. 수렵시대에는 사냥 실력, 농경시대엔 농경으로 얻는 식량 생산 능력, 자본주의 시대엔 경제능력을 보여주어야 했습니다.

그렇게 하여 얻는 짝짓기입니다. 거기엔 자신의 씨앗을 전수한다는 쾌감과 소유욕, 정복욕이 함께 합니다. 따라서 성욕은 생존욕구인 식욕보다 한결 복잡하게 발전할 수밖에 없습니다. 성욕을 충족하기 위한 수컷들의 몸부림, 그 처절한 투쟁은 생존욕구를 충족시켜줄 수 있다는 것을 보여주기 위해서입니다. 예를 들어, 수매미는 짝짓기에 성공할 때까지 줄기차게 울어댑니다. 사자나 호랑이는 자신이 힘이 가장 세다는 것을 보여주기 위해 다른 수컷들과 목숨을 걸고 싸웁니다. 인간도 동물에 속하는 이상 목숨을 걸고 수컷의 본능을 보여주려 합니다.

다만 그 방식에 있어서 인간은 확연한 차이를 보여줍니다. 세상에 존재하는 모든 것들의 본능을 인간은 모두 행한다는 점입니다. 뱀 같은 지혜로, 개미 같은 부지런으로, 호랑이 같은 위엄으로, 사슴뿔 같은 멋으로, 이런저런 다양한 모습으로 짝짓기에 성공하려 애씁니다. 그만큼 인간 여성은 남성의 능력을 평가하는 기준이나 받아들이려는 심리가 아주 다양할 수밖에 없습니다. 어떤 여성은 힘을, 어떤 여성은 경제력을, 어떤 여성은 권력을, 어떤 여성은 미모를, 어떤 여성은 지적인 능력을, 어떤 여성은 성격을 받아들임의 기준으로 삼습니다. 다양한 짝짓기의 조건이 인간을 이만큼 진보한 종족으로 만들어 주었습니다.

반면 다른 동물들은 애초에 갖고 태어난 본능에서 진보하지 못했습니다. 그래서 늘 같은 방식만 답습합니다. 인간은 모든 동물의 본능충족 방식을 체득하고 시도하면서 아주 다양한 욕구 충족을 해왔습니다. 때문에 이 세상에 존재하는 모든 동물의 본능 충족방식은 인간이 답습해온 본능들의 모습을 엿볼 수 있는 표본입니다.

이처럼 다른 동물이나 곤충과 달리 다양한 받아들임의 양태, 평가의 양태를 문화라고 부릅니다. 모든 문화는 2대 욕구인 식욕과 성욕의 파생에 불과합니다.

동물과는 달리 인간은 단순히 배를 채우는 대상이 음식이 아닙니다. 어떤 무엇을 먹을까, 어떻게 먹을까 궁리합니다. 이를테면 '~식' 문화입니다. 즉 '어떤'과 '어떻게', 'What, how'의 과정과 결과가 문화

입니다. 성욕에서도 마찬가지이지요. 위에서 말한 대로 아주 다양한 방식의 짝짓기 시도, 다른 동물과는 달라도 아주 다른 형식의 성, 그리고 그에 따른 아주 다양한 성 심리. 성의 다양성에도 '어떤'과 '어떻게'가 적용됩니다. 그것이 성문화입니다.

그러니까 동물들에겐 식욕은 있으나 식문화는 없습니다. 동물에게도 성욕은 있지만 단지 2세의 생장에만 국한되는 종족보존욕구에 불과합니다. 그러나 인간의 성욕엔 생산 이외에 자기정체성의 확인,

조르조 바사리, 〈아버지 우라노스를 거세하는 크로노스〉(1564, 이탈리아 베키오 궁전)

자기과시 같은 복잡한 무엇이 있습니다. 즉 성문화입니다.

이렇게 에로스는 본질에서 확산되면서 잡스런 욕구와 합쳐졌습니다. 이 에로스적인 욕구가 본능의 중심이며 문화욕구의 중심이니, 인간진보의 원동력 중에 가장 강한 요소가 있다면 그것은 에로스적인 욕구, 성욕구라 하겠습니다. 프로이트가 사람의 행동 기저에 있는 원동력으로 리비도를 성충동이라 말한 것도 그런 맥락입니다. 이러한 결과로 생긴 문화욕구는, 다시 모든 욕구를 서로 떼려야 뗄 수 없는 관계입니다. 제3 지대의 발현이 훌륭하면 당연히 제1, 제2의 욕구를 충족시키는 데 유리하기 때문입니다. 이른바 스타들은 제3의 지대에서 활동합니다. 정치란 권력도 마찬가지입니다. 제3의 욕구지대에서 성공한 이들은 제1, 제2의 욕구를 수월하게 얻습니다.

:: 아버지 살해 욕구와 우라노스 신드롬

'아버지 살해'하면 가장 먼저 도스토옙스키의 《카라마조프의 형제들》을 떠올릴 수 있습니다. 이 작품에 등장하는 첫번째 아내의 아들은 물론 두 번째 아내의 아들들과 실제로 아버지를 살해한 사생아까지 네 명의 아들이 동조하거나 묵인하거나 아버지 살해에 가담합니다. 이는 근원적인 아버지 살해 욕구를 잘 설명해줍니다.

구약성경에서 최초의 살인자 카인은 동생 아벨을 살해하는 것으로 나오지만 이 역시 상황으로 보면, 농경민의 대표라 할 카인이 유목민의 대표라 할 아벨을 살해한 것으로, 앞선 시대는 가고 다음 시대가 온다는 의미로 볼 수 있습니다.

그리스신화에서 크로노스가 우라노스의 생산력을 제거하고 제우스가 크로노스의 힘을 제압한 것 역시 아버지 살해의 원형이라 할 수 있습니다. 이는 시간이 흐르면 생물은 어떤 모습으로든 변하고 소멸되는 것이며, 그 자리를 다른 것이 메운다는 인연의 증명입니다. 따라서 아버지 살해는 인류문명의 관점에서 필연이며, 소멸이라는 자연의 질서가 그 이치를 설명합니다. 오이디푸스의 아버지 살해나 페르세우스의 외할아버지 살해 역시 같은 맥락입니다. 그것이 순리라는 것이지요.

그러면 그리스신화의 가장 오래된 아버지 살해를 볼까요. 자신보다 큰 남자 우라노스를 낳은 가이아는 그와 쾌락을 즐김과 함께 아이들을 생산합니다. 남신 여섯(오케아노스, 히페리온, 코이오스, 크로노스, 이아페토스, 크레이오스), 여신 여섯(테티스, 테이아, 포이베, 레아, 므네모시네, 테미스), 12명의 티탄신족을 생산합니다.

문제는 쾌락을 느낄 때는 좋았으나 그 결과물을 혼자 책임져야 한다는 데 있습니다. 쾌락에 따른 번거로움입니다. 남신 우라노스는 아이들을 생산하는 데만 관심을 가질 뿐 아이들을 낳자마자 아내의 자궁인 타르타로스로 모두 밀어넣었기 때문입니다.

가이아로서는 아이들을 혼자 품고 살아야하니까 쾌락도 이제는 진절머리가 납니다. 가이아는 남신을 피하기 시작합니다. 그런데도 남신은 힘으로 제압하여 아이들을 만들고 맙니다. 그렇게 해서 이번엔 한꺼번에 세쌍둥이 브론테스(천둥), 스테로페스(번개), 아르게스(벼락)를 낳습니다. 삼형제는 키클로페스, 영어로는 사이클롭스(Cyclopes)입니다. 그걸로 끝이 아닙니다. 또다시 강제로 임신을 시켜 세쌍둥이를 낳았으니 코토스(돌진하는 자), 브리아레오스(팔을 함부로 놀리는 자), 기가스입니다. 이들 삼형제는 헤카톤케이레스라고 불리죠.

쾌락보다 삶의 고통이 커지자 가이아는 더 이상 참을 수 없습니다. 가이아는 쾌락만 밝히며 책임을 다하지 않는 빌어먹을 사랑을 거부하기로 합니다. 그래서 남자를 쫓아낼 치명적인 무기인 스키테를 만들었으니 청동 낫입니다. 가이아는 아들들을 불러놓고 자신과 함께 우라노스를 내치자고 제안합니다. 워낙 거대한 아버지가 두려워 누구도 선뜻 나서지 않는 가운데 막내인 크로노스가 해보자고 나섭니다. 결국 우라노스는 아들이 휘두른 낫에 생산력의 상징인 성기를 잘

미히엘 반 콕시, 〈아벨을 죽이는 카인〉(1539, 스페인 프라도 미술관)

리고 하늘로 도망치고 맙니다.

더 이상 생산능력이 없는 우라노스는 그리스신화에서 퇴장합니다. 우라노스의 퇴출은 여자에게 쾌락을 주었으나 제1의 본능인 생존욕구를 책임질 수 없는 존재의 퇴출입니다. 이는 사냥으로 식욕을 책임졌던, 그 능력으로 성을 얻었던 존재의 퇴출임과 동시에 낫으로 식욕을 해결해줄 수 있는 존재가 성을 얻는다는 의미입니다. 즉 농경으로 인한 생산능력입니다. 달리 말하면 수렵시대, 또는 유목시대에 이어 농경시대의 도래입니다. 생존을 위한 최초의 전쟁의 상징입니다.

수컷이 열심히 일한다는 것, 능력을 보여준다는 것은 본능적으로 자신의 씨를 뿌리고 싶다는 반증입니다. 때로 그렇게 아주 열심히 본능을 채우기 위해 죽어라 노력하다 보면, 그 본능을 잊는 것이 아니라 그 본능을 채울 힘이 소진되는 현상을 겪기도 합니다. 그것을 잘하면 승화지만, 잘 못하면 욕구불만인 상태에서의 소진현상인 좌절로 이어질 수도 있습니다.

수컷들은 때로 여성을 만족시켜줄 수 없다는 불안감을 갖습니다. 여성들이 폐경기가 되면 여성으로서의 능력을 잃었다는 갱년기 증후군에 빠지듯, 남성도 여성의 욕망을 채워줄 수 없다는 불안심리에 시달립니다. 그래서 어떻게든 그 힘을 유지하려 음식물을 골라 섭취하고, 심지어 성 강화훈련을 합니다.

그 현상은 우라노스 신드롬에서 비롯되었습니다. 우라노스 신드롬이란 필자가 나름 의미부여를 한 용어입니다. 우라노스는 왜 가이아에게서 쫓겨났을까요? 물론 신화는 아들 크로노스를 시켜 거세를 하고 쫓아냈다고 이야기합니다. 이는 남자가 더는 남자 구실을 못하여 여자가 힘세고 젊은 남자를 불러들였다고 해석할 수 있지 않을까요? 힘을 발휘할 수 없는 남자는 쫓겨나고, 그 자리를 젊은 남자가 차지하는 것이지요.

우라노스는 그렇게 저 멀리 떠나고 그 자리를 크로노스가 대신했습니다. 우라노스의 무기는 더 이상 힘을 발휘하지 못했고, 크로노스의 신무기는 힘을 발휘하여 그 자리를 차지했죠. 우라노스의 쟁기와 크로노스의 쟁기, 우라노스의 도구와 크로노스의 도구의 대결, 이렇게 하면 더 실감이 날 겁니다.

이러한 성욕이 경제능력과 연결되는 것은 당연합니다. 우라노스가 수렵의 신을 말한다면, 크로노스는 농경의 신입니다. 시대의 흐름에 따라 수컷 능력의 평가기준도 달라집니다. 새로운 경제능력이 이전 경제능력을 대체합니다. 그리고 그것이 당연히 성 능력으로 연결되는 것이고요. 성의 쾌락, 그 쟁취를 위한 본능 때문에 남자는 열심히 그 무엇인가를 합니다. 다만 그 일에 몰두하면서 사실은 그 본능을 잊습니다. 그게 승화라면 승화입니다.

그러면서도 한편으로는 본능적으로 우라노스 신드롬에 시달립니다. 어느 날 갑자기 신무기를 가진 자에게 자기 위치를 강탈당했던 최초의 흔적을 인간은 본능으로 기억하고 있기 때문입니다. 성 능력을 잃으면 모든 것을 잃을 수 있다는 불안감, 그것이 근원적인 남성 상실 증후군, 즉 우라노스 신드롬입니다.

:: 카인 콤플렉스와 크로노스 콤플렉스

어린 시절 부모의 사랑을 더 차지하기 위한 형제간의 심리적 갈등 또는 적대감을 카인 콤플렉스라고 부릅니다. 형제는 한 핏줄이면서 서로 적으로 여기기도 하는 복잡한 감정을 갖습니다. '피는 물보다 진하다'는 것이 당연한데, 부모의 사랑을 서로 차지하려는 경쟁자로서 때로는 '오염된 피는 똥보다 더럽다'는 인식이나 '사촌이 땅을 사면 배가 아프다'는 지나친 경쟁 심리로 옮겨가면서 적대감을 갖기도 합니다. 경쟁자로서 사사건건 상대와 비교한다는 점에서 열등 콤플렉스와도 유사한 것이 카인 콤플렉스입니다.

구약성경에 인류 최초의 살인이 언급됩니다.

"카인과 아벨 두 형제가 있었습니다. 아벨은 양을 치는 목자였고, 카인은 농사를 짓는 사람이었습니다. 두 사람이 제단을 쌓고 신에게 자신의 생산물을 번제로 올렸습니다. 헌데 신께서는 아벨의 것을 흠향하셨으나 카인의 것은 받지 않았습니다. 질투를 느낀 카인은 아벨을 죽였습니다."

무엇으로 죽였을까요. 그야 농기구로 죽였지요. 어때요, 크로노스가 청동으로 만든 스키테라는 낫으로 아버지 우라노스를 쫓아낸 것과 카인이 동생 아벨을 죽인 것이 연결되지 않나요. 이는 양치기의 시대, 즉 유목의 시대가 가고 농경의 시대로, 사냥의 시대가 가고 농경의 시대로 흘러갔다는 의미입니다.

왜 신이 사랑한 아벨은 죽고 카인은 살아남았을까요.

시대가 흐를수록 인간은 신에게서 멀어졌으니까 신과 인간의 사이는 원시시대일수록 가깝겠지요. 신은 인간이 가까이 있길 원하지만 금단의 열매를 맛본 인간은 이제 서슴없이 금기를 깨면서 앞으로만 나아갑니다. 그것이 문명입니다.

사랑과 문명, 그것은 함께 나아가는 쌍두마차와 같습니다. 욕망은 문명을 만들어내고, 문명은 그 욕망의 모습을 더 다양하게 바꿉니다. 그러면서 그 욕망은 진보라는 이름으로, 문명이란 이름으로, 신의 금단의 영역을 침범합니다. 그 욕망을 더는 막아설 수 없는 신은 카인의 살인이라는 상징으로 그것을 우리에게 알려줍니다.

아벨의 살해사건, 또는 그리스신화의 우라노스 퇴출은 흘러간 시대를 말합니다. 그럼에도 그 흘러간 시대는 보다 신과 가까웠습니다. 문명의 진보와 동거하면서 인간은 신과 점차 멀어져 갑니다. 멀어질수록 불안과 초조함은 더 커집니다. 그렇게 인간은 원래 출발한 곳, 원초적인 낙원인 신과 동거했던 에덴에서 멀어지면서 더욱 더 불안감에 사로잡힙니다.

크로노스는 우라노스의 급소를 자르고 아버지의 자리를 차지한 후 후유증에 시달립니다. 자신이 아버지와 겨뤄서 승리를 거두었으나 아버지 여자의 도움이 있었기에 가능했다는 것을 깨달은 겁니다. 그러니까 여자란 존재는 믿을 수 없다는 생각이 든 것입니다. 하여 크로노스는 아이를 낳으면 스스로 삼켜서 제 안에 가둡니다(하데스, 포세이돈, 헤스티아, 데메테르, 헤라). 여자와 자식을 가까이하게 하여 벌어질 수도 있을 반란을 미연에 방지하려는 생각에서입니다. 그는 자신의 생산물을 여자에게 맡겨서 도래할 비극을 사전에 방지하려면, 여자와 자식 간의 거리를 유지하는 수밖에 없다고 생각하여 모든 양육과 교육을 혼자 행합니다. 멀어져 간 아버지에 대한 두려움, 언젠가 자신을 배신할지도 모를 여자에 대한 불안감, 그런 복합적인 감정이 크로노스 콤플렉스입니다. 카인 콤플렉스와 크로노스 콤플렉스는 일맥상통하는 면이 있습니다. 둘 다 새로운 세력의 승리요, 지난 세력의 물러남이란 점입니다.

이러한 복합적인 감정들이 근원적인 성 심리에 작용합니다. 나중에 프로이트에게서 오이디푸스 콤플렉스가 등장하지만, 이미 우라노스와 크로노스 사이에서 콤플렉스가 생겼습니다. 어머니의 사랑을 차지하기 위한 크로노스나 오이디푸스의 심리는 일맥상통합니다. 크로노스는 여자인 어머니의 마음을 믿지 못합니다. 어머니의 후예인 아내를 믿지 못하는 것도 당연합니다. 그래서 자주 자식들과 자신의 관계를 확인하고 싶어 합니다.

어린 아이에게 "너는 아빠 아들, 엄마 아들?"이라든가 "너는 아빠 딸, 엄마 딸?"이라고 물어서 아빠라는 이름이 먼저 나오기를 기대하는 것이 인간의 근원적인 심리 밑바닥에 쌓여 있는 크로노스 콤플렉스의 발현입니다.

이처럼 우리 심리 밑바닥에는 다시 아벨이 부활하여 카인의 후예인 우리를 벌주지 않을까 하는 불안감, 멀리 올라간 우라노스가 다시 가이아를 덮쳐 암흑으로 만들지 않을까 하는 두려움이 잠재되어 있습니다. 가이아와 우라노스의 만남은 크로노스 후예들의 최후를 의미하니까요. 하늘과 땅은 당연히 저렇게 아주 멀리 떨어져 있어야 하고요. 그래서 그리스신화는 그 장치를 이렇게 마련해놓았습니다. 하늘신 우라노스는 남성의 힘의 상징인 성기를 자식에게 잃고 도망갔노라고. 이제는 창피해서 다시 가이아에게 접근조차 하지 않을 거라고.

:: 아프로디테, 여성 쾌락의 시작

크로노스는 우라노스의 성기를 잘라 등 뒤로 던졌습니다. 그러자 성기는 바다 속으로 풍덩 빠졌습니다. 그런데 그대로 사라지지 않고 키프로스섬 근처를 거품으로 뒤덮었습니다. 그 거품에서 아름다운 여신이 발가벗은 채로 솟아올랐습니다. 아기도 아니고 온전한 몸매, 완벽한 아름다움을 갖춘 여신이 거품과 함께 조가비를 타고 솟아오른 것입니다. 이 신의 이름이 아프로디테, 거품이란 의미의 여신입니다. 이 여신은 바로 사랑의 원리, 즉 육체적인 사랑의 상징입니다. 따라서 이 여신을 잘 읽으면 육체적인 사랑의 본질을 알 수 있습니다.

아프로디테, 이 여신은 우선 아버지의 성기에서 태어났습니다. 즉 본능적으로 사랑은 성기와 함께 탄생한다는 의미입니다. 인간은 누구나 본능적으로 이제 쾌락을 압니다. 남성을 받아들임의 쾌락, 때로 그 쾌락으로 인한 번거로움과 고역이 있지만 그럼에도 쾌락을 잊지 못합니다.

일단 쾌락을 알게 됨으로써 근원적으로 잃어버린 시간, 그래서 유한자인 인간에게 그나마 위안이라면 본인 이후에 본인을 이어서 살아줄 존재의 탄생입니다. 그 번거로움이나 고역보다 기쁨의 보상이 더 크기에 남성의 성기를 받아들이려는 것은 당연합니다. 2세의 탄생, 남성을 받아들임의 쾌락, 그것이 여성 애욕의 시작입니다.

남자는 늘 욕구불만의 상태에서 성을 원합니다. 자신의 정체성이라 할 성기가 여성에게 들어가고자 했으나 중단되었다는 욕구불만, 거기에서 애욕이 시작됩니다. 욕구의 중단, 그것은 자신보다 강하거나 영리한 존재의 등장이 원인이었으니, 남성은 항상 여성에게 접근하면서 주변을 살핍니다. 자신보다 나은 존재가 등장하지 않을까 하는 두려움입니다. 그 초조함 때문에 자칫 폭력을 불사할 수도 있습니다.

바다에 던진 성기, 욕구불만의 애욕은 근원적으로 분출되지 않을 수 없습니다. 그 바다는 무의식입니다. 의식이 아니기 때문에 통제가 불가능합니다. 그럼에도 낯선 그 무엇이 안에서 나오려 한다면 의식은 그것을 나오지 못하게 합니다. 그러니까 내가 알고 있으며 내가 통제 가능한 것이 의식이요, 내가 알지 못해 통제 불가능한 것이 무의식입니다. 그래서 나라는 자아는 무의식을 누르고 못 나오게 합니다.

쾌락도 주지만 번거로움과 고역을 주는 에로스, 우리는 그것을 누르려고 합니다. 그러나 그것은 누른다고 눌리지 않습니다. 우리의 본능 중 가장 강하기 때문입니다. 아프로디테 여신이 바다에서 불쑥 솟아올랐다는 것은 강한 무의식의 상징입니다.

사랑은 어디서 오나요. 무엇으로, 어떻게 시작되나요. 사랑은 눈과 눈의 만남에서 시작됩니다. 눈으로 보는 것, 그것은 대상의 인식입니다. 그 대상은 표상이며 눈으로 볼 수 있는, 눈에 보이는 것입니다. 다시 말하면 그 속은 모르고 겉모습만으로 사랑을 시작합니다. 그리고 두 존재는 서로의 눈에 잘 보이려 노력합니다. 서로가 자신의 사람임을 확신하기 전에는 보여주는 데 치중합니다. 그 모두가 거품입니다.

그러다 상대를 자기의 사람으로 확신하면서 서서히 원래 자신의 모습을 보여주기 시작합니다. 그러면 남자다움의 카리스마가 진상 덩어리로, 능력이 권력으로 변합니다. 여자다움의 애교가 주책으로, 상냥한 말들이 투정으로 변합니다. 그만큼 눈과 눈의 만남은 위험합니다.

게다가 이 아프로디테는 조가비를 타고 올라왔으니, 애욕은 거품이 걷히고 나면 껍질밖에 남지 않습니다. 그러니까 사랑을 할 때 애욕을 사랑의 전부로 알면 곤란합니다. 눈과 눈의 만남으로 시작한 사랑은 이제 마음으로 옮겨가야 합니다. 눈에서 마음으로 옮기지 않는 사랑은 위태롭습니다. 생각해보세요. 바다 한가운데에서 조가비를 타고 있는 사랑이 얼마나 위태로운가를.

그 아프로디테를 안타깝게 바라보던 감미로운 바람의 신, 서풍의 신 제피로스가 안전지대인 뭍으로 이동하도록 바람을 불어줍니다. 눈에는 보이지 않으나 따뜻하고 감미로운 바람, 제피로스가 따뜻한 바람을 내면서 아프로디테 주변엔 꽃이 피어 휘날립니다. 삭막하기만 하던 바다엔 꽃비가 내리고 따스한 분위기에 싸입니다. 이처럼 봄이면 꽃바람이 살랑거리면서 여인들의 치마폭을 들추며 설레게 합니다. 남정네들의 마음을 들락거리면서 사랑의 감정을 불러 일으켜 줍니다.

미망에서 깨어난 아프로디테는 뭍으로 다가갑니다. 아름다운 꽃의 신이 꽃무늬를 아로새긴 옷을 준비하여 사랑의 신에게 입힐 준비를 하고 있습니다. 꽃의 신과 바람의 신의 도움을 받아 뭍에 오른 아프로디테는 가이아의 몸에 살면서 사랑할 준비, 사랑을 퍼뜨릴 준비를 합니다.

산드로 보티첼리, 〈비너스의 탄생〉(1485, 이탈리아 우피치미술관)

사랑은 처음부터 모든 것을 드러내면 위태롭습니다. 꽃의 신 플로라가 옷을 입혀주듯 적당히 자신의 본질을 감출 줄 알아야 합니다. 좀 더 가까워져서 정말 믿을 수 있을 때까지는 자신의 모든 패를 보여주는 것을 미뤄야 합니다. 적당히 자신을 포장하여 점차 가까이 다가가야 합니다. 적당한 가면이 필요합니다. 페르소나입니다. 온전한 정신적 사랑에 이르기 전까지는 대답하기 싫어도 대답하는 척, 귀찮

아도 귀찮지 않은 척, 바빠도 안 바쁜 척, 적당히 자기를 감추고, 상대에게 좋은 모습을 보여주어야 합니다. 그렇게 거품을 서서히 빼야 합니다.

사랑의 신 아프로디테는 격한 싸움의 소용돌이에서 욕구불만인 채로 태어났습니다. 아무것도 걸치지 않은 채, 단순히 아름다운 몸만 갖춘 채 무의식에서 솟아올랐습니다. 욕망은 강한데 주변은 삭막했습니다. 거기에 부드러운 마음이 찾아왔습니다. 그러자 세상이 달라졌습니다.

더 이상 삭막하지 않고 꽃피는 세상입니다. 온화한 세상입니다. 사랑이 있는 곳에선 이러한 변화가 일어납니다. 그것이 단순한 기분이었다면 그리 오래 가지 못합니다. 거품처럼 사라지고 나면 수치스러움만 남습니다. 그 기간은 열정의 기간으로 길어야 2년을 넘기지 못합니다.

그러면 그 기간을 어떻게 연장할까요?

눈에서 마음으로 이동해야 합니다. 사랑이란 모든 걸 다 드러내서 본능대로 할 수는 없습니다. 본능적인 사랑은 유효기간이 매우 짧습니다. 거품이 사라지고 나서부터 다시 시작해야 합니다.

거기엔 분위기가 있습니다. 그 분위기란 마음의 문제입니다. 제피로스가 부드러움을 몰고 옵니다. 사랑은 힘은 힘이되 강요가 아니라 부드러운 힘, 분위기의 힘입니다. 뭔가 희망을 불러줍니다. 마음에 희망이 싹트면서 세상이 아름답게 보입니다. 생명이 약동하면서 죽은 세상에 꽃이 피어나는 것 같습니다. 세상은 사랑을 위해 준비한 것 같습니다. 그러면서 사랑은 옷을 입습니다. 눈에 보이는 아름다움보다 감춰진 아름다움, 사랑의 완성으로 향합니다.

무의식, 본능만으로 사랑은 불가능합니다. 자신을 다 드러내지 말고, 어느 정도 자신의 감정을 감추고 감정을 누르며 상대에게 다가가야 합니다. 아프로디테가 아름다운 몸매를 감추고 거기에 아름다운 옷을 입는 것처럼 말입니다.

사랑의 옷, 사랑의 페르소나입니다. 사랑은 보는 그대로가 아니라 상대의 맞춤형이어야 합니다. 상대가 원하는 것을 다 맞춰줄 수는 없으되, 적당한 옷을 입어 상대를 안심하게 해주어야 합니다.

:: 사랑과 예술의 만남

아프로디테, 사랑의 여신은 여신 중 가장 아름다운 존재로 인정받았습니다. 즉 세상의 원리 중 가장 아름다우며 중요한 원리는 사랑입니다. 그 사랑이 무엇과 짝을 이룰까요.

헤파이스토스란 신이 있습니다. 제우스와 헤라 사이에서 탄생한 둘째아들입니다. 헤파이스토스는 불과 대장장이 신입니다. 대장간을 맡은 신 헤파이스토스는 태어날 때부터 불구의 몸이어서 어머니 헤라의 미움을 받았습니다. 헤라는 그가 태어나자 올림포스 산 아래 세계인 바다로 던져버렸습니다. 다행히 오케아노스의 딸들인 에우리노메와 테티스가 그를 구해 해저 동굴에서 길러주었습니다.

그런데 헤파이스토스의 작업장은 바로 화산의 분화구 밑에 있습니다. 헤파이스토스가 대장간에서 풀무질할 때면 산 정상에서는 불이 쏟아져 나옵니다. 그래서 헤파이스토스를 로마신화에서는 불카누스라고 합니다. 영어 volcano의 어원입니다. 제우스신에게 번개와 벼락을 만들어준 키클롭스 삼형제는 헤파이스토스의 대장간에서 조수로 일하고 있습니다.

헤파이스토스는 비록 추하게 생긴 불구의 몸이었지만 친절하고 평화를 사랑하는 신으로 신들에게나 인간들에게 인기를 얻었습니다.

9년간 그렇게 자란 헤파이스토스는 대장간 기술을 익혀서 무엇이든 만들어낼 수 있는 장인이 되었습니다. 헤파이스토스가 정성스럽게 황금의자를 만들어 어머니 헤라에게 선물로 보냈습니다. 헤라는 자기가 버린 아들이지만 그 아들이 훌륭한 솜씨로 만들어 선물한 황금의자를 흡족하게 바라보았습니다. 그리고는 그 의자에 앉았습니다. 그러자 '철그럭' 소리와 함께 보이지 않는 사슬이 그녀를 꼼짝 못하게 묶어버렸습니다. 실은 헤파이스토스가 자기를 버린 어머니 헤라에게 복수하기 위해 절치부심 그 의자를 만들면서 특수 장치를 해두었던 것입니다.

헤라가 의자에 묶여서 꼼짝을 못하자, 신들은 헤파이스토스에게 헤라를 풀어주도록 부탁했습니다. 하지만 헤파이스토스는 이를 거절했습니다. 그만큼 어머니에게 한이 맺혀 있었습니다.

결국 디오니소스가 나섰습니다. 먼저 디오니소스는 꾀를 내어 헤파이스토스에게 감미로운 술을 먹여 취하게 한 후 그에게서 열쇠를 훔쳐내 헤라를 풀어주려 했지만 뜻대로 되지 않았습니다. 그래서 헤파이스토스가 깨어난 후 최고의 미를 자랑하는 여신 아프로디테를 아내로 삼게 하는 조건으로 헤라를 사슬에서 벗어나게 해주었습니다.

대장간의 신으로 장애를 안고 있는 헤파이스토스와 아름다운 사랑의 여신 아프로디테는 이렇게 서로가 원하든 원치 않든 부부 연을 맺었습니다. 사랑의 신과 대장간의 신, 즉 예술의 신이 만났습니다. 사랑과 예술, 둘이 깊은 연관을 맺고 있는 건 분명합니다. 사랑이 곧 예술이고, 예술이 곧 사랑이기도 합니다.

부부의 연을 맺었으나 이 둘 사이엔 아무런 생산물, 즉 자녀가 없습니다. 헤파이스토스는 자신의 중요한 비밀을 헤라에게 넘겨주었습니다. 그 대가로 사랑을 얻었습니다. 그가 애써 복수심을 참고 속으로 앓으면서 창작해낸 것의 비밀을 공개한 것입니다. 그렇게 하여 그 창작물 대신 얻은 사랑, 그에겐 다시 없이 소중합니다. 사랑이 곧 창작물이요, 창작물이 곧 사랑이니 따로 떨어져 나올 게 없습니다. 그만큼 소중하기에 그냥 모셔두는 겁니다.

헤파이스토스는 아프로디테를 얻었으나 감히 가까이 가지 않습니다. 너무 사랑한 나머지 그냥 곱게 모셔둡니다. 그냥 생각만으로도 즐겁습니다. 때문에 두 신 사이에선 아무런 자식이 없습니다. 있다면 헤파이스토스의 창작물들만 그의 창고에 가득할 뿐입니다.

즉 사랑의 결실이란 자식으로 나올 수도 있지만, 예술이란 이름으로 나올 수도 있습니다. 아름다움을 몸으로 사랑하면 자식이 나오고, 아름다움을 정신으로나 상상으로 사랑하면 예술이 나옵니다. 따라서 위대한 예술을 위해서는 사랑이 필수입니다.

그러나 정신으로 자식을 낳는 예술가는 창작에 빠져 있을 때는 기쁨을 누리지만, 쉼의 시간에는 누구보다 외로움을 앓고 고독을 앓습니다. 누구보다 뜨거운 사랑이 대장간의 불처럼 솟구치지만 몸으로 풀지 못하는 데서 오는 욕구불만 때문입니다. 이렇게 살든 저렇게 살든 욕구불만은 인간에게 주어진 천형과도 같습니다. 그러한 삶의 원리를 신화는 신들이라는 상징으로 알려주고 있습니다.

:: 아프로디테와 아레스의 만남

이상적인 결합은 육체의 사랑과 정신의 사랑을 겸해야 합니다. 그런데 정신적으로 사랑을 받는 것 같으나 육체적으로 사랑을 받지 못하면 어떻게 될까요?

헤파이스토스의 사랑법은 존중입니다. 너무 귀한 것을 얻은 나머지 고이 모셔둡니다. 마치 아주 비싼 예술품을 장롱이나 금고 안에 고이 모셔두듯이 말입니다. 그 지나친 사랑, 지나친 보호를 아프로디테는 구속으로 받아들입니다. 과한 사랑엔 구속이 따릅니다. 때문에 아프로디테가 불륜을 꿈꾸는 건 당연합니다.

아프로디테는 외롭습니다. 분명 누구보다 착하고 성실한 신랑이지만 일중독으로 그녀를 외롭게 합니다. 그녀의 시선은 뭇 남자에게 향합니다. 그녀 가까이에는 아레스 신이 있습니다.

제우스는 이상하리만치 본처한테서 난 자식들을 사랑하지 않았습니다. 헤라와의 사이에서 얻은 자식 중 첫째는 머리를 못 쓰는 전쟁의 신 아레스, 둘째는 장애를 가진 몸으로 대장간에서 망치를 들고 일하는 헤파이스토스, 셋째는 출산을 돕는 여신 에일레이티이아, 넷째는 잔치 때 술이나 따르는 청춘의 신 헤베입니다. 모두 몸으로 때우는 신들입니다. 제우스는 머리를 쓰는 신을 좋아하는데, 자식들은 정반대입니다. 헤라가 제우스의 불륜을 감시하느라 태교를 못한 탓입니다.

전쟁의 신 아레스는 그들의 첫째아들입니다. 많은 여성과 교제를 했지만 아내는 없었습니다. 아레스는 전투를 위한 전투와 유혈을 좋아했습니다. 전쟁의 정당성에는 전혀 관심이 없었습니다. 그는 아들 중 포보스와 데이모스를 데리고 다니며 전쟁을 즐겼습니다. 전쟁터에서 포보스는 전사들의 마음에 공포감을 심어주고, 데이모스는 걱정이나 근심을 심어주었습니다.

아레스는 훗날 트로이 전쟁 때 트로이 편을 들었습니다. 이 전쟁에서 아레스는 아테나의 가호를 받은 디오메데스에게 큰 상처를 입었습니다. 올림포스의 제우스에게 호소하러 갔다가 꾸중만 들었습니다. 제우스가 인간들의 전쟁에 관계하는 것을 금지하고 있었기 때문입니다.

그러다가 신들이 두 진영으로 나뉘어 인간들의 전쟁에 참여했을 때, 아레스는 아테나의 가슴을 향해 창을 던졌습니다. 그러나 아테나를 맞히지 못하고, 오히려 그녀가 던진 돌에 맞고 말았습니다. 아프로디테가 달려와 그를 전쟁터에서 숨기려 하다가 그녀 또한 아테나의 주먹에 맞고 말았습니다. 뿐만 아니라 나중에는 헤라클레스와 싸움을 하다가 상처를 입기도 했습니다.

그는 신들에게도 인간들에게도 사랑을 받지 못하는 못난 신이었습니다. 그럴 때마다 징징 짜다가 제우스에게 꾸중만 듣곤 했습니다. 그렇게 부모에게 인정받지 못하는 아레스를 아프로디테는 무척 좋아했습니다. 아레스는 부모로부터 인정받지 못하는 욕구불만, 아프

헨드릭 드 클레르크. 〈헤파이스토스의 함정에 빠진 아레스와 아프로디테〉
(1615, 미국 세인트 피츠버그 미술관)

로디테는 남편의 몸을 얻지 못하는 욕구불만, 두 신은 의기투합하였습니다.

아프로디테와 아레스의 정당하지 않은 결합, 하지만 이 두 신의 찰떡같은 결합으로 사랑의 신 에로스, 응답의 신 안테로스, 공포의 신 포보스, 근심의 신 데이모스, 이렇게 네 명의 남신이 탄생합니다. 에로스와 안테로스는 어머니 아프로디테를 따라다니며 사랑을 전하고, 포보스와 데이모스는 전쟁의 신 아버지를 따라 다니면서 전쟁 마당을 설치며 피를 부릅니다. 이 상반된 것들을 하나로 묶어주는 신이 막내딸로 탄생합니다. 바로 하르모니아, 조화의 신입니다.

참 아이러니합니다. 부드럽고 매혹적인 사랑의 신과 험악하고 강한 전쟁의 신의 결합이라니 말입니다. 사랑과 예술의 만남은 두드러지지 않고 사랑과 전쟁이 두드러지다니 말이지요. 사랑이 평화, 삶, 그리고 생명을 의미한다면, 전쟁은 피와 죽음을 의미합니다. 이처럼 사랑의 속성은 전쟁과 평화, 사랑과 전쟁, 응답과 거부, 사랑과 거부, 평화와 공포, 위로와 두려움의 공존입니다. 그러니 사랑은 아주 복잡다기하게 변합니다. 전쟁과 평화, 삶과 죽음이 함께하는 것이 세상의 이치입니다. 이는 사랑과 전쟁의 양면성이자 전쟁과 평화의 양면성, 삶과 죽음의 양면성으로 신의 세상 통치방식입니다.

사랑은 천지창조의 원리인 무질서에 질서를 부여하고, 혼돈스러운 것을 조화롭게 하기 위해 가져온 것인데, 잡다한 욕망으로 뒤덮인 잡다한 세상의 원리로 변합니다. 인간만이 가진 '잡다'의 원리 때문입니다. 인간은 잡식 동물이면서 잡성 동물인 동시에 잡욕 동물인 까

닮입니다. 아프로디테가 아름다운 옷을 입을 때부터 사랑은 알 수 없는 '잡다'로 변했습니다. 어떤 동물이든 감정을 갖고 있으나 인간만이 감정을 속일 수 있는 유일한 동물이기 때문입니다.

사랑은 이렇게 복잡다기합니다. 그럼에도 이 사랑을 거부할 수만은 없습니다. 이것이 사랑의 본능이기 때문입니다. 무의식에서 불쑥 솟아나와 참을 수 없게 만드는 사랑, 이제 이 본능적인 사랑을 거부할 것이 아니라 제대로 된 사랑으로, 온전한 사랑으로 바꾸어야 합니다. 사랑의 거부는 유죄입니다. 어떻게 사랑하느냐가 중요합니다.

어떻게 잘 사랑할까요?

아레스는 전쟁의 신이며 화성을 상징합니다. 아프로디테는 미의 여신이자 애욕의 여신이면서 금성을 상징합니다. 이 두 신은 모두 태양의 주위를 돌고 있는 행성입니다. 그리고 이 두 신 사이엔 지구 가이아가 있습니다. 이들이 만나 사랑하는 장소는 금성도 아니고 화성도 아닙니다. 바로 지구입니다. 이들은 모두 지구인으로 살고 있습니다.

금성에서 온 여자가 금성인으로 사는 것이 아니라 지구인으로, 화성에서 살던 남자가 더는 화성인이 아니라 지구인으로, 이처럼 중간지대에서 살아갑니다. 그래서 이 둘은 서로 잘 사랑하며 살아갑니다. 균형을 맞추며 지구인으로 살아갑니다. 사랑의 비결은 시행착오 끝에 다시 수정된 진정한 중간지대를 선택하는 지혜, 중간으로 이동하면서 버려야 하는 절제와 자기 통제, 중간지대에서 살려는 의지로 서로를 배려하고 이해하는 정신, 그 조화에 있습니다. 화성 남자와 금성 여자는 지금도 지구에서 잘 살고 있습니다.

:: 전쟁의 신을 이긴 사랑의 신

아프로디테와 사랑에 빠진 아레스는 무기를 내려놓습니다. 갑옷을 벗습니다. 옷을 벗습니다. 그는 그녀의 품에서 모든 것을 잊습니다. 그동안만큼은 그의 시간은 멎어 있습니다. 전쟁의 신이 사랑에 빠진 시간, 그 시간은 평화의 시간이며 안식의 시간입니다. 사랑이 전쟁을 이긴 것입니다. 전쟁의 신은 사랑의 신 앞에 잠들어 휴식을 취합니다. 전쟁을 멈추게 하는 힘, 그건 사랑입니다. 사랑은 전쟁보다 강하고 죽음보다도 강합니다. 그러니까 세상에서 가장 강한 힘은 사랑입니다.

아프로디테는 에로스를 항상 앞세웁니다. 반면 아레스는 그 평화를 깨뜨리고 죽음의 신 타나토스를 앞세웁니다. 그래서 심리학에서는 인간 삶의 원리를 에로스, 죽음의 원리를 타나토스로 봅니다. 즉 에로스는 삶의 추동을 이루는 가장 강한 생의 본능, 타나토스는 죽음의 추동을 이루는 가장 강한 죽음의 본능입니다.

앞에서 이야기한 대로 에로스는 사랑의 신과 전쟁의 신 사이에서 태어나 지상에서 활동하는 반면, 타나토스는 밤의 신 닉스의 아들로 태어나 지하세계에서 하데스 신의 심복으로 활동합니다. 에로스와 타나토스의 동거, 이것은 어쩔 수 없는 균형의 원리입니다. 생산만 있다면, 그리고 죽음이 없다면 이 세상은 유지될 수 없기 때문입니

다. 그러니 탄생과 죽음의 균형은 필연입니다. 이 두 신, 이는 남녀의 성에서 고스란히 삶의 원리를 보여줍니다.

사랑이란 추동력은 삶을 위해 있습니다. 그런데 삶을 영위하려면 당연히 대상을 죽여야만 합니다. 식욕을 채워 생존하려면 살아 있는 식물이든 동물이든 죽여서 먹어야 합니다. 그것이 삶의 원리입니다. 나를 살리기 위한 방법은 상대를 죽이는 것입니다. 그것이 생존욕구

산드로 보티첼리, 〈비너스와 마르스〉(1483, 런던 내셔널 갤러리)

입니다. 그렇게 하여 생존욕구를 충족하면 긴장상태에 있는 것이 불안하고 초조합니다. 이제 불안과 초조에서 벗어나고 싶습니다. 불안과 초조란 긴장의 결과이니 산다는 것은 긴장의 연속입니다. 그 긴장은 이제 이완이 그립습니다. 이완에 대한 그리움, 그것이 죽음입니다.

인간은 처음에 완전히 평화롭고 안정적인 상태인 자궁 속에 있었습니다. 최초의 동굴이기도 한 자궁 속에서의 삶은 가장 안전했습니다. 전혀 긴장할 필요가 없었습니다. 외부와는 단절되어 있었기 때문입니다. 무기물로서 완전히 이완된 상태요 카오스의 상태, 즉 에덴동산과 같았습니다. 어머니의 자궁 속입니다. 인간의 최초의 거주 공간 에덴은 아이로 치면 자궁 속이란 뜻입니다.

그 아이가 세상 밖으로 나왔습니다. 그리고 자라면서 어머니가 영원히 나를 보호할 수 없다는 것을 알게 됩니다. 밖이라는 보다 넓은 세상, 모든 것이 낯섭니다. 내가 아닌 다른 존재들이 보입니다. 그러면서 긴장상태에 들어갑니다. 긴장의 연속입니다. 그 긴장이 높아지면 높아질수록 존재는 기억합니다. 가장 안정적이고 가장 안전했던 그 때를. 그때는 모태였으나 현재는 기억을 못합니다. 다만 본능만 느낄 뿐입니다. 무의식만 그것을 그리워합니다. 즉 죽음의 욕구입니다.

이렇게 생의 본능과 죽음의 본능이 번갈아 일어납니다. 삶이 극단에 이르면 죽고 싶습니다. 안식을 취하고 싶은 겁니다. 삶의 본능인 살고 싶다, 사랑하고 싶다, 그렇게 살고 싶은 욕구가 극단에 이르면 잔뜩 긴장하면서 불안합니다. 그러면서 쉬고 싶다, 이완되고 싶다로 이어집니다. 그것이 최고조에 이르면 죽고 싶다는 표현입니다. '우스워 죽겠다', '좋아 죽겠다', '배불러 죽겠다'고 합니다.

'좋아 죽겠다'는 말은 우연의 산물이 아닙니다. 우리의 언어 속에도 이처럼 삶과 죽음이 무의식에 공존합니다. 삶의 본능과 죽음의 본능의 축소판이 남녀의 성행위입니다. 삶의 본능은 에로스, 즉 사랑입니다. 그러니까 살아 있다는 것, 살고 싶다는 것은 사랑하고 싶다는 말입니다.

사랑합니다. 사랑하여 상대의 안으로 들어가고 싶습니다. 상대 안으로 몸의 일부가 들어갑니다. 그렇게 들어가면 인간의 본능인 쾌락에 이릅니다. 절정에 도달합니다. 긴장의 최고조입니다. 그러면 긴장에 따른 불안감이 닥쳐옵니다. 불안의 끝에 이릅니다. 살고 싶은 욕망이 완전히 충족됩니다. 그러자 이제는 너무 높이 올라온 것 같습니다. 불안합니다. 내려가고 싶습니다. 쉬고 싶습니다. 이완되고 싶습니다. 그때 뚝 떨어집니다. 천 길 낭떠러지로 떨어지는 느낌, 죽음으로 떨어지는 느낌, 그렇게 얻어진 격렬한 쾌감 그것이 오르가즘입니다. 남자는 살아서 여자 속으로 들어갑니다. 그리고는 그 욕망을 충족하고 죽어서 여자 밖으로 나옵니다.

삶과 죽음은 남녀의 성행위처럼 번갈아 일어납니다. 잠과 깨어남도 마찬가지입니다. 때문에 살아 있는 동안 사랑하고 싶은 욕망과 안식하고 싶은 욕망은 필연입니다. 이 두 역할을 사랑의 신 에로스와 죽음의 신 타나토스가 맡고 있습니다. 이 강렬한 본능은 의식으로도 누를 수 없습니다.

오르페우스는 에우리디케를 만나러 지하세계로 내려갑니다. 자신이 할 수 있는 재능인 음악의 힘으로 지하로 내려갑니다. 그의 하강의 의미는 무엇일까요? 왜 죽음까지 불사하려는 것일까요? 트로이 멸망 후 유일한 생존 영웅 아이네이아스도 지하세계를 다녀옵니다. 헤라의 미움을 받아 온갖 고난, 12가지 과업을 완성한 불세출의 영웅 헤라클레스도, 프루크루스테스의 시험을 통과한 아테네의 영웅 테세우스도 지하세계에 다녀옵니다. 이들의 하강의 의미는 죽음을 상징합니다.

지하세계, 인간의 원초적 고향입니다. 그들의 지하체험은 성교의 의미와 맞닿아 있습니다. 그들은 피상적으로 죽습니다. 그리고 일정 기간이 지나면 다시 지상으로 올라옵니다. 살아납니다.

삶과 죽음의 경계를 넘나드는 것, 남성의 심벌의 삶과 죽음입니다. 그 하강은 두려움의 대상이 아니라 쾌락입니다. 그 쾌락의 미망에서 깨어나면 삶입니다. 자궁 안으로 무한한 깊이로의 짜릿한 추락, 추락 후에 찾아오는 완전한 휴식과 안락, 잃어버린 고향의 회복입니다. 죽음의 짜릿한 쾌락입니다.

그 상태에서 다시 깨어납니다. 밖으로 나옵니다. 다시 초조와 불안의 연속입니다. 역동성은 있으나 불안감, 그 삶이 오르페우스의 애절한 삶의 노래요, 헤라클레스의 힘겨운 12가지 삶의 과업이요, 테세우스의 삶의 모험입니다.

결국 세상의 원리는 양과 음의 원리요, 남성과 여성의 원리입니다. 곧 우주의 원리입니다. 낭떠러지에서 떨어지는 듯한 오르가즘, 남성과 여성의 삶과 죽음, 그것은 모든 학문의 이치요 삶의 이치이며, 우주의 이치입니다.

죽음에서의 부활, 무기질에서 유기물로의 생성, 무의식에서 의식의 세계로의 부상, 그것이 삶입니다. 삶의 세계로의 나옴, 긴장의 순간, 아기는 무의식적으로 첫 숨을 내뱉습니다. 첫 날숨입니다. 다시 들이마십니다. 들숨입니다. 날숨과 들숨의 번갈음, 번갈음이 호(날숨) 흡(들숨)입니다. 매순간 호흡의 연속으로, 즉 극히 짧은 순간의 삶과 죽음의 이어짐이 삶입니다. 찰나적인 삶과 죽음이 경계를 나눌 수 없도록 극히 짧은 순간입니다. 조금의 이완으로 무의식적인 호흡의 시간이 잠과 깨어남이요, 그 날숨의 호와 들숨의 흡의 거리가 너무 멀면 죽음입니다. 마지막으로 내보낸 날숨을 다시 들인 후에 내보내지 못하면 숨을 거두는 것입니다.

호흡, 그리고 잠, 이런 과정을 통해 우리는 삶의 영원성을 유추할 수 있습니다. 죽음이란 호와 흡의 먼 거리로 보면 되는 것이니까요. 우리는 날마다 현실에선 죽음을 희구하면서도 그 긴 시간을 두려워할 뿐입니다.

이처럼 삶과 죽음의 거리는 그리 멀지 않습니다. 남녀가 결합하는 순간의 죽음과 살아남의 경험, 그것과 같은 이치입니다.

:: 불륜, 달콤한 유혹

문명시대 이전에는 불륜이란 단어가 없었습니다. 족내혼이 사라지면서 생긴 단어가 불륜입니다. 익숙하지 않은 대신에 신선함 또는 낯섦 때문일까요? 역사상 위대한 인물 중에도 불륜으로 태어난 인물들이 제법 있습니다. 다윗왕의 아들 솔로몬도 우리야의 아내를 취해 얻은 아들이었습니다. 그리스신화의 에로스 역시 불륜으로 탄생합니다.

어느 날 헤파이스토스의 대장간으로 태양신 헬리오스가 갑자기 찾아옵니다. 태양신 헬리오스는 아침이면 부지런을 떨며 일어나야 합니다. 그의 누이 여명의 신 에오스가 새벽부터 길을 재촉하기 때문입니다. 헬리오스를 깨운 에오스는 오라버니 헬리오스를 위해 치맛자락을 펄럭이며 어둠을 날려버리기 시작합니다. 그러면 어둠이 흩어지면서 빛이 새어듭니다. 에오스의 치맛바람이 어찌나 차가운지 여명 무렵에는 없던 바람이 갑자기 일면서 하루 중 가장 찬 기운을 느끼게 합니다.

에오스가 길을 열어놓으면 강렬한 열정의 신 헬리오스가 황금 말 네 마리가 끄는 마차에 태양을 싣고 이 세상에 등장합니다. 지상을 얼추 달궈놓은 후, 태양신 헬리오스는 딴눈을 팔면서 세상구경을 합니다. 이미 길을 다 잘 닦아놓아 태양신의 마차를 끄는 황금 말들이

제 길로 잘 가기 때문입니다.

그날도 마차가 정상 궤도에 들자 태양신은 세상구경에 빠져들었습니다. 그런데 낯선 풍경이 눈에 들어옵니다. 재미있는 풍경입니다. 남녀가 적나라하게 정사를 즐기고 있는 겁니다. 그런데 자세히 보니 천하에 가장 아름다운 여신 아프로디테의 아름다운 몸매였습니다. 상대 남자는 당연히 헤파이스토스인 줄 알았는데 아닙니다. 그 부지런한 일중독자 헤파이스토스가 한낮에 집에 있을 리가 없지요. 아프로디테와 함께 있는 그 남자는 바로 강한 남자, 전쟁의 신 아레스였습니다.

헤파이스토스에게 상황을 금방이라도 전해주고 싶은데 할 일이 남았는지라 헬리오스는 마음을 태웁니다. 그렇게 저녁이 옵니다. 태양신 헬리오스는 이제 태양 마차를 서쪽 지평선 너머에 내려놓습니다. 그곳에는 아주 큰 컵 모양의 배가 대기하고 있습니다. 거기에 마차를 실어놓으면 하루의 일과는 끝입니다. 물론 그 배에 그냥 타고 휴식을 취해도 됩니다. 배는 서쪽 끝에서 출발하여 북쪽으로 빙 돌아 다시 동쪽에 도착할 테니까요.

세상구경을 하려면 배에 마차를 싣고 난 후에야 가능합니다. 밤새 세상을 떠돌며 놀다가 동쪽으로 출근하면 되니까요. 그러나 헬리오스는 그날 하루의 운행을 마치자마자 휴식을 취하는 대신 헤파이스토스의 대장간으로 달려갑니다. 자신이 낮에 본 것을 그대로 헤파이스토스에게 전합니다. 처음에 헤파이스토스는 믿지 않습니다. 그러나 태양신 헬리오스가 거짓말을 할 이유가 없습니다. 하여 그는 부리나케 집으로 달려갑니다.

자크 루이 다비드, 〈아레스를 무장해제시키는 아프로디테〉(1824, 브뤼셀 왕립미술관)

이미 한참 지난 후이니 아프로디테와 아레스가 여태껏 붙어 있을 리 없습니다. 그들은 맘껏 재미를 본 후 나른한 잠에 빠져 있습니다. 적막감 속에서 불안한 징후, 발자국 소리에 잠에서 깨어난 아프로디테는 아레스에게 피하라고 재촉합니다.

헤파이스토스가 집에 도착합니다. 들은 말이 있으니 충분히 의심이 갑니다. 일단 아프로디테의 모습이 단정하지 않습니다. 그런데 직접 증거인 남자가 없습니다. 아레스는 급한 대로 무기를 침대 밑에 감추고 투구만 머리에 쓴 채 침대 밑에 숨었으니까요. 헤파이스토스가 여러 구석을 뒤졌으나 상대 남자를 찾지 못합니다. 천하의 강한 남자이자 전쟁의 신이 침대 밑에 숨었으리라고 생각인들 하겠어요. 헤파이스토스는 심증은 가지만 물증이 없으니 고개를 갸웃하며 자기 일터로 돌아옵니다.

두 신은 왜 이렇게 위험한 사랑, 금지된 사랑을 그토록 원하는 걸까요? 남녀 간은 정신적인 사랑만으로는 충족되지 않기 때문입니다. 말로는 정신적인 사랑이 가능하지만 가슴 한편엔 쓸쓸함, 허전함, 외로움의 공백이 있기 때문입니다. 자신의 빈 가슴을 채워줄 상대, 정신이나 성격이 유사한 상대로는 정신의 여백을 채울 수 있지만 육체적인 공백을 채울 수 없습니다. 물리적인 공허를 채울 수 있는 것은 자신에게 없는 것이어야 합니다. 그러니까 부드러움의, 곡선의 아프로디테는 자신이 갖지 못한 강함과 직선을 그리워하는 것입니다.

따라서 아름다운 여성, 선이 고운 여성, 부드러운 여성, 여성다운 여성은 각이 지고 힘과 관련된 업종에서 일하는 사람들을 좋아합니다. 즉 직업군인, 스포츠맨, 경찰관, 또는 조직에 있는 이들의 아내가 아름다운 이유가 거기 있습니다. 이들의 궁합이 최상입니다. 미의 여신 아프로디테가 전쟁의 신 아레스와 꿈과 같은 사랑에 빠지는 것처럼 말입니다.

대장간으로 돌아온 헤파이스토스의 머리엔 온통 헬리오스가 이야기한 실감나는 장면들뿐입니다. 밤늦게 돌아온 헤파이스토스는 아내에게 출장을 갈 것이라고 말합니다. 헤파이스토스가 바다의 여신 테티스와 에우리노메의 보호를 받으며 성장할 때 1년간 머물렀던 렘노스 섬에 다녀오겠다는 겁니다.

아프로디테는 기분이 좋습니다. 남편이 출장 간다니 말이지요. 그런데 렘노스 섬은 남자들이 전혀 없는 섬입니다. 원래는 남자들과 평화롭게 살던 이 섬의 여인들이 어느 날 자신들의 수호신을 바꿨는데 그게 화근이었습니다. 여인들은 원래 아프로디테를 수호신으로 받들었으나 아름답기는 하지만 품행이 단정치 못한 이 여신이 싫어서 순결의 여신이며 숲의 여신인 아르테미스를 수호신으로 모시기 시작했습니다. 질투를 느낀 아프로디테는 그 섬의 여인들에게서 암내가 풍기도록 저주했습니다. 그러자 그 냄새에 질린 남자들이 어린애나 노인네 할 것 없이 섬을 떠나 여인들만 남았습니다.

그 섬에 남편이 출장을 간다니 좋긴 한데, 간 김에 오래 머물게 하려면 여인들의 냄새를 지워야 했습니다. 아프로디테는 부랴부랴 여자들의 암내를 제거해주었고, 마침내 여인들은 암내에서 해방되었습니다. 그 덕분에 혜택을 본 이들이 황금양털을 찾아 모험을 떠났던 아르고호의 선장 아이손과 그 선원들이었습니다. 이들은 마침 렘노스 섬에 올랐다가 남자들을 애타게 그리워하던 여인들에게 푹 빠질 수 있는 행운을 얻었답니다.

그러면 헤파이스토스는 출장을 가긴 한 걸까요?

나름 궁리를 한 헤파이스토스는 실제로 출장을 가지 않았습니다. 아내를 속여 물증을 잡으려 작전을 세운 것이지요. 헤파이스토스는 출장을 가는 대신에 아내가 집을 비운 사이에 눈으로 볼 수 없는 그물을 천장에 설치했습니다. 그리고 천장에 몰래 숨어 있었습니다. 드디어 아레스와 아프로디테가 들어왔습니다. 그들은 헤파이스토스가 몰래 지켜보는 것도 모르고 쾌락에 빠져들었습니다.

그 순간 좌르륵 소리가 들리더니 그 무엇도 보이지 않는데 두 신은 꼼짝할 수가 없었습니다. 보이지 않는 그물에 꼼짝없이 잡힌 겁니다. 그물에 갇힌 이들은 어쩔 줄 모르고 발버둥치지만 빠져나갈 수가 없습니다. 약자가 만든 강한 신무기에 꼼짝없이 당한 겁니다.

약한 자가 강한 자와 맞서려면 힘으로는 불가능합니다. 급소를 노리거나 신무기를 만들어야 합니다. 예를 들면 크로노스는 아버지 우라노스를 물리칠 때 그의 급소를 노렸습니다. 아버지 우라노스의 급소는 그가 가장 잘 하는 생산 능력이었습니다. 바로 그 생산 능력의 상징, 생식기를 잘랐습니다. 급소는 상대의 특기 속에 숨어 있습니다. 또한 그에겐 신무기가 있었으니, 청동 낫 스키테입니다. 마찬가지로 돈 많은 자에게 돈으로 대결하거나 권력에 권력을 빌어서 싸우는 건 승산이 없습니다. 보이지 않는, 이제까지 없었던 새로운 힘을 개발해야 합니다. 헤파이스토스는 그걸 해낸 겁니다.

이제 확실한 증거를 잡은 헤파이스토스는 어떻게 할까요?

헤파이스토스는 슬그머니 밖으로 나가 소문을 냅니다. 아주 훌륭한 볼거리가 있다고요. 그러자 많은 신들이 몰려옵니다. 신들의 불장난, 물론 여신들은 쑥스러워 오지 않았습니다. 구경을 온 남신들 중 일부는 볼썽사납다며 혀를 끌끌 찼지만 사실 남신들 대부분은 아프로디테의 몸매를 감상하면서 아레스를 부러워했답니다.

실제로 나중에 디오니소스는 아프로디테에게 접근해서 2미터 길이의 음경을 가진 프리아모스라는 아들을 낳았고, 헤르메스는 끈질기게 치근덕거린 결과 그녀와 결합에 성공해서 상체는 여성, 하체는 남성인 양성의 헤르마프로디토스를 얻었습니다.

남성들의 관음증을 잘 설명해주는 대목입니다. 남성은 남의 사생활을 엿보면서 그것을 부러워하는 경향이 농후합니다. 사랑, 육체적인 사랑은 많은 추문을 일으킵니다. 여기에 부러움, 시샘, 질투, 배신감이 따르게 마련이고요. 세상의 수많은 사건사고의 본질에는 대부분 이런 육체적인 사랑이 숨어 있습니다.

헤파이스토스처럼 일도 열심히 하고 돈도 잘 벌어오지만 여자를 외롭게 만드는 남편, 아프로디테처럼 권태를 견디지 못하는 아내, 인간이란 존재에게 남아 있는 영원한 문제입니다. 인간은 잡다한 욕망의 존재이기 때문입니다. 완벽한 인간은 없으니까요.

여기에 등장한 아프로디테와 아레스의 애정담은 단순히 신들의 이야기가 아니라 신으로 상징된 우리들의 내면의 모습입니다. 가면을 쓰고 살아가는 우리들의 내면, 그 내면을 드러낸 것이 신들의 이야기니까요. 즉 그리스신화에 등장한 신들은 바로 우리들의 내면에 살아 숨 쉬고 있습니다.

여기에서 우리 내면에 감춰진 헤파이스토스적인 면을 먼저 읽어봐야겠지요. 지극히 내성적이고 좀체 감정을 드러내지 못한 채 참기만 하는 사람의 내면, 그것이 헤파이스토스입니다. 이런 유형의 사람들은 대놓고 복수를 못합니다. 대신 간접적인 방법으로 복수를 하기 때문에 더 치명적입니다. 직접 싸우지 못하니까 소문내기로 복수를 합니다. 이를테면 SNS에 올려서 망신주기 유형이 헤파이스토스적인 고전적인 복수법입니다. 이건 직접 대놓고 욕을 먹거나 폭력을 당하는 것보다 더 치명적일 수 있으니 그런 유형의 상대일수록 조심해야겠지요.

:: 양면성을 가진 에로스

에로스가 활동을 개시합니다. 전쟁의 신 아레스와 애욕의 신 아프로디테의 아들인 에로스는 사랑의 전달자입니다. 전쟁과 애욕 사이에서, 전쟁과 평화에서, 공포와 안심에서, 걱정과 위로에서 탄생한 에로스의 특징을 알아둘까요? 사실 그에게 어머니는 있었으나 아버지는 옆에 없었습니다. 그의 피상적인 아버지는 헤파이스토스이고, 아레스는 어머니의 숨겨둔 애인이었으니까요.

오디세우스도 원래 아버지는 시시포스이지만 그는 라에르테스를 아버지로 믿고 살았습니다. 결국 죽는 순간까지 자신의 진정한 아버지를 모르고 살았습니다. 에로스 역시 헤파이스토스를 아버지로 알고 있지만 진짜 아버지는 아레스입니다. 아버지로 알고 있는 존재와는 전혀 관계가 없지만 그 영향은 당연히 받습니다. 유전자 못지않게 환경 역시 중요하기 때문입니다.

에로스의 아버지 헤파이스토스는 일중독자입니다. 자나 깨나 늘 작업장에 있습니다. 그는 아내에게는 물론 자식에게도 관심을 쏟지 않습니다. 일만 열심히 하면 온전한 줄 알지만 그는 낙제 남편, 낙제 아버지입니다.

헤파이스토스의 일중독 때문에 외로운 아프로디테는 아레스와 연분이 납니다. 등잔 밑이 어둡다는 말처럼 일에만 중독되어 사는 남편

속이는 데는 그의 형과의 연분이 가장 안전하니까요. 그러니 아프로디테의 불륜은 그녀를 외롭게 내버려둔 헤파이스토스의 책임이기도 합니다.

아프로디테는 사랑의 결핍을 안고 태어납니다. 누구보다 외롭습니다. 사랑이 그립습니다. 사랑은 외롭다, 쓸쓸하다, 거기서 시작됩니다. 사랑, 애욕적인 사랑은 그 외로움과 쓸쓸함을 한꺼번에 덮어주니까요.

여자와 남자
사랑과 전쟁
삶과 죽음
평화와 전쟁
다정한 응답과 불안한 걱정
달콤한 사랑과 쓰디쓴 공포
부드러움과 강함
직선과 곡선

서로 상반되어 보이는 것들의 묘하면서도 최상의 결합, 이것이 남성과 여성의 이분법입니다. 서로 너무 달라서 궁합이 아주 잘 맞는다는 의미입니다. 자석의 극과 극이 붙어서 떨어질 줄 모르듯이 말입니다. 서로 낯설기 때문에, 서로 이질적이기 때문에 서로 알고 싶은 비밀이 많습니다. 그래서 더 끌립니다. 그것이 중독성을 낳기 때문에 이런 결합들을 금기시해 왔습니다. 붙으면 떨어질 줄 모르기 때문에 다른 그 무엇이 중지되어야 하는, 그래서 금기가 필요했습니다.

반면 이 낯섦과 이질적인 것의 만남은 창의성이라는 생산적 기능을 발휘합니다. 이 최상의 궁합에는 이것을 떼어놓으려는 작용이 있습니다. 말도 많고 탈도 많은 육체적인 사랑, 그래서 더 흥미진진한 사랑이 이 사랑입니다.

눈과 눈의 만남으로 시작된 사랑, 여기에서 좀 더 나아가야 합니다. 눈에서 마음으로 이어지는 사랑으로 발전해야 합니다. 육체적인 사랑은 사랑의 시작일 뿐입니다. 이것이 정신적인 사랑으로 이어져야 합니다. 그래야 문제가 되는 사랑에 머물지 않고 보다 아름다운 사랑으로 나아갈 수 있습니다.

이렇게 시작된 사랑의 결과는 앞에서 말했듯이 사랑 에로스, 사랑의 응답 안테로스, 걱정 데이모스, 공포 포보스처럼 둘은 긍정, 둘은 부정을 가진 양면성이 탄생합니다. 이 양면성은 하나의 뿌리에서 나온 것이라서 그 어느 것도 부정할 수 없습니다. 상반된, 대조적인 것들이 서로 마주보기 때문에 삶은 보다 흥미 있고 살만한 긴장을 주니까요. 그럼에도 양 측면이 극단에 이르지 않는 것은 그 둘 사이에 하르모니아(조화의 여신)가 생기기 때문입니다.

:: 사랑은 우연일까 운명일까

자, 이제는 눈과 눈의 만남에서 눈에서 마음으로 이어지는 사랑을 찾아 떠나볼까요.

바로 에로스와 프시케의 사랑입니다. 에로스와 프시케의 사랑이야기를 꺼내기 전에 사랑은 우연일까, 인연 또는 숙명일까, 그 이야기를 해보죠.

사랑의 신 에로스는 항상 활을 들고 다닙니다. 그의 화살통엔 두 가지 화살이 들어 있습니다. 촉에 황금이 달린 화살은 사랑을 불러일으키는 역할을 합니다. 이 화살에 맞으면 그 순간 처음 눈에 보이는 대상에게 사랑을 느낍니다. 그 대상은 남자일 수도 있고 여자일 수도 있으며, 신일 수도 있습니다. 반면 납촉 화살은 사랑을 거부하게 만듭니다. 만일 둘이 함께 있는데 한 사람은 금촉 화살을 맞고, 다른 한 사람은 납촉 화살을 맞으면 서로 상반되어 미치고 환장할 일입니다. 한 사람은 죽자 사자 덤벼들 테고, 다른 한 사람은 죽기보다 싫으니 다툼이 일고 칼부림이 날 수도 있지요.

그런데 에로스라는 이 친구가 화살을 꼭 쏠 곳에, 쏠 때에 쏘는 게 아닙니다. 때로는 장난삼아 쏘고, 때로는 감정이 상해서 쏘고, 때로는 심술이 나서 쏘고, 때로는 실수로 쏘기도 합니다.

이렇게 어설픈 신이 어디 있겠어요. 그러니까 그리스신화의 신들은 신이 아니라 우리 살아가는 삶의 모습 그 자체입니다. 이 친구가 감정이 상해서 화살을 날린 이야기를 들어볼까요? 바로 아폴론과 다프네 이야기입니다.

'그대 처음 봤던 순간부터 나는 사랑했네!'라고 시작되는 대중가요가 있지요. 이런 노래 가사처럼 누구나 한번쯤 첫 대면부터 호감이 가는 사람을 만난 적이 있습니다. 하지만 그렇게 한눈에 반한 사람의 외모가 그 누구보다 빼어난 건 아닐 거예요. 그야말로 제 눈에 안경이요, 이른바 눈에 콩깍지가 씌어서 그런 것일 뿐이지요. 신화 속에서 사랑의 콩깍지에 걸려든 주인공을 찾는다면 아마도 아폴론이 그 자리를 차지할 것 같습니다.

아폴론은 제우스와 레토 사이에서 태어났습니다. 숲의 신 아르테미스와는 쌍둥이입니다. 누나처럼 그 역시 사냥을 즐겼습니다. 그는 주로 잡기 쉬운 토끼나 산양 같은 작고 약한 동물만을 화살로 잡았습니다. 그러던 어느 날, 인간에게 공포의 대상이었던 거대한 뱀 피톤을 활로 쏘아 죽인 일이 있었습니다. 그는 그 일로 한동안 의기양양해 있었습니다. 그런 그 앞에 어린 에로스라는 녀석이 활을 들고 나타나 얼쩡거리니 얼마나 가소로웠겠어요. 아폴론은 짐짓 무게를 잡고 에로스에게 말했습니다.

"꼬마야, 그런 무기는 어른들이 사냥터에 나갈 때나 쓰는 거야. 너 같은 꼬마에겐 위험해. 난 그런 화살로 무지하게 큰 독뱀 피톤을 죽였단다. 그런 위험한 무기는 어른에게나 주고 넌 네 나이에 맞는 사랑의 불장난이나 하렴."

이 말을 듣고 화가 난 에로스가 아폴론에게 호언장담했습니다.

"치! 당신의 화살은 모든 것을 맞힐지 모르지만 나는 당신을 쏘아 맞힐 수 있어."

말을 마친 에로스는 두 개의 화살을 꺼냈습니다. 하나는 사랑을 샘솟게 하는 화살이고, 다른 하나는 그 사랑을 거부하게 만드는 화살이었습니다. 사랑을 주는 화살은 화살촉이 뾰족하게 금으로 만들어졌고, 이와 달리 사랑을 거부하는 화살은 끝이 무디게 납으로 만들어졌습니다.

에로스는 우선 납촉 화살을 장전하고는 강의 신 페네이오스의 딸 다프네라는 님프의 가슴을 향해 쏘았습니다. 반면 금촉 화살은 아폴론의 가슴을 향해 쏘았습니다. 에로스의 화살에 맞은 아폴론은 다프네를 향한 사랑의 감정이 뜨겁게 타올라 견딜 수가 없었습니다.

반면 많은 남자들로부터 구애를 받았던 다프네는 그 순간부터 왠지 모르게 연애라는 감정 자체가 싫어졌습니다. 다프네는 남자들이 다가오면 그들이 괴물이라도 되는 양 도망치기 급급했습니다. 그녀는 아버지에게 어떤 남자와도 결혼하지 않고 언제나 처녀로 살 수 있게 해달라고 간청했습니다. 하지만 이미 타오른 다프네를 향한 아폴론의 사랑은 도무지 어쩔 도리가 없었습니다. 그는 그녀라면 흐트러진 모습까지도 아름답게만 보았습니다. 아폴론에게는 그녀의 일거수일투족이 마냥 아름답게만 보였습니다. 그녀가 걸을 때마다 혹시나 넘어져서 다치기라도 할까봐 전전긍긍했습니다.

그의 애타는 마음과 달리 다프네는 아폴론을 자꾸 피하기만 했습니다. 상사병에 걸릴 지경이 된 아폴론은 급기야 다프네의 모든 행동을 감시하기 시작했습니다. 그를 피해 도망 다니는 다프네를 잡기 위해 아폴론은 날개를 달고 창공을 갈랐습니다. 아폴론은 사랑의 날개를 타고 비행했지만, 다프네에게는 그의 모습을 본다는 것이 공포 그 자체였습니다. 아폴론의 거친 호흡소리가 가까이 다가올수록 다프네는 온몸에 소름이 돋았습니다.

그녀는 죽을힘을 다해 도망쳤으나 결국 아폴론의 헐떡이는 숨결이 그녀의 목덜미까지 이르렀습니다. 다프네는 기를 쓰고 빠져나가려 했지만 역부족임을 깨닫고는 아버지에게 간청했습니다.

"아버지, 제발 살려주세요. 땅을 열어 저를 숨겨주세요. 그게 안 된다면 차라리 제 모습을 바꿔주세요!"

그 말이 끝나자마자 그녀의 온몸이 굳기 시작했습니다. 아름다운 가슴은 딱딱한 나무껍질로 싸이기 시작했고, 찰랑대던 고운 머리카락은 나뭇잎으로 변했으며, 매끄럽게 쭉 뻗은 다리는 뿌리가 되어 땅속으로 감춰졌습니다. 눈부시도록 아름다운 그녀의 얼굴은 가지의 끝부분이 되었지만 원래의 아름다움은 감추지 못했습니다.

마르칸토니오 프란체스키니, 〈아폴론과 아르테미스의 탄생〉(1692-1709, 오스트리아 리히텐슈타인 미술관)

아폴론은 얼어붙은 듯 그 자리에 멈춰 그녀의 나무줄기를 만졌습니다. 그러자 그녀는 나무껍질 속에서 여리게 떨었습니다. 아폴론은 나무를 끌어안고 힘껏 키스하려 했습니다. 그녀는 애써 그 입술을 피했습니다.

사랑하는 이를 잃은 아폴론의 마음은 천 갈래 만 갈래 찢어지는 듯했지만 별 도리가 없었습니다. 그럼에도 여전히 다프네를 향한 사랑의 감정이 차고 넘쳤으므로 그 나무를 늘 곁에 두기로 마음먹었습니다.

"당신을 사랑하오. 하지만 당신은 이제 내 아내가 될 수 없으니 당신을 내 나무로 삼아 영원히 내 곁에 두려 하오. 당신의 잎과 가지로 내 왕관을 만들 것이며, 당신을 가지고 나의 수금과 화살통을 장식할 것이오. 그리고 위대한 장군들이 승리를 거두고 개선행진 할 때 나는 그들의 이마에 그대의 잎으로 엮은 화관을 씌울 것이오. 나는 영원한 청춘을 주재하는 신인 만큼 당신이 항상 푸른빛을 발할 수 있도록 만들 것이며, 그 잎이 시들지 않게 할 것이오."

아폴론의 말대로 다프네가 변한 월계수는 지금도 올림픽에서 마라톤 우승자의 머리에 씌워주는 월계관이 되었습니다.

에로스를 업신여겼다가 사랑에 눈을 뜬 동시에 그 사랑을 거부당한 아폴론의 후예들은 지금도 사랑을 위해 목숨을 걸고, 그 사랑으로 인해 마음을 아파하고 가슴 조이며, 그 사랑을 위해 울고 있습니다.

지금 이 순간에도 에로스는 누군가의 가슴을 향해 금촉 화살을 날리고, 짓궂게도 누군가의 가슴을 향해 납촉 화살을 날릴지도 모릅니다. 그럼에도 불구하고 남녀노소 누구나 에로스의 금촉 화살에 맞고 싶어 하는 마음은 한결같습니다. 인류가 존재하는 한 언제나 사랑의 갈등, 사랑의 기쁨과 환희, 그리고 얄궂은 사랑의 아픔은 지속될 테지요.

에로스가 아폴론에게 날린 화살, 그건 감정 때문에 계획 없이 날린 화살입니다. 그러니까 사랑은 운명 같지만 운명이 아니라 그냥 우연입니다. 사랑은 이처럼 우연으로 시작되어 인연이건 숙명이건 이어집니다. 그러니까 사랑이란 인연이라고 못 박고 시작할 것이 아니라 서서히 알아가야 합니다.

"그대 처음 봤던 순간부터 나는 사랑했네." 이건 경계해야 합니다. 그보다는 "한 번 보고 두 번 보고 자꾸만 보고 싶네." 이것이 바람직합니다.

물론 처음부터 아주 잘 맞는 사람들이 있습니다. 그야말로 천생연분입니다. 서로 끝까지 잘 맞으면 좋은데, 어느 정도 지나면, 즉 열정의 유효기간이 지나면 서로의 단점만 보이는 쌍도 있을 수 있으니, 사랑을 운명이라 믿을 필요는 없습니다.

열정의 유효기간과 상관없이 만나면 만날수록 더 좋아지는 관계가 있다면 참 다행입니다. 인연이란 바로 '다행히도'입니다. "내가 당신을 만난 건 참 다행이야." 이 말이 늘 마음에 맴도는 관계는 우연에서 인연으로 옮겨진 사랑입니다. 눈과 눈의 사랑에서 눈과 마음의 사랑으로 전이된 사랑, 잘만하면 그 사랑은 마음과 마음의 사랑, 즉 소울메이트로 발전할 수 있습니다.

반면 처음에는 좋았으나 만날수록 어그러지는 관계는 '하필이면'입니다. 하필이면 이 사람을 만났을까 싶은 그런 관계, 그렇다고 쉽게 끊을 수 없는 지경에 이른 사랑, 그것은 우연이 악연으로 바뀐 겁니다.

또한 지독한 악연도 있습니다. 아폴론이 다프네를 죽어라 사랑하고, 다프네는 아폴론을 죽어라 싫어하는 것과 같은 경우입니다. 즉 남자가 너무 사랑합니다. 처음엔 싫습니다. 그런데도 죽어라고 나만 사랑합니다. 그러자 이런 생각이 듭니다. '저토록 나를 사랑하니 결혼하면 잘해주겠지.' 그래서 그를 받아들입니다.

어떻게 될까요?

너무 어렵게 사랑을 얻은 사람이 상대방을 끔찍이 사랑하는 건 당연합니다. 쉽게 구할 수 있는 그릇, 값싸게 구할 수 있는 그릇은 늘 식탁에 올라오지만, 아주 비싸게 구한 그릇은 남들이 못 보는 곳에 고이 모셔두는 것과 같습니다. 그게 너무 사랑하는 사람의 사랑법입니다. 즉 일거수일투족을 모두 감시하면서 집에만 고스란히 모셔두려 합니다. 그러면 사랑 받는 입장에서는 사랑이 아니라 구속 중에 구속으로 느껴지겠지요. 그것이야말로 악연 중의 악연입니다.

그러니까 사랑의 대상을 잘 골라야 합니다. 그리고 서서히 서로를 알아가야 합니다. 서로를 고집하기보다 아프로디테와 아레스처럼 서로 중간으로 이동하여 맞춰주려 노력해야 합니다. 그렇게 노력해도 안 된다면 그건 인연이 아닙니다. 따라서 먼저 상대를 앞에 놓고, 자신의 내면의 소리에 귀를 기울여야 합니다.

이처럼 우연을 인연으로 만드는 데는 어느 정도 자기희생이 따라야 합니다. 나의 시간을 깎아서 상대에게 주려는 희생, 내 삶의 일부, 내 정신의 일부를 깎아서 상대에게 주려는 희생이 따라야 합니다.

사랑, 사람이 사랑 없이 산다는 건 있을 수 없습니다. 그 사랑이 비록 힘들고 괴롭더라도 사랑을 포기할 수는 없습니다. 비록 사랑에 공포와 두려움, 걱정과 근심, 시기와 질투, 미움과 증오가 따른다 해도 사람인 이상 사랑은 불가피합니다. 그러니까 사랑 앞에 겸손하고 지혜로워야 합니다.

비록 사랑으로 뼈아픈 상처를 안는다 해도 사랑하지 않고 살 수는 없습니다. 그냥 사랑이 두렵다고, 상처가 두렵다고 사랑을 거부하고 산다면 겉으로는 평온하나 내면에는 알 수 없는 불안과 초조가 스며들어 살맛이 나지 않습니다. 결국 사랑의 상처는 사랑으로 치유할 수밖에 없습니다. 사랑이 비록 슬픔과 아픔을 준다 해도, 언젠가는 모든 아픔과 슬픔을 충분히 보듬어주고 보상해줄 것이기 때문입니다.

:: 동성애의 치명적 유혹

사랑의 상처를 안고 침울하게 지내던 아폴론이 드디어 새로운 사랑을 만났습니다. 매번 사랑에 실패만 겪던 아폴론이 이번에 사랑한 사람은 여자가 아닌 미소년이었습니다.

히아킨토스는 스파르타의 왕 아미클라스와 디오메데 사이에서 태어난 아들로, 무척이나 아름다운 소년이었습니다. 우연히 히아킨토스를 만난 아폴론은 한눈에 반해 그에게 깊이 빠져들었습니다. 한시라도 떨어져 있기 싫을 만큼 그를 사랑한 아폴론은 자신이 가는 곳이면 어디든 그를 데려갔습니다. 냇가에 고기를 잡으러 가면 히아킨토스를 위해 그물을 들어주었고, 사냥을 가면 그의 개를 끌어주었고, 소풍을 가면 그의 시중을 들어주었습니다. 신의 체면도 잊은 채 아폴론은 어린 연인 히아킨토스의 종처럼 행세했습니다. 사랑하는 데 체면이 무슨 소용이며, 사랑하는 데 무엇을 준들 아까우랴 그런 마음이었습니다.

여자들과는 사랑에 실패했지만 소년과 동성연애를 시작한 아폴론은, 시간이 흐를수록 점점 사랑의 늪으로 빠져들어 사리분별도 못할 지경에 이르렀습니다. 어린 연인에게 눈이 먼 그는 자신의 소중한 악기와 화살도 거들떠보지 않았습니다.

그러던 어느 날 그는 평상시와 마찬가지로 히아킨토스와 함께 원반던지기를 하고 놀았습니다. 아폴론은 연인에게 잘 보이고 싶은 욕심에 원반을 있는 힘껏 높이 던졌습니다. 그러자 히아킨토스가 그 원반을 잡으려고 뒤를 따랐습니다. 그런데 그때, 땅에 떨어진 원반이 다시 튀어올라 히아킨토스의 이마를 맞췄습니다. 정신을 잃은 히아킨토스는 이내 죽음을 맞이했습니다. 어렵게 얻은 연인을 잃은 아폴론의 비통한 심정은 이루 말할 수 없었습니다. 그것도 하필이면 자신이 던진 원반에 맞아서 죽음을 맞았으니, 그의 슬픔은 극에 달했습니다.

"나 때문에 그토록 아름다운 네가 죽어가다니! 너는 고통을 얻고 나는 죄를 얻었구나. 할 수만 있다면 너 대신 내가 죽는 것이 차라리 맘 편할 것을. 하지만 신인 나로서도 그리할 수 없으니, 대신 너를 내 노래 속에서 영원히 함께 살게 하리라. 내 수금은 너를 칭송할 것이며, 내 노래는 네 운명을 노래할 것이다. 그리고 이 대지에 너의 모습을 닮은 꽃이 피게 할 것이다."

아폴론이 애통한 심정으로 이렇게 말하는 동안, 어느새 땅을 가득 메운 히아킨토스의 피 위로 아름다운 꽃 한 송이가 피어났습니다. 자줏빛으로 물든 꽃에는 히아킨토스(히아신스)라는 이름이 붙여졌고, 매년 봄마다 피어나 아폴론의 슬픔을 달랬다고 합니다.

'현명하고 지혜로운 아폴론 신이 동성연애를 했다. 그런데 비극으로 끝났다.' 이건 어떤 의미일까요. 동성연애도 인간의 연애본능에 속합니다. 연애란 반드시 육체만의 것이 아닙니다. 마음의 문제이기도 합니다. 평생 가까이 다가가지도 못한 채 바라만 보는 사랑도, 말 한마디 걸어보지 못하고 말지만 환희로운 사랑도 있듯이, 사랑은 심

장 브룩, 〈히아킨토스의 죽음〉(1801, 생트 크루아 미술관)

리적인 문제입니다.

동성연애 역시 본능입니다. 아리스토파네스는 원래 인간이 한 몸이었다가 나누어졌다고 했습니다. 즉 남자와 남자가 한 몸, 남자와 여자가 한 몸, 여자와 여자가 한 몸, 이렇게 세 유형이 있었답니다. 그렇다면 레즈비언이나 호모도 본능에 속합니다. 그럼에도 동성연애를 터부시했던 것은 생산성이 없기 때문일 것입니다. 생물의 본능 중 종족보존의 본능에 동성연애는 해가 되기 때문입니다. 반드시 이성이라야 종족을 보존할 수 있으니까요. 그런 의식 때문에 동성연애는 끝내 비극으로 결론짓게 만들었을 것입니다.

그런데 역사적으로 보면 동성연애는 하층민보다 지식층에서 더 선호했습니다. 플라톤이 쓴 《프로타고라스》 첫 장에는 소크라테스에게 그의 친구가 동성애 파트너인 미남자, 그의 제자 알키비아데스와 잘 지내고 있는지 묻습니다. 아내의 닦달에 지쳐 있던 소크라테스의 탈출구는 동성연애였을 것입니다.

뿐만 아니라 플라톤 역시 소크라테스와 동성연애를 나눈 것으로 보입니다. 그는 "내 미모가 소크라테스의 욕망을 자극한다고 확신했다. 소크라테스의 육체적 호의의 대상이 된다면, 그의 지혜와 가르침을 한 몸에 받을 수 있다고 판단했다. 그래서 스승 소크라테스에게 성적 호의를 베풀기로 했다."라고 기록했습니다.

어느 날 밤, 플라톤은 소크라테스와 오랫동안 함께 있다가 잠을 잤답니다. 밤이 깊어 플라톤이 스승에게 자는지 묻자 아직 안 잔다는 대답이 들려왔습니다. 이때 플라톤이 스승에게 "제 마음을 받아주세요."라고 유혹했다는 일화가 있습니다. 물론 확인 가능한 이야기는 아닙니다. 아폴론과 히아킨토스의 관계처럼 고대의 지성들도 존경의 표시로 가까워지다 동성애에 이른 일들이 제법 있었습니다.

이런 일화뿐 아니라 성서도 동성연애를 언급했습니다. 성서는 롯이 살던 소돔과 고모라 성의 멸망 원인을 동성연애에서 찾습니다. 타락한 도시에 찾아온 천사들을 도시의 젊은이들이 동성연애를 하도록 내달라고 협박합니다. 롯이 그들 대신에 자신의 딸들을 내어주겠다 해도 막무가내입니다. 그토록 타락한 이들 때문에 신이 소돔 성을 멸망시키기로 했다고 성서는 기록합니다.

동성연애는 이처럼 타락의 상징으로 금기시되어 왔습니다. 금기라는 것은 그만큼 만연했다는 반증이며, 그것이 사회에 심대한 문제를 야기했다는 뜻입니다. 그럼에도 신화와 성서에 동성애가 소개된다는 것은 동성애야말로, 다시 말해 남성간의 동성애가 이성간의 사랑보다 우위에 있는 것으로 취급했다는 뜻입니다. 가부장제 사회에서 이성간의 사랑은 그다지 어렵지 않았기 때문입니다. 부나 권력이 있다면 남성은 얼마든 여성을 차지할 수 있었습니다. 때문에 남성에게 불륜은 문제시되지 않았습니다. 오히려 동성애가 금기시되었습니다. 다만 여성에겐 이성간의 불륜이 엄격히 금지되었고, 범하면 엄청난 벌을 받아야 했습니다.

아폴론과 히아킨토스 신화의 비극 역시 인간의 본능입니다. 인간의 본능은 대부분 사회를 어지럽게 합니다. 때문에 본능을 본능대로 발현하는 것은 적절한 행동이 아닙니다. 본능을 적절히 지혜롭게 발현하여 자신도 건강하고 사회도 건강하게 지킬 때 참 인간이라 할 수 있습니다.

:: 에로스와 프시케의 사랑

우연, 아주 사소하거나 우연한 일을 계기로 소중한 인연이 맺어지는 경험을 누구나 한번쯤 해봤을 것입니다. 어떻게 보면 우리 삶 자체가 우연의 연속입니다. 우리의 사랑도 이와 같아서, 어떤 우연한 기회로 인연을 맺을지는 아무도 모릅니다. 나의 작은 실수가 누군가와 하나로 묶는 역할을 할 수도 있고, 전혀 어울리지 않는 사람들이 사랑에 빠질 수도 있습니다. 우연이 악연이 되기도 하고 인연이 되기도 하는 곳, 바로 우리네 삶의 묘한 현장입니다.

'사랑에 실패했다, 그 상처 치유하려 다시 사랑한다. 그런데 그 사랑마저 잘 이루어지지 않는다.' 이것이 사랑의 딜레마입니다. 사랑으로 상처를 입은 사람은 다음 사랑에도 실패할 가능성이 높습니다.

기꺼이 사랑을 다시 시작하는 게 아니라 단순히 마음의 위안을 얻으려 사랑하기 때문에, 자신의 내면의 소리도 듣지 못하고 상대의 입장도 살필 수 없기 때문입니다. 그것마저 극복해야 사랑의 굴레에서 벗어나 진정한 사랑을 할 수 있습니다. 제대로의 사랑은 이처럼 어렵습니다. 그럼에도 사랑해야 하니까 우연을 인연으로 잘 엮는 지혜를 가져야 합니다. 다시 말하건대 육체적인 사랑과 정신적인 사랑으로 나아가야 합니다.

사랑의 종류에는 여러 가지가 있습니다.

그중 에로스는 사랑의 본질입니다. 상대보다 자신을 더 사랑하는 것입니다. 이기적인 사랑으로 주로 이성 간의 사랑입니다. 우연이란 모습으로 다가오는 대상적 사랑이며, 거품이 끼어 있는 사랑입니다. 상대가 나를 사랑해주기 원하는 사랑, 받고 싶은 자기중심적인 사랑입니다.

다음으로 필리아(philia)라는 사랑이 있습니다. 이 사랑은 에로스보다는 차원이 높습니다. 내가 즐거우니까 상대를 사랑하는 것이 에로스적이라면 필리아는 서로 주고받는 사랑입니다. 조건적인 사랑입니다. 이는 주로 우애나 우정입니다. 친구를 나 자신처럼, 상대를 자신만큼 사랑합니다.

그 다음엔 스토르게(storge)로 양보적인 사랑, 즉 '~임에도 불구하고'의 사랑입니다. 부모와 자식 간의 사랑입니다. 비록 자식이 섭섭하게 대해도, 못된 짓을 해도 그를 사랑합니다. 그는 내 자식이기 때문입니다.

이 세 가지 사랑보다 상위에 있는 사랑이 있으니 아가페입니다. 예수를 이 땅에 보내어 희생시킨 신의 사랑입니다 희생적인 사랑이며, 일방적으로 베푸는 사랑, 상대를 자신보다 더 사랑하는 숭고한 사랑입니다.

C. S. 루이스는 "인간은 에로스로 탄생하고, 스토르게로 양육되며, 필리아와 더불어 성장하고, 아가페에 의해 완성된다."고 했습니다.

어떻게 시작한 사랑이든 우리는 사랑을 지향합니다. 우리는 사랑하며 영원한 사랑을 바라봅니다. 우리는 아프로디테의 육체적인 사랑에서 정신적인 사랑으로 이르는 그 단계를 올라서려 합니다. 에로스와 프시케의 만남입니다. 쾌락만의 사랑이라면, 그 사랑은 돈으로도, 명예로도, 권력으로도 얻을 수 있습니다. 그것은 감각적인 사랑에 불과합니다.

아폴론에게 비운의 사랑을 선사한 에로스도 우연한 사랑의 굴레에서 벗어나지 못합니다. 에로스의 목소리는 아름답습니다. 에로스의 피부결은 곱습니다.

프시케는 에로스의 감각을 사랑합니다. 감각적인 사랑, 그 사랑은 육체적인 사랑의 모습과 다를 바 없습니다.

에로스의 어머니, 미의 여신 아프로디테는 여신 중에서도 가장 미모가 뛰어납니다. 그녀의 공공연한 경쟁자는 헤라입니다. 헤라의 남편 제우스마저도 아프로디테가 여신 가운데 가장 미인이라고 공언한 바 있습니다. 그래서 인간은 아프로디테를 위한 제단을 쌓고 지극정성으로 제단을 돌보며 그녀를, 그녀의 아름다움을 숭배했습니다. 그런데 언제부턴가 아프로디테의 신전에 사람들의 발길이 뜸해지고, 제단을 돌보는 사람 또한 사라지는 것이었습니다. 이상히 여긴 아프로디테가 이유를 알아보았더니 프시케라는 처녀가 그 원인이었습니다. 아프로디테 여신의 제단으로 향하던 남자들의 발걸음이 여신의 미모보다 더 빼어난 프시케를 찬양하기 위해 그녀 앞으로 옮겨 갔습니다.

영원히 죽지 않는 신에게 허락된 숭배를, 언젠가는 죽음을 맞이할 수밖에 없는 인간이 빼앗아가다니 여신의 자존심이 허락지 않았습니다. 질투에 못 이겨 전전긍긍하던 아프로디테가 격한 감정으로 아들 에로스를 불렀습니다. 그리고는 아들에게 부탁했습니다.

"사랑하는 내 아들, 에로스야. 이 엄마의 복수를 좀 해다오. 인간 세상에 아주 오만한 처녀가 있는데 그 아이를 네가 골려주렴. 저 프시케라는 교만한 아가씨의 가슴속에 미천한 자에 대한 연정을 불어넣어라. 지금 누리고 있는 환희와 승리감이 큰 만큼 장차 받게 될 굴욕 또한 클 테니."

프시케는 어느 나라 왕의 공주였습니다. 그녀의 위로는 두 언니가 있었습니다. 이들도 제법 아름다웠지만, 막내공주 프시케는 뭐라고 형언할 수 없을 만큼 아름다웠습니다. 그녀의 아름다움은 전 세계로 소문이 퍼져 이웃 나라에서 많은 사람들이 그녀를 보려고 떼를 지어 몰려들었습니다. 뿐만 아니라 그녀를 본 사람들은 너무나 탄복하여 이제까지 아프로디테에게만 바치던 숭배를 그녀에게 바쳤습니다. 그러다보니 아프로디테의 제단은 쓸쓸한 먼지만 쌓여갔습니다. 아프로디테는 너무도 분통이 터져 견딜 수 없었습니다.

에로스는 어머니의 부탁을 받고는 준비를 했습니다. 아프로디테의 정원에는 샘이 두 개 있었습니다. 그중 한 샘에서는 단물이 나왔고, 다른 샘에서는 쓴물이 솟았습니다. 에로스는 그 각각의 샘물을 호박병에 담은 다음, 그것을 화살통 끝에 매달고는 신이 나서 프시

→ 프랑수아 제라르,
〈프시케와 에로스〉(1798, 프랑스 루브르 박물관)

케의 방으로 갔습니다. 막상 잠든 그녀의 모습을 보니 측은한 생각이 들었지만 그는 샘물을 두어 방울 그녀의 입술에 떨어뜨렸습니다. 그리고는 그녀의 옆구리에 화살 끝을 댔습니다. 그러자 그녀가 잠에서 깨 에로스를 바라보았습니다. 그녀에게는 보일 리 없는 신의 몸이었지만 에로스는 순간 흠칫 놀라고 당황하여 화살로 제 손에 부상을 입히고 말았습니다. 그는 자신의 부상 따위는 조금도 개의치 않고, 자기가 저지른 장난을 수습하려고 그녀의 비단 같은 고수머리 위에 향기로운 기쁨의 물방울을 뿌렸습니다. 그리고는 자리를 피하여 집으로 돌아갔습니다. 그때부터 제 화살에 찔린 에로스는 프시케를 향한 사랑의 열병을 앓아야 했습니다.

프시케 역시 그 순간부터 미모로 아무런 득도 얻을 수 없었습니다. 물론 모든 사람의 시선이 그녀에게 집중되고, 그녀의 아름다움을 부인하는 사람은 없었지만 누구 하나 그녀에게 청혼하는 사람이 없었습니다. 이미 두 언니는 왕자들과 결혼했지만, 오히려 더 아름다운 프시케에게는 평범한 어느 청년도 청혼을 하지 않았습니다. 그러자 프시케는 사랑을 불러일으키지 못한 자신의 아름다움이 싫어졌습니다. 그녀의 부모는 고민 끝에 아폴론의 신탁에 문의하여 다음과 같은 답변을 얻었습니다.

"그 처녀는 인간과 혼인할 운명이 아니로다. 그녀의 남편 될 상대가 산꼭대기에서 그녀를 기다리고 있노라. 그는 괴물로서, 신이나 인간도 그에게는 반항할 수 없도다."

신탁을 받은 부모는 슬픔에 잠겼지만, 그녀는 "사람들이 나에게 부당한 명예를 주어 나를 아프로디테라고 불렀을 때 슬퍼하셨어야 했어요."라며 자신의 운명을 받아들이겠다고 했습니다. 사실 그 신탁은 여전히 아름다움이 사라지지 않은 프시케를 질투한 아프로디테가 델포이 신전의 무녀를 매수하여 내린 조작이었습니다.

프시케의 아버지는 신랑에게 갈 준비를 마치고 산을 향해 출발했습니다. 혼례행렬이라기보다 장례행렬처럼 슬픔에 싸였습니다. 산꼭대기에 이르러 사람들은 그녀만 혼자 남겨놓고 모두 집으로 돌아갔습니다. 깊은 산 속에 혼자 남겨진 프시케는 공포에 떨며 눈물에 흠뻑 젖었습니다. 원치 않는 신랑을 맞아야 하는 프시케의 운명은 참 기구했습니다. 두려움에 사로잡혀 반쯤 혼이 나간 그녀를 본 에로스는 마음이 아팠습니다. 그래서 어머니 몰래 숲 속에 아름다운 궁전을 짓고 프시케를 데려올 생각을 했습니다. 궁전이 완성되자 에로스는 부드럽고 감미로운 신 제피로스에게 부탁하여 프시케를 데려오게 했습니다.

감미롭게 산들산들 춤추며 제피로스는 울다 지쳐 잠든 그녀를 꽃이 함빡 피어 있는 골짜기로 실어다주었습니다. 바람에 실려 잠이 들었던 그녀가 정신을 차리고 상쾌한 마음으로 눈을 뜨자, 커다란 나무들이 우뚝 솟은 아름다운 숲이었습니다. 프시케는 그 속으로 들어갔습니다. 숲 한가운데 샘이 하나 있었는데, 그 샘에서는 수정처럼 맑은 물이 솟고 있었습니다. 샘 근처에는 아주 크고 경이로울 만치 아름다운 큰 궁궐이 있었습니다.

그녀는 용기를 내어 안으로 들어갔습니다. 반원형 지붕을 떠받치고 있는 황금기둥, 수렵의 대상인 짐승들과 전원 풍경을 새긴 조각과 아름다운 그림으로 장식한 벽, 모든 것이 경탄할 만했습니다. 더 안으로 들어가니 의식용 큰 방과 진귀한 보물과 장식품들이 가득 찬 여러 개의 방이 있었습니다. 그녀가 여기에 도취해 있을 때, 아무도 보이지 않는데 어디선가 고운 목소리가 들려왔습니다.

"여왕님, 지금 보고 계신 모든 것은 여왕님 것입니다. 당신은 볼 수 없지만 우리는 당신의 시종들입니다. 어떤 명령을 내리든지 분부대로 다 하겠습니다. 내전으로 드시어 부드러운 침대 위에서 편히 쉬시고, 욕실에서 목욕을 즐기셔도 됩니다. 저녁식사는 신선한 바람이 부는 정자에서 드시는 것이 좋습니다."

프시케는 신기한 듯 소리 나는 쪽을 돌아보았습니다. 그리곤 살짝 미소를 지었습니다. 그녀는 우선 부드러운 털로 된 침대 위에서 기분 좋게 한잠을 자고는, 유난히 아름다운 자신의 몸을 시종들의 도움을 받아 씻었습니다. 그리고는 분위기가 신선하고 아름다운 정자로 식사를 하러 갔습니다. 그곳에는 사람들은 전혀 보이지 않지만 이미 식탁이 마련되어 산해진미의 음식과 감미로운 술이 놓여 있었습니다.

그렇게 아름다운 날들이 그녀를 감싸고돌기를 꽤 여러 날 흘렀습니다. 하지만 그녀는 아직도 남편을 본 적이 없었습니다. 그는 밤에만 왔다가 날이 밝기 전에 궁궐을 빠져나갔습니다. 남편의 모습은 볼 수 없었지만 그의 음성은 들을 수 있었고, 그의 피부의 감촉을 느꼈고, 이루 형언할 수 없는 그와의 쾌락을 느꼈습니다. 그의 목소리는 괴물이기는커녕 그녀를 사랑하는 마음이 담겨 있는 아주 따뜻한 남자인 듯했고, 그와의 사랑은 너무 감미로워서 뜨거운 열정이 솟아났습니다. 목소리를 듣는 것만으로도 마음이 설레고 두근거렸습니다. 그녀는 그의 모습이 간절히 보고 싶었습니다. 그래서 가끔 그에게 얼굴을 보여 달라고 애원했지만 그는 애타는 마음만 남겨두고 떠나곤 했습니다.

"왜 내 모습을 그리도 보고 싶어 하오? 당신을 향한 내 사랑을 못 믿는 건가요? 내가 내 모습을 보여주지 못하는 건 그럴만한 이유가 있는 것이니 그리 아오. 만일 그대가 내 모습을 보게 되면 나를 존경하거나 두려워하게 될 거요. 난 단지 당신의 사랑만을 원하오. 신으로서가 아니라 사람으로 당신의 사랑을 받고 싶을 뿐이라오."

남편의 애정 어린 그 말을 듣는 순간 그녀는 다시 마음이 평안해지고, 왠지 모르게 사랑의 미묘한 감정이 솟아나서 행복한 환희에 감싸였습니다.

그러다가도 혼자 있는 시간이면 문득 자신의 상황을 모르고 슬픔에 잠겨 있을 언니들, 부모님 생각에 콧등이 시큰해져 견딜 수가 없었습니다. 그럴 때면 자신이 누리는 호사스러운 생활이며, 웅장하고 아름다운 궁전이 한낱 훌륭한 감옥으로만 느껴질 뿐이었습니다.

그러던 어느 날 밤, 그녀는 남편에게 자기의 심정을 털어놓으며, 가족을 만나게 해달라고 간청했습니다. 마침내 언니들을 만날 수 있도록 허락을 받은 그녀는 즉시 제피로스를 불러 남편의 명령을 전했습니다. 제피로스는 프시케의 말대로 언니들을 그곳으로 데려다주었습니다. 그녀는 아주 반갑게 언니들의 손을 잡고 자신의 화려한 궁전으로 안내했습니다. 목소리만 들리는 수많은 시종들이 언니들의 시중을 들어 목욕도 시켜주고 좋은 음식도 제공했습니다. 프시케는 자신의 생활을 언니들에게 맘껏 자랑하며 즐거운 한때를 보냈습니다.

동생이 자기들보다 좋은 환경에서 사는 모습에 질투가 난 언니들은 그녀에게 미주알고주알 캐물었습니다. 남편이 어떻게 생겼는지 캐묻는 언니들의 집요한 질문에 그녀는 결국 남편의 모습을 본 적이 없음을 고백했습니다. 언니들은 아폴론의 신탁을 떠올리며, 그는 필시 괴물일 것이니 처치하라고 부추겼습니다.

"이 골짜기에 사는 사람들이 그러는데 네 남편은 괴물 같은 뱀이래. 그러니까 모습을 안 보여주는 거야."

그 말에 그녀의 마음도 흔들리기 시작했습니다.

"결국 네 남편은 너를 살찌운 다음 너를 삼켜버리려는 거야. 그러니까 우리 말대로 하렴. 등잔과 예리한 칼을 몰래 준비했다가 네 남편이 깊이 잠들거든 몰래 침대에서 빠져 나와 등잔불을 켜고, 실제로 괴물인지 확인해 보는 거야. 사실이라면 망설이지 말고 괴물의 머리를 베어버리고 너의 자유를 찾아야 되는 거야. 알겠니?"

프시케는 그럴 리가 없다며 극구

프랑수아 피코, 〈약속을 어긴 프시케를 버리고 떠나는 에로스〉(1817, 프랑스 루브르 박물관)

부인했지만 내심 언니들의 말에도 일리가 있다는 생각이 들었습니다. 언니들이 떠나고 혼자 남게 되자, 그녀의 마음은 착잡했습니다. 마음이 심란해지고, 앞으로 닥쳐올 자신의 처지가 가련하게 느껴지기 시작했습니다. 그녀는 결국 등불과 예리한 칼을 준비하여 남편이 보지 못하도록 덮개로 감춰두었습니다. 언니들의 부추김에 넘어간 프시케는 이제 남편의 정체를 확인하기 위한 온갖 생각 때문에 오직 그 일에만 마음이 쏠렸습니다.

그날 밤 남편이 첫잠에 들자, 그녀는 살며시 일어나 등잔불의 덮개를 벗기고 남편의 얼굴을 비쳐보았습니다. 아! 거기에 보이는 남편의 얼굴은 신들 중에서도 가장 아름답고 매력 있는 신이었어요! 눈빛같이 흰 목과 진홍색 볼 위에서 물결치는 금빛 곱슬머리, 어깨에는 이슬에 젖은 흰 눈보다 새하얀 두 날개, 보들보들한 봄꽃처럼 빛나는 깃털. 그녀는 황홀경에 빠질 지경이었습니다. 이 무슨 운명의 장난이란 말인가요. 거기에서 멈추고 얼른 모르는 체했으면 좋았을 것을!

그녀는 남편의 얼굴을 더 자세히 보기 위해 등잔을 기울였습니다. 마침 불붙은 기름 한 방울이 그만 에로스의 어깨에 떨어졌습니다. 그가 깜짝 놀라 눈을 뜨고 프시케를 노려보았습니다. 망연자실한 그녀에게 한 마디 말도 없이 그는 흰 날개를 펴 창밖으로 날아갈 참이었습니다. 프시케가 그를 따라가려 애쓰다가 창틀에서 땅으로 떨어졌습니다. 그런 그녀를 본 에로스가 잠깐 멈추고는 말했습니다.

"오! 어리석은 프시케. 내 사랑을 이렇게 보답하다니. 나 에로스는 어머니의 명령을 어기고 그대를 아내로 맞았는데, 그런 나를 괴물로 여기고 나의 머리를 베려고 하다니. 언니들한테로 돌아가라. 그대는 내 말보다 그들의 말을 들었으니 그들에게나 가라. 나는 그대에게 다른 벌은 주지 않을 것이나 영원히 그대와 이별할 것이다. 어떻게 의심이 있는 곳에 사랑이 함께 있을 수 있겠느냐. 믿음이 없는 곳에 에로스는 있을 수 없노라."

그가 떠나고 그녀가 정신을 되찾았을 때는 이미 궁전도 정원도 없어지고, 그녀는 언니들이 살고 있는 도시로부터 얼마 떨어지지 않은 벌판에 있었습니다. 프시케는 언니들에게 가서 이제까지 있었던 일들을 다 이야기했습니다. 언니들은 걱정해주는 척했지만 내심 기뻤습니다. 그들은 이번에는 그 잘생겼다는 신이 필시 자신들 중에 한 사람을 아내로 맞을 것이라 생각하고는 아침 일찍 일어나 산에 올랐습니다. 산 정상에 이른 그들은 제피로스를 불러 자기를 받아들이고, 그의 주인에게 데려다 달라고 청했습니다. 그리고는 뛰어내렸지만 무심하게도 제피로스는 그들을 받쳐주지 않았습니다. 결국 그들의 몸은 절벽에서 떨어져 산산조각으로 부서져버리고 말았습니다.

프시케를 위한 사랑의 궁전, 사랑에 빠져 있는 이들이 있는 곳입니다. 사랑하는 이들 앞엔 세상 모두가 아름답습니다. 자신들을 위해 세상이 마련되어 있는 것 같습니다. 세상의 주인공이 바로 자신들 같습니다. 결혼식장에서 신랑신부가 모든 이들의 주목을 받듯 사랑에 빠진 이들은 자신들이 주인공인 것 같습니다. 둘이 있는 곳, 사랑으로 함께하는 곳은 그곳이 어디이든 궁전입니다. 에로스의 궁전입니다. 에로스의 궁전은 실체가 아닙니다. 마음의 궁전입니다. 사랑하는 순간들엔 언제 어디에나 있는 궁전입니다.

그런데 사랑이 떠납니다. 그 아름다운 궁전은 온데간데없습니다. 그 화려하고 아름답던 세상, 자신을 주목하던 시선들은 모두 어디로 간 걸까요. 에로스의 궁전은 사랑할 때만 나타나기 때문입니다. 비가 내리고 난 후에야 나타나는 무지개처럼 쾌락이 넘치던 곳엔 쓸쓸함과 공허한 잔해만 남습니다. 정신 차리고 보니 처음 사랑을 시작하려던 그곳에 가까이 있습니다.

다시 원래 위치 가까이 왔을 뿐입니다. 그런데 마음은 전에 없이 공허하고 무너질 것 같아 견딜 수 없습니다. 무엇이 문제였을까요? 바로 믿음의 문제입니다. 믿음의 깨짐, 그것은 지식에의 욕구 때문입니다. 판도라가 상자를 연 것, 이브가 선악과를 따먹은 것, 프시케가 불을 밝혀 신랑을 확인하는 것, 그것은 지식 욕구의 상징입니다. 앎이란 의심을 낳게 합니다. 그러면서 믿음은 깨지는 것이지요.

감각적인 사랑에서 정신적인 사랑으로 높여가려면 무엇보다 믿음이 전제되어야 합니다. "믿음이 없는 곳에 사랑(에로스)은 있을 수 없으니"란 에로스의 말처럼 믿음이 없다면 사랑은 깨질 수밖에 없습니다.

신약성서 고린도전서 13장 말미에는 "믿음, 소망, 사랑, 이 세 가지는 항상 함께 있을 것인데, 그중에 제일은 사랑이다."라고 기록되어 있습니다. 우리 삶에 가장 중요한 것은 사랑입니다. 그 사랑을 떠받치는 것이 믿음과 소망입니다. 사랑이 주인공이요, 믿음과 소망은 보조입니다. 사랑이 없으면 믿음도, 소망도 있을 이유가 없습니다.

믿음, 그것은 과거에서 현재까지의 모습입니다. 믿음은 지금 당장 생기는 것이 아니라 시간을 필요로 합니다. 서로가 서로를 알아보는 시간, 그 과정을 거치면서 믿음이 생깁니다. 그러니까 애정이든 우정이든 시간이 필요합니다. 과거의 어느 시점에 만나서 지금까지 이어오면서 얻은 내면의 평가, 거기에서 믿음과 의심이 나누어집니다.

의심이 추호라도 생겼다면 믿음은 없을 것이고, 거기에 사랑은 이미 없습니다. 형식적이고 피상적인 사랑, 사랑하는 척하는 사랑은 있을지라도 믿음이 없는 곳에 진정한 사랑은 없습니다.

그래서 에로스는 떠납니다. 사랑이 떠난 겁니다. 믿음이 과거에 있다면 사랑은 현재입니다. 이 믿음으로 지금 사랑한다면 이제 우리는 미래를 약속할 수 있습니다. 그 미래의 약속이 희망입니다. 따라서 믿음, 소망, 사랑은 함께 존재할 수밖에 없습니다. 에로스의 궁전은 세우기 어렵지만 더 어려운 것은 그 궁전을 지키는 일입니다. 거기엔 무엇보다 믿음이 있어야 하니까요. 믿음은 에로스 궁전을 든든히 받쳐주는 기둥이니까요.

:: 혹독한 사랑의 통과의례

심리학의 어원은 프시케(Psyche)에서 비롯됩니다. 영어로 '사이키'지요. 이 사이키란 말에서 심리학이라는 psychology, 정신분석이란 psychoanalysis가 나왔습니다. 프시케란 사랑의 힘이란 의미입니다. 또한 나비란 의미도 있지요. 나비란 인간이 그렇게 되어야 할 이상적인 모습입니다. 그러니까 인간이 이상적인 모습을 갖추는 데는 진정한 사랑이 필수입니다.

알은 저절로 나비가 되는 것이 아니라 애벌레로 깨어나 어른벌레로 성장하고, 완전히 다른 모습으로 부활하기 위해 고치 속에 들어가 번데기 과정을 겪어야 합니다. 그런 걱정과 두려움의 과정을 다 거치고 나서야, 즉 자기 자신을 죽여서 상대를 위한 희생의 과정을 겪어야 나비로 변신할 수 있습니다. 사랑의 긍정적인 결실은 바로 이상적인 삶의 완성으로 프시케에 이르지만 사랑의 부정적인 결말은 그저 애벌레나 성충으로 살다가 포르노스로 끝나고 맙니다.

철학자 칼 야스퍼스는 "사랑이란 사랑하는 사람이 진실을 찾기 위해 겪는 가혹한 고통을 겪음으로써 신의 의지를 자각하는 것이다."라고 말했습니다. 사랑을 해보지 못한 사람은 애벌레 같은 정신세계에 머물러 있는 것입니다. 유충을 탈피하여 성충이 되는 것처럼 사랑이 사람을 성숙하게 합니다.

에로스의 모습을 보세요. 다른 신들은 태어나서 1년만 지나면 어른이 됩니다. 그런데 에로스는 계속 아주 어린 꼬마로 지냅니다. 언제까지냐고요. 프시케를 만나 사랑하기 전까지 그는 어린 아이입니다. 프시케를 만나 사랑하면서 어른으로 갑작스레 변신합니다. 프시케를 남겨두고 떠나는 모습을 보면 훌륭한 청년이 되어 있습니다.

왜 하필이면 그리스신화는 사랑의 신만 오랫동안 아이의 상태로 그렸을까요? 어떤 면에서 사랑은 아주 유치찬란합니다. 감각적인 사랑, 육체적인 사랑은 발가벗고도 부끄러움을 몰랐던 시절의 어린 아이처럼 유치합니다. 그러나 어느덧 내면으로 사랑을 받아들이면서 부쩍 자랍니다. 인간 영웅들이 열여섯 살이면 아버지를 찾아 모험을 떠나듯이 에로스 역시 열여섯이 되어서야 청년이 되었을 겁니다. 사랑이 아이를 어른이 되게 합니다. 고통을 수반하는 사랑을 해보지 않은 사람은 몸이 어른이어도 마음은 아이입니다. 사랑의 힘이 아이를 어른 되게 하듯이 프시케는 역시 이름값을 해야 합니다. 그러니까 프시케는 에로스를 다시 만나야 합니다.

사랑의 궁전이 사라진 빈들에서 프시케는 울고 있습니다. 집에 돌아갈 수도 없는 그녀는, 에로스를 도저히 잊을 수 없는 그녀는, 사랑을 포기할 수 없는 그녀는 한없이 울고 있습니다. 감미로운 바람 제피로스가 그 모습을 가슴 아파하며 내려다봅니다. 전에 에로스의 궁전에 데려다주었던 것이 지금은 오히려 후회스럽습니다. 아름다운 프시케가 사랑에 잠겨 즐거워하는 모습을 볼 때는 사랑의 메신저 역할에 무척 보람을 느꼈는데, 곱디고운 프시케의 눈가에 맺힌 눈물을 보노라니 애련합니다. 제피로스가 프시케에게 다가가 눈물을 닦아줍니다. 프시케가 제피로스에게 간절히 부탁합니다. 죽어도 좋으니 에로스의 집에 한 번만 더 데려다달라고요. 차마 거절하지 못한 제피로스가 프시케를 안고 하늘로 날아올라 에로스의 집에 내려놓습니다. 아프로디테와 함께 사는 집이지요.

아프로디테는 프시케를 보자마자 화를 냈습니다.

"너야말로 하인들 중에서도 가장 불성실한 여인이다. 너 때문에 몸져누운 너의 남편을 보기 위해 온 것이란 말이냐? 나는 네가 밉고 싫다."

아프로디테는 냉정하게 뒤돌아서며 프시케를 당장 내쫓으라고 명령합니다. 프시케는 결사적으로 그녀의 발아래 엎드려 애원합니다. 하녀로라도 좋으니 에로스 가까이만 있도록 내쫓지만 말아달라고 매달립니다.

"네가 용서를 받으려면 열심히 일하는 것밖에 길이 없다. 네가 허드렛일이나 할 수 있는지 시험해 보겠다. 일은 내일부터 시킬 것이니 오늘은 여기 돌바닥에서 잠을 자도록 해라."

프시케는 그날 밤 에로스의 숨소리도 못 듣고 돌바닥에서 잠을 잤습니다.

다음날 아프로디테는 프시케를 창고로 데려갔습니다. 그곳에는 비둘기 모이로 쓰는 많은 밀, 보리, 기장, 완두, 볼록콩과 양귀비, 겨자, 귀리 등이 담긴 자루들이 마구 섞여 쌓여 있었습니다. 아프로디테는 그 자루 중에서 양귀비, 귀리, 겨자 자루를 내오게 하더니 자루에 있던 것들을 돌바닥에 쏟게 했습니다. 그러고는 그 씨앗들을 골고루 섞도록 한 후 프시케에게 말했습니다.

"여기 있는 이 곡식들을 종류대로 깨끗이 분류하도록 해라. 오늘 저녁까지 반드시 다 해야 한다."

혼자 남은 프시케는 막막할 따름이었습니다. 그녀는 한동안 멍하니 곡식더미를 바라보고만 있었습니다. 그녀는 자신의 신세가 한탄스러워서 울었습니다. 사랑하는 에로스의 손 한 번 잡아보지 못하고, 키스 한 번 하지 못하고 꼼짝없이 쫓겨날 생각에 울고 또 울었습니다. 얼마나 울었던지 눈물이 흐르고 흘러 돌바닥을 지나 땅속으로 스며들었습니다.

여왕개미의 굴로 눈물이 계속 흘러들어가자 놀란 여왕개미가 밖으로 나왔습니다. 울고 있는 프시케를 보고 사연을 물었습니다. 얘기를 다 들은 여왕개미는 걱정 말라며 그녀를 안심시키고는 다시 굴속으로 돌아갔습니다. 잠시 후 사방에서 개미들이 몰려나오기 시작했습니다. 여왕개미는 개미들을 세 부대로 나누어 씨앗을 분류하라고 명했습니다. 수많은 개미들이 그 일을 즉시 마쳤습니다. 개미부대는 언제 그랬냐는 듯이 말끔히 사라졌습니다.

아름다운 석양이 끝나갈 즈음, 아프로디테는 장미 화관을 쓰고 향기로운 냄새를 풍기며 신들의 향연에서 돌아왔습니다. 그녀는 프시케에게 명령한 일이 다 끝난 것을 보고는 소리를 질렀습니다.

"못된 계집 같으니, 너 스스로 하라고 했지, 누가 개미의 도움을 받아서 하라고 했더냐? 이제 너도 개미들도 그냥 두지 않을 것이니라."

그 후 개미들은 아프로디테의 저주로 언제나 집을 땅속에 짓고 살아야 했습니다.

다음날 아침, 아프로디테는 프시케를 불러 다시 다른 일을 지시했

존 워터하우스, 〈황금상자를 여는 프시케〉(1903, 개인소장품)

습니다.

"저쪽 물가에 나무들이 늘어선 숲을 보아라. 그곳에 가면 양들이 양치기도 없이 풀을 뜯어먹고 있을 것이다. 그 양들은 모두 금빛 털을 가지고 있다. 어서 가서 저기 있는 양들의 값진 양모를 모두 모아 가지고 오너라."

두번째 시험의 대상인 양떼는 말만 양이지 머리는 사자 머리에 몸만 양이었습니다. 게다가 식인 양이었습니다. 그 괴물들은 프시케를 보자 당장이라도 울타리를 뛰어넘을 듯 으르렁거렸습니다. 털은커녕 가까이 다가가지도 못한 그녀는 멀찌감치 앉아서 다시 울기 시작했습니다. 다시는 울지 않으리라 다짐했지만 나오는 건 울음뿐이었습니다. 그러자 이번에는 강의 신이 푸른 갈대를 부추겨 양털을 얻는 방법을 속삭여주었습니다. 갈대들은 노래 부르듯 그녀에게 속삭였습니다.

"가혹한 시련을 받고 있는 아가씨. 위험한 냇물을 건너가지도 말고, 건너편에 있는 무서운 숫양 속에 들어가지도 마세요. 해 뜰 무렵에는 양들이 날카로운 뿔과 사나운 이빨로 사람을 죽이려고 날뛴대요. 대낮이 되면 건너가세요. 그러면 양떼들은 그늘을 찾아가고 냇물의 청명한 정기가 그들을 달래서 재울 거예요. 그때 건너가면 덤불이나 나무줄기에 붙어 있는 금빛 양모를 발견할 거예요."

덕분에 프시케는 얼마 지나지 않아 아프로디테가 있는 곳으로 금빛 양모를 한아름 안고 돌아왔습니다. 그러나 이번에도 아프로디테는 그냥 넘어가지 않고 다른 일을 시켰습니다.

세번째 시험은 스틱스강의 샘에서 물 한 주전자를 떠오라는 것이었습니다. 프시케는 그리 어렵지 않을 것으로 생각하고 길을 나섰습니다. 드디어 스틱스강에 이르렀습니다. 이 강은 지상에서 지하세계로 연결되는 강입니다. 죽어서 건너가야 할 강입니다. 그 강가에 서서 샘을 내려다보니 아주 까마득한 아래에 샘이 보일 듯 말듯합니다. 그녀가 절벽을 내려가는 것은 완전히 불가능해보였습니다. 그녀는 이제 모든 것이 끝났다고 생각하며 하염없이 눈물을 흘렸습니다.

그때까지도 그토록 그리운 에로스는 얼굴 한 번 비치지 않았습니다. 아프로디테의 엄명으로 자기 방에 들어앉은 채 거의 두문분출하고 있었기 때문입니다. 울고 있는 프시케를 바라보던 독수리 한 마리가 그녀에게 다가와 사연을 물었습니다. 독수리는 그녀를 대신해 주전자를 발 사이에 잡고 내려가더니 물을 채워 그녀에게 주었습니다. 독수리의 도움으로 문제를 해결했으나 아프로디테는 꾸중만 하고 다시 그녀를 시험했습니다.

"여기 상자를 가지고 하데스의 나라로 가서 페르세포네에게 건네면서 이렇게 전하라. '제 주인이신 아프로디테님께서 왕비님의 화장품을 조금 나누어달라고 부탁하셨습니다. 몸져누운 아들을 간호하느라 안색이 좀 안 좋아지셨습니다.' 이 일은 속히 해야만 한다. 오늘밤 그 화장품으로 화장을 하고 신들의 파티에 참석해야 하니 서둘러야 한다."

프시케는 마침내 죽음이 가까이 왔다고 생각했습니다. 저승세계로 내려가야 한다는 건 죽으러 가는 게 아니고 무엇이겠습니까. 프시케는 기왕 죽을 바엔 가까운 길을 택하는 것이 낫겠다는 생각에 높은 탑 꼭대기로 올라갔습니다. 그때 탑 속에서 어떤 소리가 들려왔습니다.

"가엾고 불행한 여인이여, 무슨 까닭으로 그렇게 끔찍한 방법을 택하려 하는가. 이제까지도 여러 번 신들의 가호를 받은 그대가 왜 마지막 시험을 앞두고 무너지려 하는가?"

그 목소리는 이어서 저승세계로 가기 위해 저승의 동굴을 지나는 방법, 저승세계에서 보초를 서고 있는 머리 세 개 달린 개 케로베로스의 곁을 무사히 지나갈 수 있는 방법, 검은 강을 오갈 수 있도록 뱃사공을 설득하는 방법 등을 자세히 가르쳐주었습니다. 그리고 마지막으로 중요한 한 가지를 당부했습니다.

"페르세포네가 그녀의 아름다움으로 가득 찬 화장품 상자를 주거든 조심해야 할 사항이 있다. 첫째, 그것을 절대로 열어보면 안 된다. 둘째, 그 속을 절대로 들여다보아도 안 되고, 마지막으로 여신들의 보물에 관심을 가져서는 안 된다."

프시케는 그 목소리가 시키는 모든 것을 그대로 했습니다. 사랑 없이 하데스의 세계로 납치당한 페르세포네는 프시케의 안타까운 사랑을 응원했습니다. 덕분에 프시케는 무사히 임무를 마치고 돌아올 참이었습니다. 그녀는 다시 생명을 얻은 듯이 기뻤으며, 무엇보다 에로스와의 재회를 생각하니 너무나 행복했습니다. 그런데 그토록 목숨을 건 임무를 마치고 나니 상자 안에 도대체 무엇이 들었는지 보고 싶은 마음이 일기 시작했습니다.

"여신들의 아름다움의 비결이 도대체 뭔지 너무나 궁금한 걸. 나도 바르면 남편에게 더 예쁜 모습을 보여줄 수 있지 않을까?"

호기심을 참지 못한 프시케는 조심스럽게 상자를 열어보았습니다. 그러나 그 안에는 화장품은커녕 저승세계의 깊은 '잠'만이 들어 있었습니다. 상자가 열리자마자 프시케에게 덤벼든 저승세계의 잠은, 그녀를 죽음과도 같은 깊은 잠으로 인도했습니다.

그즈음 에로스는 프시케의 사랑스러운 모습이 아른거려 견딜 수가 없었습니다. 그녀를 보고 싶은 마음이 간절하던 참에, 마침 창문이 열려 있는 것을 보고는 그 틈으로 빠져 나와 프시케가 누워 있는 곳으로 날아갔습니다. 에로스는 죽음의 잠으로 뒤덮인 프시케를 보았습니다. 그녀는 여전히 아름다웠습니다. 조용히 잠든 프시케의 입에 그는 가만히 입을 맞추었습니다. 그럼에도 그녀는 반응이 없었습니다. 에로스는 다시 그녀의 몸에서 잠을 끌어모아 상자 안에 가두고는, 그의 화살로 가볍게 그녀를 찔러 깨우며 말했습니다.

"그대는 이전에도 그랬던 것처럼 호기심 때문에 죽을 뻔했구나. 그대는 이제 어머니가 분부하신 임무를 완수하도록 하라. 뒷일은 내가 알아서 할 것이니."

그렇게 말하고 에로스는 제우스를 향해 높이 날아올라갔습니다. 그는 제우스에게 자신의 심정을 헤아려줄 것을 간곡히 애원했습니다. 결국 제우스는 그들의 사랑을 어여삐 여겨 그의 간청을 들어주기로 했습니다. 제우스는 아프로디테를 설득하여 그들의 결혼을 승낙케 했습니다.

천사의 회의에 불려온 프시케에게 제우스는 신들의 음식인 암브로시아(ambrosia)를 먹이고 음료인 넥타르(nectar)를 손수 한 잔 권하면서 이렇게 말했습니다.

"프시케야, 이걸 마시면 너는 불사의 몸이 된다. 이제 에로스는 너

와 맺어진 인연을 끊지 못할 것이며, 이 결혼은 영원히 변함없을 것이다. 에로스(육체적인 사랑)와 프시케(정신적인 사랑)가 온전히 결합하면 신들도 그것을 나눌 수 없느니라."

여신이 된 프시케는 마침내 에로스와 결혼했고, 이들 사이에서 프시케만큼이나 아름다운 딸이 태어났으니, 그 이름을 '볼룹타스(Voluptas, 환희)'라고 지었습니다.

드디어 성공입니다. 육체적인 사랑이 정신적인 사랑과 결합하면서 영원한 사랑에 이르렀습니다. 프시케는 영원을 얻었습니다. 지상에서의 삶을 마감하고 신들 속에서 살게 되었습니다. 이것이 사랑의 영원성입니다. 그녀는 죽음의 잠을 넘어서서 영원에 이르렀습니다.

아주 사소한 실수 하나로 엮여도 잘만 하면 인연입니다. 실수가 없었다면 그냥 지나치고 말 일이 인연이라는 끈으로 묶이는 것도 신들의 세계에서부터 비롯되었습니다. 에로스의 작은 장난이 결국 연인을 얻는 결실을 맺었듯이, 지금도 이 땅에는 에로스와 프시케의 사랑을 닮은 사랑의 사건들이 우리를 감동시키고 우리를 울먹이게 합니다.

프시케는 처음 사랑을 포기하지 않았습니다. 그 의지가 에로스의 근처에 머물게 했습니다. 그리고 첫번째 시련을 겪습니다. 차가운 돌바닥에서 잠을 자야 하는 벌입니다. 그녀는 자신의 자아를 발견해야 합니다. 너무 아름다워 숭배를 받았지만 인간의 숭배, 그것은 인간의

← 윌리엄 부게로,
〈프시케의 환희〉(1895, 개인소장품)

몫이 아닙니다. 신의 것입니다. 인간은 사랑의 대상이어야지 숭배의 대상이 되어선 안 됩니다. 설령 사람들이 나를 숭배의 자리에 올려놓는다 해도 인간다운 겸손을 잃어선 안 됩니다. 인간이 숭배를 받는 것은 불행의 전조입니다.

숭배를 받았던 프시케가 혹독한 시련 앞에 선 것은 인간 이상의 대접을 받은 탓입니다. 이제 그녀는 거쳐야 할 통과의례 앞에 섰습니다. 그녀는 차가운 돌바닥에서 자면서 진정한 자신을 발견합니다. 그저 한 남자를 사랑하는 여자에 불과하다는 발견입니다. 자신의 정체성을 찾은 것입니다. 사랑은 이처럼 쾌락도 쾌락이지만 자신을 발견하는 과정입니다.

그 다음에 그녀는 아주 작은 씨앗들을 분류하는 시험을 겪습니다. 씨앗을 분류하는 것은 자신의 내면을 다스림을 의미합니다. 씨앗들이란 싹을 틔우기 위한 것인데, 그 싹은 점차 커지게 마련입니다. 어느 씨앗을 틔울 것인지 구분의 지혜를 갖추면 사랑의 한 단계를 올라섭니다. 키워야 할 욕망과 자라지 못하게 해야 할 욕망을 분류하는 지혜가 있어야 한다는 의미이며, 사랑은 그 작은 씨앗과도 같은 사소한 문제 때문에 깨질 수도 있으므로 사리분별을 잘해야 한다는 뜻이기도 합니다.

이는 자질구레한 집안일에서도 우선순위를 정할 줄 아는 지혜의 시험이라고도 할 수 있습니다. 큰 문제 때문에 사랑에 금이 가는 경우는 극히 드뭅니다. 외부에서 오는 큰 문제라면 오히려 공동대응의 심리 덕분에 사랑을 더 공고하게 다질 수 있습니다. 그러나 사소한 문제들은 대수롭지 않게 생각했다가 자존심 문제나 감정싸움으로 변하면서 사랑을 깨뜨릴 수 있습니다.

프시케가 개미들의 도움을 받았다는 것은 자신의 내면(지하세계의 개미의 지혜)을 들여다보고, 감정이나 생각을 걸러내 중요한 것을 분별해야 한다는 뜻입니다. 키울 것과 버릴 것, 죽일 것과 살릴 것을 구별해야 한다는 뜻입니다. 그 사소한 욕망들이 사랑싸움의 씨앗이기 때문입니다.

다음으로 황금양털을 모아오라는 것은 기다림의 지혜를 배워야 한다는 뜻입니다. 이것은 감정을 잘 다스리라는 의미인데, 감정을 잘 다스리는 것은 기다림의 미학입니다. 씨앗 분류가 여성다움의 첫걸음이라면 황금양털 모으기는 한층 더 나아가 외부와의 접촉에서 자신의 감정을 상하거나 다치지 않고 힘을 제압하라는 것입니다. 황금양털 주인공의 모습은 강한 힘의 상징인 사자머리와 부드러움의 상징인 양털이라는 양면성을 지니고 있습니다. 이 양면성은 외양이 아니라 내면의 이중성을 의미합니다. 여성이란 존재는 힘보다 부드러움이 강점이듯이, 이 부드러움으로 힘을 제압하려면 직접적인 방법보다는 간접적인 대응방법을 선택하는 지혜를 얻어야 합니다. 이제 내면을 들여다보아 자아정체성을 확인한 존재는 사리분별의 지혜를 가지고 감정을 잘 다스리는 생활을 해야 합니다. 실제 삶에서는 감정을 다스리기가 힘을 다스리기보다 훨씬 더 어렵습니다.

헤라클레스도 아름답고 약한 여성을 상징하는 사슴을 사로잡아오라는 과업을 받았을 때 다른 과업보다 더 오랜 시간을 투자해야 했습니다. 꼬박 1년이 걸렸습니다. 그러니까 감정을 다스린다는 것이 가장 어렵습니다. 온전한 사랑을 이루려면 자신의 감정을 고집하지 않으면서 힘을 얻어야 합니다. 그것이 간접적인 힘을 이용하는 지혜이며, 적절한 방법을 선택하는 지혜입니다.

이렇게 자신의 정체성을 찾고, 내면을 성찰하여 감정을 다스리는 법을 배웠다면 여성다운 면모는 갖춘 셈입니다. 그 다음엔 남성을 알아가야 합니다. 이를 위해서는 남성적인 측면인 남성성을 갖춰야 합니다. 즉 여성이 갖춰야 하는 남성성 아니무스입니다. 그것이 스틱스 강의 샘물을 길어오는 일입니다.

여기서 독수리의 도움을 받습니다. 독수리는 남성성입니다. 독수리는 촐싹대며 움직이지 않습니다. 높은 곳에서 두루 멀리 살펴보다가 목표물이 나타나면 아주 신속하게 움직여서 목표물을 잡아챕니다. 여성에게 부족한 것이 공간지각 능력이며, 근시안적이 아닌 원시안입니다. 사랑을 현실에서 얻어내는 잔재미도 있지만 보다 멀리 내다보는 원시안적인 혜안, 거시적 안목이 있어야 합니다. 사랑은 믿음과 소망과 함께하기 때문입니다.

이제 마지막 단계입니다. 죽음의 세계로 내려가는 일, 즉 잠을 얻어 오는 일입니다. 쉽게 말해서 개과천선입니다. 성충이 고치 속에 들어가 번데기 과정을 거쳐 나비로 재탄생하는 것과 같습니다. 완전한 변신이요 변태의 과정입니다. 죽음마저도 두려워하지 않는 통과의례를 지나야 합니다. 용기와 결단력이 없으면 불가능합니다. 그 모두는 사랑의 힘입니다. 죽음마저 두렵지 않게 하는 용기는 사랑에서 나옵니다. 죽음 같은 터널이든, 죽어서 지내는 번데기 상태든 완전히 이전의 나를 죽이고 나서야 온전한 변신과 변태를 이룹니다.

내가 나로 살아가는 한 온전한 사랑을 이룰 수 없습니다. 아프로디테가 금성의 옷을 벗고 지구인의 옷을, 아레스가 화성의 옷을 벗고 지구인의 옷을 입어 육체적인 사랑을 완성했다면, 프시케는 육체의 모양마저 모두 벗고 온전히 정신만으로, 믿음을 회복하여 정신적인 사랑을 이루었습니다. 그 사랑의 결과, 육체적으로 온전한 사랑의 결과가 에로스라면, 육체적인 사랑의 완결인 에로스에 정신적 사랑을 연결한 프시케가 얻은 사랑, 이 둘의 지고의 볼룹타스(환희)입니다. 이제 이 사랑은 영원한 사랑입니다. 이처럼 사랑은 눈과 눈의 만남으로 시작하여, 마음을 얻는 사랑으로, 그 마음은 영혼을 불러 영원한 사랑으로 완성됩니다.

사랑에 관한 이러한 고대인의 의식은 중세라는 터널을 지나 부활했습니다. 중세에는 결혼 자체를 교회와 사회가 주관했습니다. 그러니까 서정적인 개인의 감성이 억지로 소멸되고 오로지 사회에 기여하는 것으로만 사랑이 해석되었습니다. 다시 인간중심의 시대, 르네상스 시대에 이르러서야 공동체적 사랑이 중요한 것이 아니라 인간 자신, 즉 개인의 감정을 소중히 여기는 이상적인 사랑으로 자리매김했습니다. 그 사랑의 고유한 교과서가 아프로디테와 아레스의 사랑이요, 그 바탕을 삼은 에로스와 프시케의 사랑입니다. 이를테면 사랑은 외부 세계보다 내면의 세계가 중요하다는 관념이 살아나면서 사랑을 통해 마음의 섬세한 영역을 발견하게 하는 관념으로 발전합니다.

물론 이 아름다운 사랑을 위해선 때로 혹독한 통과의례를 거쳐야 합니다. 때로 극심한 고통을 겪어야 합니다. 그 고통과 상처 덕분에 우리는 나 자신은 물론 다른 사람을 이해하는 포용력을 갖게 됩니다. 그렇게 내면의 성숙을 이루는 것, 그것이 곧 지혜입니다. 그러니까 사랑은 삶의 지혜를 이루어가는 과정이기도 합니다. 사랑은 곧 삶이요, 삶은 곧 사랑이기 때문입니다. 이 지혜가 사랑을 온전하게 해줍니다.

이제 사랑은 욕망으로 머무는 것이 아니라 그 욕망을 무의미하게 만들고 새로운 삶의 가치, 새로운 존재 이유를 얻게 합니다. 그럼으로써 잃었던 믿음을 되찾고, 고통을 이해하게 됩니다. 진정한 삶의 지혜의 눈을 뜨는 것이지요. 거기에서 이전의 신뢰를 잃은 나의 껍데기는 사라지고 진정한 나로 부활하여 다른 진정한 자아와 결합하여 영원에 이릅니다. 그러므로 육체의 사랑은 가고 없어도 정신의 사랑으로 이어진 그 사랑은 영원히 남습니다. 그 이름은 영원한 환희입니다.

그 환희를 위해 육체적인 사랑이 떠난 그 자리에서 새로운 사랑의 후배들이 다시 사랑을 시작합니다. 시행착오와 고통을 감내하면서, "서로 사랑하는 사람이 진실을 찾기 위해 겪는 가혹한 고통을 통해 신의 의지를 자각하는 것"이란 야스퍼스의 말처럼 사랑은 느낌입니다. 아무리 아름다운 사람이라 해도 느낌이 통하지 않으면 그다지 예뻐 보이지 않습니다. 사랑은 겉모습이 아니라 상대방과 마음이 통하느냐 그렇지 않느냐의 문제입니다. 쉽게 얻은 사랑은 영원하지 못합니다. 어려운 과정을 함께 하면서 서로가 서로를 온전히 알고 이해할 때 사랑은 영원합니다. 함께 한 시간만큼 쌓은 믿음을 가지고 함께 나란히 한 방향을 바라볼 수 있다면, 그것이 영원한 사랑입니다. 다음 생이 있다면 다시 만나겠다는 마음, 그것이 영원한 사랑입니다.

제2부
에로스,
존재의 참을 수 없는
다양한 성 충동

:: 에로스의 다양한 모습

외적인 모습이 다양할까요, 아니면 내적인 마음의 모양이 다양할까요?

지구상에 70억의 인구가 존재한다면 실제로 70억 가지의 서로 다른 존재가 있다는 말입니다. 아무리 일란성 쌍둥이라도 찬찬히 보면 다릅니다. 이 세상에 똑같은 사람은 하나도 없습니다. 그만큼 외적인 모양은 아주 다양합니다. 그렇다고 겉모습이 마음의 모습보다 많다고 할 수는 없습니다. 오히려 그 반대입니다. 서로 다른 모습의 사람이 지구상에 70억이 있다면 마음의 모습은 그 수백 배는 넘을 겁니다.

나는 하나의 모습이지만 그 속에 꿈틀거리는 내 마음은 수를 헤아릴 수가 없습니다. 이처럼 다양한 모양을 갖춘 마음은 욕망에서 비롯됩니다. 욕망이 단순한 마음을 이리저리 갈래치기 합니다. 그래서 아주 다양한 생각을 낳습니다. 이 다양한 생각들로 창작을 하고, 무언가를 발견하고, 발명합니다. 그러니까 욕망의 힘은 무궁무진합니다. 이 무궁무진한 욕망의 한가운데 있는 것이 에로스적인 욕구요, 성욕입니다. 모든 행동이 바로 이 욕망에서 비롯된다는, 프로이트의 리비도론은 그런 맥락입니다.

이 욕망의 역사가 곧 인류의 역사요, 인류의 시작입니다. 성경에서 뱀의 유혹을 받은 이브는 창조주 하나님이 금한 금기의 과일을 바라봅니다. 그 금욕의 중심에 성욕이 있습니다. 그 이후 인류는 성욕충족을 위해 음식을 마련해야 했고, 지혜를 얻어야 했습니다.

성경과는 다른 창조신화를 《탈무드》에서 읽어볼까요?

하나님은 여섯째 날에 인간을 만들기로 하고 천사들과 의견을 나눕니다.

천사들은 인간을 만드는 것을 별로 원하지 않았습니다. 한 천사가 "이렇게 지각 있는 우리가 있는데, 왜 또 다른 지각 있는 존재를 만들려고 하십니까?"라고 하나님에게 불평합니다.

화가 난 하나님이 손가락으로 이 말에 동조하는 천사들을 가리킵니다. 그러자 그 천사들은 불에 타버립니다.

하나님이 가브리엘에게 명령합니다.

"내가 사람을 만들 것이니라. 그러니 대지의 네 구석에서 흙을 가져오너라!"

가브리엘이 대지에게 흙을 얻으러 갑니다. 그러나 대지는 그 제안을 싫어합니다.

"하나님이 만들려는 인간은 언젠가 나를 황폐하게 만들고, 나의 아름다움을 훼손할 거예요. 그러니 나는 내 몸의 일부라도 줄 수 없어요."

빈손으로 가브리엘이 돌아옵니다. 하나님은 손수 대지의 살을 떠

➔ 후고 반 데어 구스,
〈아담과 이브의 유혹〉(1479년, 오스트리아 빈 미술사박물관)

서 흙덩어리란 뜻의 사람, 아담을 빚습니다.

인간을 빚은 하나님이 첫날 만든 영혼과 결합시키려 합니다. 천사들은 영혼을 가진 다른 피조물이 존재하게 된다는 것을 우려합니다. 그중 사마엘이 나서 적극 반대합니다.

"당신은 우리를 성스럽게 만드셨어요. 그런데 우리 밑에 진흙으로 만든 미천한 것을 둔다고요? 진흙 덩어리에 성스러운 영혼을 허비하신다고요? 한낱 먼지에 불과한 것으로 생각하는 존재를 만드신다고요?"

하나님은 사마엘과 그 추종자들을 지옥에 던집니다.

이렇게 영혼을 얻은 아담은 스무 살의 청년입니다. 영혼을 얻고, 생각을 가진 아담은 지상의 많은 짐승들을 보았습니다. 짐승들은 모두 수컷이거나 암컷이었습니다. 그런데 자신에게만 여자가 없다는 것을 알아차렸습니다. 남자의 속내를 하나님이 알아차립니다. 가련히 여긴 하나님은 먼지로 최초의 여자를 만들었습니다. 그녀의 이름이 릴리트입니다. 여자가 생기자 아담은 사랑하려고 릴리트 위로 올라갔습니다. 그러나 릴리트는 벌컥 화를 냅니다.

"왜 그러는 건데요? 당신이 대체 뭐라고 나한테 거만하게 굴어요. 우리는 둘 다 먼지로 만든 존재라고요."

그렇게 하나님의 피조물을 모욕한 릴리트는 어디론가 사라집니다. 그녀는 악마들과 살러 떠난 겁니다. 아담에게 미안한 하나님은 착한 여자를 만들어줍니다. 그녀의 이름은 이브입니다.

아담은 에덴동산 동쪽과 북쪽에 있는 동물 수컷들을 지배하고, 이브는 남쪽과 서쪽에 있는 동물 암컷들을 지배했습니다. 아담과 이브는 하나님의 성스런 이름이 새겨진 띠를 둘렀을 뿐 알몸이었으나 부끄러움을 몰랐습니다. 그들은 순결하게 살았습니다. 쫓겨난 천사 사마엘과 최초의 인간 여자로 태어났으나 악마의 종이 된 릴리트가 이들의 모습을 보고 질투하며 이 선량한 사람들을 어떻게 하면 저주할 수 있을까 계략을 짜기 시작했습니다.

계략을 짜낸 사탄 사마엘이 뱀에 올라타고 에덴동산에 들어갔습니다. 짐승들은 뱀이 다가오는 것을 보고는 도망쳤습니다. 뱀에게서 재앙의 냄새가 났기 때문입니다.

사마엘은 천국에서 지낼 때 배운 천사들의 노래를 떠올리고, 아주 매혹적인 목소리로 노래 불렀습니다. 이브가 그 노래를 들었습니다. 지극히 높은 하나님을 찬미하는 그 노래에 취해 꼼짝할 수 없었습니다. 그러자 사마엘을 태우고 있던 뱀이 금단의 나무로 올라가 열매를 한 입 베어 물었습니다. 그리고는 사악한 생각을 과일에 퍼뜨렸습니다. 이브가 완전히 노래에 넋을 잃은 틈을 타 사마엘이 이브에게 열매를 먹으라고 권했습니다. 이브는 몽롱한 상태에서 과일을 입에 물었습니다. 사마엘의 노래만큼이나 달콤했습니다.

아담에게 돌아간 이브는 그 달콤한 맛의 과일을 아담에게 권했습니다. 아담도 이브가 건네준 과일을 먹었습니다. 그 열매에 퍼져 있던 달콤한 독이 혈관으로 퍼져 온 몸에 전달되었습니다. 그 사악한 생각은 살과 함께 본성이 되었습니다.

온 몸에 독이 퍼져나가자 아담과 이브는 눈이 어두워졌습니다. 그러면서 창조주 하나님의 자리도, 존재도 볼 수 없었습니다. 조금 전까지는 하나님을 바라볼 수 있었고 대화도 나눴으나 이제는 불가능했습니다.

사악한 생각과 함께 욕망이 그들의 몸을 지배하면서, 알몸 상태라는 것이 그들의 욕망을 키웠습니다. 그들 위에 둘러져 있던 하나님의 띠가 떨어져 나가자 완전한 알몸이 된 그들은 부끄러움을 느꼈습니다. 너무 부끄러워 그들은 풀섶에 몸을 숨겼습니다.

화가 난 하나님은 아담과 이브를 에덴동산에서 내쫓았습니다. 그리고 동산 입구에 불칼로 무장한 천사 게루빔을 세워 그들의 접근을 막았습니다.

태초에 대지는 언젠가 아담이 땅을 저주받게 만들 것임을 알고 있었기 때문에 자신의 흙을 사람 만드는 데 내주려 하지 않았습니다. 그러나 신은 대지의 흙으로 아담을 만들었습니다. 그럼에도 대지는 아담의 타락으로 해를 입었습니다. 아담과 이브를 타락시켰던 독이 퍼지면서 수목이, 해로운 잡초들이 독이 든 채로 대지의 몸에서 태어났으니까요. 땅의 아름다운 과실들은 벌레와 곤충의 먹이가 되었습니다. 대지가 생명을 유지하기 위해선 비가 필요하게 되었습니다.

천국의 정의로운 천사들은 인류의 타락을 슬퍼했습니다. 그런데 그중 이브를 유난히 싫어하던 릴리트는 오히려 즐거워했습니다. 또한 피조물 가운데 달은 인간의 타락을 보고 미소를 지었습니다. 이미 화가 난 하나님은 벌을 내려 달빛을 약하게 만들었습니다.

성경도 그렇거니와 탈무드도 최초의 인간에게 성욕이 있었다고 기록하지 않습니다. 성욕은 금단의 과일을 먹으면서 생긴 것으로 나옵니다. 금단의 과일의 비밀은 앞에서 이야기한 바 있습니다. 금단의 과일이 상징하는 것은 다름 아닌 성욕입니다. 그 성욕을 악마의 선물로 인식하고 있다는 공통점이 있습니다. 성욕이 정말 나쁜 것일까요? 물론 성욕은 부정적으로 작용하는 예가 많은 것이 사실입니다. 시기, 질투, 분노, 미움의 씨앗임은 물론이요, 사회의 금기인 근친상간, 강간, 폭력의 씨앗이기도 하니까요.

그렇다고 성욕을 제거한 인간이란 상상할 수 없습니다. 파울로 코엘료의 소설 대부분도 이 성욕의 문제를 다루고 있습니다. 그의 작품을 분석하면 성욕의 정점 오르가즘과 신과 인간의 사랑의 정점인 엑스터시가 유사하다는 것을 피력하고 있습니다. 오르가즘이 엑스터시와 유사하기 때문에 오르가즘을 체험함으로써 신과의 온전한 사랑인 엑스터시를 체험하도록 합니다.

그런데 역으로 인간이 인간과의 관계에서 오르가즘을 경험하고 거기에 빠져들면서 신과의 관계를 등한시하려는 것 때문에 인간이 쾌락에 빠지는 것을 경계합니다. 때문에 종교 지도자들은 성욕을 가장 경계합니다. 종교는 항상 성욕을 경계합니다. 성욕으로 집단이 와해되는가 하면 온갖 문제가 생겨 삶을 방해하기 때문입니다. 여기서 금단이니 금기니 하는 문제가 발생합니다.

:: 사랑에 전부를 건 알페이오스

연인들은 상대가 자신의 모습 그대로를 인정하지 않거나 바뀐 모습을 몰라주면 토라지거나 싸움을 걸곤 합니다. 눈을 감고도 그 사람의 모습을 떠올릴 수 있고, 손을 잡기만 해도 그 사람의 손인지 알아볼 수 있을 만큼의 관심을 가져주었으면 합니다. 당연히 사랑할수록 관심은 깊어지고, 연인들은 서로가 서로를 가장 잘 안다고 자부합니다. 사랑한다는 건 서로 가장 잘 알고 있는 사이여야 함은 당연합니다. 때문에 사랑하는 사이를 고백하기 어려운 자리에선 그냥 '아는 사람'이라고 다른 이들에게 소개하기도 합니다. 당연히 잘 알아야 하는 사이, 잘 아는 사이가 연인입니다.

그런데 우리는 사랑한다는 대상을 잘 알기는 할까요? 사랑하는 이의 모든 것을 알고 있다고 확신하지만, 많은 여인들 중에서 사랑하는 사람을 알아보지 못한 적은 없나요?

아르테미스를 사랑한다고 자부했지만 비슷한 여성들 속에서 알아내지 못해 사랑에 실패한 비운의 주인공이 있습니다. 바로 알페이오스라는 사냥꾼입니다.

그리스신화에 등장하는 여신들 가운데 가장 냉정한 인물을 꼽으라면 아르테미스 신이 단연 최고입니다. 최고의 신 제우스와 덩치 큰 여신 레토의 딸로, 아폴론과 쌍둥이 남매인 아르테미스는 사냥의 여신이자 처녀의 수호신입니다.

사냥꾼 알페이오스는 아르테미스를 사랑했습니다. 용감하고 당당한 여신에게 마음에 끌렸습니다. 그는 사냥꾼답게 아르테미스를 줄기차게 좇아다녔습니다. 하지만 아르테미스는 알페이오스가 자기를 따라다니는 것은 사랑보다는 숭배의 감정을 품은 것이라고 생각했습니다. 그래서 그의 사랑을 받아들이기는커녕 오히려 그를 시험해 보기로 했습니다.

어느 날 아르테미스는 알페이오스 앞에 나타났습니다. 하지만 그녀 혼자만이 아니었습니다. 시녀들을 대동하고 나타났는데, 다들 똑같이 얼굴에 진흙을 바른 채였습니다. 아르테미스는 그중에서 누가 자신인지 맞춰보라고 했습니다. 그녀에겐 참 재미있는 놀이였지만, 알페이오스에게는 가혹하기 짝이 없는 시험이었습니다. 그녀의 예상대로 알페이오스는 그 여인들 중에서 아르테미스를 찾아내지 못했습니다.

'내가 만일 진정으로 아르테미스를 사랑했다면, 진흙을 바르고 있다고 해도 단박에 그녀를 알아보았어야만 했어. 나는 아르테미스를 사랑한 게 아니었나봐.'

이렇게 결론을 내린 그는 조용히 여신 곁을 떠났습니다. 첫사랑에 실패한 알페이오스는 시련을 담담히 받아들이고 다시 사냥터로 나가 사냥에 열중했습니다. '여자로 인해 생긴 일은 결국 여자로 해결해야 한다'는 말이 있듯이 알페이오스에게 두번째 사랑이 나타났습니다.

사냥을 하면서도 아련히 첫사랑 여인을 떠올리며 상심하던 그는, 그날도 다른 날과 마찬가지로 잠시 사냥을 쉬면서 강기슭에 앉아 상

시몽 부에, 〈아르테미스(디아나)〉(1637, 영국 햄프턴 궁전)

념을 달래고 있었습니다. 그러던 중 그의 시선을 사로잡는 님프가 있었습니다. 아레투사가 강에서 옷을 벗은 채 목욕을 하고 있었습니다. 그는 그녀를 보자마자 드디어 자기를 위해 찾아온 사랑임에 틀림없다고 확신하고 용기를 내어 목욕 중인 그녀에게 다가갔습니다. 아레투사는 깜짝 놀랐습니다. 숨을 곳도 없었습니다. 어쩔 줄 몰라 하는 그녀에게 그는 사랑을 고백했습니다. 아레투사는 사랑을 거부했지만 숙명적인 사랑임에 틀림없다고 생각한 알페이오스는 끊임없이 아레투사에게 사랑을 호소했습니다. 그때부터 알페이오스는 아레투사의 뒤를 따라다녔고, 아레투사는 계속 그를 피했습니다. 견디다 못한 아레투사는 자신을 쫓아오는 알페이오스를 피해 이탈리아로 도망쳤습니다.

사랑은 나 자신, 자아를 알기 위한 여행입니다. 나를 스스로 알 수 없습니다. 사랑을 하며 자신을 알게 됩니다. 상대에 비친 내 모습이 진정한 나의 모습인 까닭입니다. 나를 안다면 곧 상대를 제대로 알 수 있습니다. 서로가 알아감이 사랑이며 사랑의 행로입니다. 그 행로는 쉽지 않습니다. 지독한 고독과 외로움, 고통이 동반됩니다. 그러면서 마음의 사냥을 하는 겁니다. 상대의 가슴에 꼼짝할 수 없다는 사랑의 화살을 꽂아야 합니다.

도망치던 중에 아레투사는 아르테미스를 만났습니다. 아레투사의 이야기를 들은 아르테미스는 그녀를 샘으로 변신시켰습니다. 그러나 그녀가 자신의 숙명이라고 확신한 알페이오스에게는 거칠 것이 없었습니다. 그는 강으로 뛰어들어 스스로가 강의 일부가 되었습니다. 그는 바다 밑으로 흐르고 흘러 아레투사의 샘물까지 흘러갔습니다. 그의 끈질긴 구애로 그들은 사랑을 이뤄 지금도 그곳에서 같은 줄기의 물로 함께 살고 있답니다.

결국 짝사랑을 한 사람에겐 사랑한 만큼 고통어린 상처가 남습니다. 그 상처는 당연히 사랑으로 치유하는 수밖에 없습니다. 그런데 우연이든 필연이든, 맨 정신에서든 숨김에서든 상대의 벗은 육체를 경험했다면 '나는 그를 잘 안다'는 의식을 갖게 마련이고, 거기서부터 적극적인 구애가 시작됩니다. 게다가 상대가 조금의 틈, 조금의 가능성이라도 보인다면 집요한 사랑은 이어집니다. 짝사랑 이후에 시작된 사랑에서 서로의 몸을 알았다면, 그 단계까지 가기가 얼마나 어려운지를 알기 때문에 갈 데까지 가보는 것입니다. 그렇게 알페이오스 유형의 남자는 자신의 모든 것을 던져서 사랑을 얻습니다. 그 지독한 구애 앞에 무너지지 않을 여성이 있을까요.

그리스신화에 소개되는 사랑이야기들은 대부분 남성들이 여성을 따라다닙니다. 그만큼 남성이란 존재는 본능적으로 공격적 성향이 있고, 여성은 수동적 성향이 있다는 것을 보여줍니다. 남성의 공격적 성향은 우선 신체 구조적 특징, 즉 생물적 특성에 기인합니다. 남성은 여성에 비해 신체적인 우위를 차지합니다. 그 힘을 이용하여 자기 욕구를 채우려 합니다. 그것이 공격적으로 변하는 제1요인, 즉 남성 지배욕구입니다. 그러한 욕구가 실제 성행위에 있어서도 남성이 상위에서 성교를 하는 관습으로 남성 속에 내재화되었습니다.

다음으로 남성은 성에 대한 이중의 기준을 갖습니다. 자신의 종족을 퍼뜨리고 싶은데 자신이 뿌린 씨앗의 순수성을 100퍼센트 인정할 수 없습니다. 하여 보다 높은 확률을 위해 여럿을 지배하려는 욕구가 있습니다. 구조적으로도 남성은 수많은 정자를 재생산하는 데 반해 여성은 한정되어 있습니다. 남성은 수없이 매번 생산되는 정자를 배출하려는 욕망 때문에 공격적인 성향을 갖는 것입니다.

이에 반해 여성은 제한된 난자라는 심리로 질을 따지려 합니다. 때문에 남녀 간에 조화가 깨진 강요된 사랑이 만연합니다. 불행히도 가부장제에서 여성은 제 권리를 찾지 못하고 살아왔습니다. 남성의 강요는 정당화되었고, 여성은 그걸 고스란히 받아들이며 단순히 숙명으로 받아들였기 때문입니다.

이 강요된 사랑, 원치 않음에도 받아들인 사랑, 그 본능은 어떻게 된 걸까요? 여성이 성교에 수동적일 수밖에 없었던 이유는 한 달에

한 번만 성숙한 난자를 생산하기 때문이기도 하지만 성교 한 번으로 아홉 달이 넘는 임신과 출산의 위험, 그리고 양육기간까지 계산해야 하기 때문입니다. 그러한 심리가 무의식적으로 내재되어 있기 때문에 여성은 성 파트너로 누구를 선택할지 고심할 수밖에 없습니다. 때문에 수동적입니다. 임신, 출산, 육아 과정에서 여성은 생존을 담보하기 어렵습니다. 때문에 여성은 남성 파트너인 남성을 옆에 잡아두어야 합니다.

남성은 자기가 뿌린 씨앗의 순결성을 담보하고, 여성은 자신과 태어날 아이나 길러야 할 아이의 생존을 책임져야 하기 때문에 원치 않으면서도 사랑이 없으면서도 남성에게 성을 제공해야 했습니다. 그러니까 남성은 그 행위를 사랑으로 받아들였고, 여성은 원치 않는 경우에도 감내해야 했습니다. 남성과 여성의 이러한 무의식적인 합의가 농경시대 이후 일부일처제를 낳았습니다.

:: 아르테미스, 첫사랑 신드롬

그리스신화에는 세 명의 처녀신이 있습니다. 헤스티아, 아테나, 아르테미스입니다. 이른바 결혼을 거부하고 남자에 예속되지 않으며, 여성으로서 자유를 누리며 살아가려는 독립적인 정신의 소유자, 게다가 순결을 필수로 하는 신들입니다. 그중에서 남성과 아예 거리를 두고 살아가는 신이 아르테미스입니다. 아르테미스는 항상 활을 가지고 다니면서 사냥을 즐깁니다. 또한 자신을 따르는 님프들에겐 순결을 지킬 것을 맹세하게 합니다. 그러다 님프가 처녀성을 잃으면 혹독한 벌을 줍니다.

아르테미스가 처음부터 남자와 거리두기를 한 것은 아닙니다. 그녀가 남자와 거리두기를 한 이유는 바로 첫사랑 때문입니다. 그녀의 첫사랑은 오리온인데, 자기 실수로 그가 죽었습니다. 그때부터 그녀는 사랑을 거부하고 어떠한 일이 있어도 순결을 지킬 것을 다짐했습니다. 하여 사랑의 상처 때문에 다시는 사랑하지 못하는 현상을 '아르테미스 신드롬'이라 부르려 합니다.

아르테미스처럼 첫사랑 증후군에 빠진 사람은 자칫 석녀처럼 행동하기 쉽습니다. 첫사랑이란 대부분 어설프게 시작하기 때문에 아름다운 환상과 같습니다. 실제로 사랑을 체험한 적이 없기 때문에 대상의 잔영이 아름답게만 보입니다. 그러니까 그 외의 대상은 아예 눈에 들어오지 않습니다.

첫사랑의 실패가 트라우마로 자리 잡으면 남성 거부심리가 발동해 남성의 근접을 허용하지 않습니다. 그럼에도 가까이 다가오면 남성을 멀리하기 위한 방법을 생각합니다. 아르테미스가 알페이오스를 시험했던 것처럼 남성에게 면박을 주어 스스로 물러나게 하거나, 악타이온에게 벌을 내렸던 것처럼 남성을 무자비하게 떼어놓습니다.

아르테미스 여신이 어느 날 님프들과 목욕을 하고 있었습니다. 마침 그곳을 지나가던 사냥꾼 악타이온이 우연히 그 장면을 보았는데 아르테미스는 결코 용서할 수 없었습니다. 곧바로 그를 죽이고 싶었지만 활이 너무 멀리 있었던 까닭에 악타이온에게 저주를 내려 사슴으로 변신시켰습니다. 악타이온의 사냥개들이 사슴이 된 그를 알아보지 못하고 달려들어 죽였습니다.

아르테미스의 첫사랑이었던 오리온은 우람한 체격, 균형 잡힌 몸매, 아름다운 용모로 누가 보아도 사랑에 빠질 만한 호남이었습니다. 그에게 냉담한 여자는 단 한 명뿐이었습니다. 바로 사냥의 여신 아르테미스입니다. 오리온 또한 사냥꾼이었던지라 여신 아르테미스와 함께 종종 사냥을 즐길 일이 생겼습니다. 도도하면서도 당찬 아르테미스의 매력에 푹 빠진 오리온은 그녀를 만날 때마다 조심스레 사랑을 고백했습니다. 아르테미스도 그가 싫지는 않았으나 여신이 인간과 사랑에 빠지는 건 수치스러운 일이라는 생각에 애써 감정을 감췄습니다.

지우제페 세자리, 〈아르테미스와 악타이온〉(1602, 프랑스 루브르 박물관)

그런데 그들의 관계가 한순간 완전히 뒤바뀌는 일이 일어났습니다. 그것은 에오스의 격렬한 욕정에서 비롯되었습니다. 오리온은 에오스와의 밀회를 즐기고 난 뒤 다시 아르테미스에게 돌아가서 시침을 떼고는 사냥에 열중했습니다. 오리온의 이중생활은 한동안 이어졌지만 결국 아르테미스도 알게 되었습니다. 오히려 그 사건이 아르테미스를 묘한 질투에 휩싸이게 했습니다. 자신에게 영원한 사랑을 맹세하던 오리온이 다른 여신의 유혹에 넘어갔다는 것이 믿기지 않았던 아르테미스는 그의 마음을 돌려놓기 위해 사랑을 받아들였습니다. 에오스의 남성 편력이 오히려 아르테미스와 오리온의 사랑을 이어준 셈입니다.

오래지 않아 아르테미스와 오리온이 결혼할 것이라는 소문이 퍼졌습니다. 이 소문을 들은 아르테미스의 동생 아폴론은 오리온의 지난 과거를 모두 알고 있었던 터라 그 결혼을 몹시 반대했습니다. 아폴론이 수차례 말렸지만, 다시금 연적에게 오리온을 빼앗기기 싫었던 아르테미스는 아폴론의 충고를 그저 흘려들었습니다. 아폴론은 어떤 수를 써서라도 그들을 떼어놓기 위해 기회를 엿보며 오리온의 일거수일투족을 감시했습니다.

그러던 어느 날, 아폴론이 물 밖으로 머리를 내놓은 채 바다를 건너오는 오리온을 발견했습니다. 아폴론은 서둘러 아르테미스를 찾아가 슬며시 약을 올리며 이렇게 말했습니다.

"아르테미스! 모처럼 나와 활 시합이나 하자꾸나. 누이가 아무리 활을 잘 쏜다고는 하지만 그 솜씨로 저 바다 위에 떠다니는 검은 물체를 맞힐 수는 없을 테지?"

승부욕이 발동한 아르테미스는 아폴론이 가리킨 바닷가를 향해 눈을 돌렸습니다. 너무 멀리 있어서 그 물체가 잘 보이지 않았습니다. 아르테미스는 아폴론에게 싱긋 웃어보이고는 의기양양하게 활시위를 당겼습니다. 시위를 떠난 화살이 먼 바다를 가르며 날아가 검은 물체에 명중했습니다.

이를 지켜보던 사람들이 그녀의 뛰어난 활솜씨에 놀라 모두들 환호성을 질렀습니다. 아폴론도 아낌없이 박수를 쳤습니다. 그런데 잠시 후 출렁거리는 파도와 함께 그 검은 물체가 해변으로 밀려왔습니다. 아르테미스가 다가가 자세히 살펴보니, 아뿔싸! 연인 오리온이었습니다.

그녀는 어이가 없고 기가 막혔습니다. 자신의 마음을 처음으로 열어준 첫사랑 남자를 자신의 손으로 죽였다는 사실에 울음을 멈출 수 없었습니다. 그녀는 한참을 통곡한 후 잠깐이었지만 진심으로 사랑한 오리온을 하늘에 올려보내 별자리로 만들어주었습니다. 하늘로 올라간 오리온은 사냥꾼이었던 생전의 모습 그대로 허리띠와 칼을 차고, 사자의 모피를 몸에 두르고 곤봉을 손에 쥔 채 자신이 머무를 곳을 찾아헤맵니다. 그의 뒤를 사냥개인 세이리오스가 따릅니다. 세이리오스는 시리우스라고 부르는 별자리입니다.

아르테미스의 애틋한 마음에도 불구하고 오리온은 하늘에서도 여자 뒤를 따라다니는 버릇을 고치지 못했습니다. 아르테미스가 하늘에서 심심하지 않게 사냥을 즐길 수 있도록 사냥 도구와 님프들을 보내주었음에도 오리온은 님프들을 쫓아다니며 여자 사냥에 나섰습니다. 아틀라스의 딸들인 일곱 자매 플레이아데스는 뒤를 졸졸 따라다니는 오리온이 무서워 제우스에게 자신들을 구해달라고 부탁했습니다. 이를 불쌍히 여긴 제우스는 그녀들을 비둘기로 변신시켜 하늘의 별자리가 되게 해주었습니다.

지금도 겨울철 밤하늘을 올려다보면 가장 빛나는 별자리인 오리온의 모습을 확인할 수 있습니다. 그리고 그 곁에는 오리온을 따라다녔던 충실한 사냥개 세이리오스와 플레이아데스성단이 반짝이는 모습을 볼 수 있습니다.

이렇게 첫사랑의 실패로 아르테미스는 남성혐오증을 갖게 되었습니다. 사랑의 실패는 다시 누군가를 사랑하는 데 망설이게 합니다. 자신 때문에 상대가 불행을 겪었다는 생각을 갖기 때문입니다. 예를 들면 함께 사랑을 하는 중에 자신 때문에 상대가 사고를 당해 불구자가 된다거나, 사고로 죽는다거나, 어떤 시험에 응시했다가 떨어진다거나 해서 불행하게 된 경우입니다. 때문에 자신이 누군가와 사랑을 하면 그 상대가 또 불행을 당할 것 같아 사랑하기를 두려워합니다. 자신이 불행을 몰고 다니는 저주받은 운명이라 생각하기 때문입니다. 상대가 싫어서가 아니라 상대를 사랑하는 경우에도 접근을 못할 뿐 아니라 접근을 못하게 합니다. 그런 이들이 오히려 상대를 더 사랑하기 때문입니다. 그러한 상황이 무의식적으로 남성혐오증을 갖게 합니다. 그래서 자신의 사생활에 관여하거나 자유로운 생활에 방해가 된다면 가차 없이 강제로 떼어버리는 겁니다.

그러나 더불어 사는 사회에서 남성과의 교류는 피할 수 없습니다. 때문에 첫사랑 실패 증후군에 빠진 사람은 남성과 생활하지 않아도 할 수 있는 일을 찾습니다. 이를테면 여성 쉼 센터에서 상담가로 활동한다든가, 여성운동을 한다든가, 수도생활을 하거나 여성 관련 일에 종사하게 됩니다.

:: 결혼거부 증후군

헤스티아 역시 크로노스와 레아 사이에서 큰딸로 태어났으나 남자들을 멀리합니다. 그녀는 폭력적이며 독재적인 아버지를 둔 탓에 남성혐오증을 갖고 있습니다. 그러면서도 그 틀에서 벗어나는 것은 생각도 못합니다. 가정을 소중히 여기면서도 남성에 대한 근원적인 두려움이 있기 때문입니다.

그녀는 아버지가 독재적인 가정에서 자라난 경우입니다. 절대복종을 강요하는 아버지 밑에서, 장녀로서 동생들을 지켜주지 못했고 어머니를 도울 수 없었다는 무기력 때문에 남자를 두려워합니다. 그녀는 강한 남자가 군림하는 가정이 아니라 부드러운 여자가 가정을 다스리기를 원합니다. 때문에 사회보다는 가정 내에서 자기 자리를 구축하려 합니다. 남성으로부터 독립보다는 도피를 원합니다. 완고한 가부장적 가정에서 자란 큰딸이 결혼을 기피하려는 증세가 그 경우입니다. 반면 민주적인 가정이긴 하나 아버지가 지나치게 자유분방한 경우에도 남성혐오증을 갖는 경우가 있습니다. 아테나가 그런 예입니다.

제우스의 첫 아내는 메티스입니다. 메티스는 여성의 지혜를 상징하는 사리분별의 여신입니다. 제우스가 크로노스와 겨뤄서 승리를 거둘 때, 크로노스에게 내릴 벌의 지혜를 빌려준 여신입니다. 즉 구토제를 만들어 크로노스에게 먹임으로써 제우스가 형제와 누이들을 구할 수 있도록 도와주었습니다. 그 후 신들의 왕이 된 제우스는 메티스를 아내로 맞았습니다.

그런데 프로메테우스가 제우스에게 조언합니다. 메티스와 제우스 사이에서 처음엔 위대한 여신이 탄생하지만 둘째는 아버지를 능가하는 아들이 탄생한다는 것입니다. 여신이야 아무리 대단해도 권력의 주인이 될 수 없으니 염려가 없습니다. 그러나 아들은 경우가 다릅니다. 자칫 제우스 자신이 권좌에서 물러나야 할지도 모릅니다. 신이니 죽을 리도 없고, 영원히 권좌에 다시 오를 수 없다는 결론이 납니다. 하여 제우스는 메티스를 포기하기로 합니다. 그런데 메티스가 다른 신과 결합하면 더욱 문제입니다. 고민 끝에 제우스는 메티스를 통째로 삼킵니

르네 앙투안 우아스, 〈제우스의 머릿속에서 무장한 채 태어난 아테나(미네르바)〉
(17세기경, 베르사유와 트리아농 궁)

다. 이미 메티스의 태중에는 아테나 여신이 숨 쉬고 있었습니다.

오랜 시간이 지났습니다. 어느 날 제우스는 두통이 심해 머리가 빠개지는 것 같았습니다. 그는 당시의 자기 아내인 헤라와의 사이에서 얻은 둘째아들 대장간의 신 헤파이스토스에게 머리를 쪼개달라고 했습니다. 헤파이스토스가 그의 머리를 빠개자 머리가 갈라지면서 아름다운 여신 아테나가 완전무장한 채 뛰어나왔습니다.

아테나는 이미 오래전에 완성되어 아버지 안에서, 아버지의 눈을 통해 세상을 보아온 덕분에 완전한 지혜의 여신이 되었습니다. 자신을 지킬 수 있는 방어능력(방패)뿐 아니라 세상을 꿰뚫는 날카로운 예지능력(창)까지 갖추었습니다. 이른바 가슴에 든 방패요, 오른손에 움켜쥔 창입니다.

그런데 아테나 역시 남성혐오증을 앓고 있습니다. 아버지 제우스와 오랜 동고동락 끝에 완전한 성인이 되어 아버지에게서 독립한 그녀는 아버지의 모든 걸 알고 있습니다. 그래서 그녀는 선언합니다, 처녀신으로 살겠다고. 제우스의 자유분방한 삶, 끝없는 바람기, 그녀는 남성들의 그런 짓을 용서할 수가 없습니다.

처녀신 아르테미스, 헤스티아, 그리고 아테나, 세 여신 모두 남성혐오증을 갖고 있습니다. 남성이 여성에게 폭력적이며 독재적이고 이기적이기 때문입니다. 또한 이 여신들의 공통점은 모두 뚜렷한 자기 일이 있다는 것, 독립하여 충분히 살 수 있다는 것입니다. 이런 조건이 갖추어지지 않으면 여성은 남성을 거부할 수 없습니다.

1만여 년 간의 가부장제 아래서 여성은 그렇게 남성의 노예로, 남성의 재산으로, 남성의 매춘부로 취급받으며 살아왔습니다. 그러면서 자기정체성을 잃는, 자신은 없고 남편만 있는, 자신은 없고 자식만 있는, 자신은 없고 가족만 있는 삶을 영위해왔습니다. 아무개의 딸, 아무개의 누나, 아무개의 언니, 아무개의 아내, 아무개의 엄마란 호칭을 얻고 살아왔습니다. 근본적으로 여성이 열등하게 태어난 때문일까요? 근본적인 장애를 타고 난 때문일까요? 천부적으로 그렇게 태어난 게 아니라 가부장제의 올무에서 적자생존하면서 그렇게 만들어진 겁니다.

다른 여신들은 가부장제의 오랜 관습에 젖어 종속되어 살아갑니다. 근본적으로 현 제도를 부정하지 못합니다. 아니 부정할 줄도 모릅니다. 하지만 이 세 여신은 자신들의 삶을 주도적으로 살아갑니다. 현대 여성리더들의 전형입니다.

:: 그리스신화의 로미오와 줄리엣

부모의 반대나 주위의 방해가 심할수록 애정이 더 깊어지는 현상을 '로미오와 줄리엣 효과(Romeo & Juliet effect)'라고 합니다. 자신의 선택을 가족이나 주변이 받아들이지 않는 데 대한 반발로 오히려 두 사람 간의 결속이 깊어지고, 이것이 벽에 부딪치면 극단의 선택을 하는 현상입니다. 물론 이 두 주인공은 셰익스피어의 비극 제목과 이름이 같습니다.

이 비극과 유사한 신화가 이미 셰익스피어 이전에 그리스신화에도 등장합니다. 바로 피라모스와 티스베의 비극적인 러브스토리입니다. 이루어지지 않아서 더 애절하고 애절하기에 더 아름다운 사랑, 《트리스탄과 이졸데》나 《로미오와 줄리엣》처럼 우리의 가슴을 미어지게 만드는 이들의 비극적인 사랑입니다. 운명적인 사랑의 주인공이었던 피라모스와 티스베는 《로미오와 줄리엣》보다 훨씬 앞선 시대에 죽음으로 사랑의 결실을 맺은 이들입니다.

고대 바빌로니아에 아주 잘생긴 청년이 있었으니 그의 이름은 피라모스, 또한 이 나라에서 가장 아름다운 처녀는 티스베였습니다. 이 두 젊은이의 집은 바로 벽 하나로 이웃해 있는데 어느 날 외출했다가 우연히 만나 교제를 시작했습니다. 누가 먼저랄 것도 없이 이들은 서로 사랑의 감정을 마음에 두기 시작했습니다. 그냥 보기만 해도 가슴이 두근거리고 손끝이라도 닿을라치면 짜릿한 전율이 일어났습니다. 그러면서도 정작 만날 때면 몇 마디 말도 제대로 나누지 못한 채 속만 태우다 헤어지곤 했습니다.

점차 이런 감정이 사랑임을 깨달은 그들은 서로의 마음을 확인한 후 결혼하기로 약속했습니다. 그런데 이들의 사랑을 알아차린 양가의 부모들이 펄쩍 뛰었습니다. 양가는 담 하나를 사이에 두고 살았으나 철천지원수처럼 벽을 쌓고 살아온 사이였습니다. 부모는 모두 이들의 결혼을 결사반대했습니다. 그럴수록 이들의 가슴에 타오르는 사랑의 불꽃은 더욱 강렬해졌습니다. 한시라도 보지 않고는 견딜 수 없었습니다. 이 마음의 불길을 어떻게 누그러뜨린단 말인가요!

공개적으로 만날 수가 없어 남몰래 하는 사랑은 더 짜릿하고 애절했습니다. 더 강렬해졌습니다. 이제 두 사람은 몸짓이나 눈짓으로 서로에게 마음을 전하며, 사랑의 밀어를 속삭이던 추억들을 떨칠 수가 없었습니다. 두 사람은 어떻게든 만나고 싶은 간절함에 밖으로 나갈 핑계거리를 찾았습니다. 그럴수록 두 집안 사이에 놓인 길은 점점 차단되어 아예 외출금지를 당했습니다.

그런데 이 두 집 사이의 벽에 틈이 한 곳 있었습니다. 이를 발견한 연인들의 기쁨은 이루 말할 수 없었습니다. 목소리를 직접 들을 수 있다는 것만으로도, 틈 사이로 서로의 아주 작은 부분이라도 볼 수 있다는 것만으로도, 서로를 느끼며 입김을 나눌 수 있다는 것만으로도, 그들은 가슴 설레고 벅찼습니다. 두 연인은 벽을 마주한 채 사랑의 밀어를 속삭이다가 밤이 깊으면 벽에다 입맞춤을 하고는 내일을 기약하며 집으로 돌아오곤 했습니다. 그리고 다시 새벽의 여신 에오스가 찾아올 무렵, 그들은 그 벽의 작은 틈 앞에서 만나곤 했습니다.

이렇게 아쉬움만 가득한 만남을 지속하던 끝에 서로의 얼굴을 직접 마주하지 않고서는 더 이상 견딜 수 없을 듯한 지경에 이르렀습니다. 결국 그들은 용기를 내어 모든 가족들이 잠들 무렵, 마을의 경계선 너머 니노스의 무덤이라는 유명한 영묘 옆 나무에 보름달이 걸리면 그 밑에서 만나기로 약속했습니다. 그 나무는 흰색의 뽕나무로, 맑고 시원한 물이 솟아나는 샘 곁에 있었습니다.

그들은 다시 만날 수 있는 밤이 오기를 애타게 기다렸습니다. 마침내 보름달이 뜨자 얼굴을 베일로 가린 티스베는 가족들 몰래 집을 빠져나왔습니다. 그녀는 서둘러서 약속한 나무 밑으로 갔습니다. 1초를 천 년처럼 느끼며 이제나 저제나 그가 오기를 기다리고 있었습니다.

고즈넉한 보름달 속에 홀로 서 있던 그녀 앞에 갑작스레 사자 한 마리가 어슬렁거리며 나타났습니다. 사자는 방금 짐승을 잡아먹고는 목이 말라 물을 마시려고 샘으로 가까이 다가왔습니다. 지독한 피비린내를 풍기며 사자가 다가오자 놀란 그녀는 급히 달아났습니다. 너무 서두르다 머리에 쓰고 있던 베일이 떨어졌지만 그것도 모른 채 일단 멀리 떨어진 바위 뒤로 몸을 숨겼습니다.

다행히도 사자는 샘에서 물을 마신 후 다시 숲 속으로 돌아가려 했습니다. 사자는 땅 위에 떨어져 있는 베일을 피 묻은 입으로 갈기갈기 찢어버리고는 유유히 숲 속으로 사라졌습니다.

피라모스는 그 일이 지난 후에 늦게서야 약속장소로 출발했습니

아브라함 혼디우스, 〈피라모스와 티스베〉(1660, 네덜란드 보이만스 반 뵈닝겐 미술관)

다. 티스베가 기다릴 생각을 하니 마음이 급했습니다. 도중에 사자의 발자국을 발견하고는 혹여 티스베에게 무슨 일이 생긴 것은 아닌가 하여 떨리는 가슴을 부여잡고 약속 장소로 뛰어갔습니다. 갈기갈기 찢어진 티스베의 피투성이 베일을 발견한 순간, 그의 심장은 부서질 듯 아팠습니다. 그는 눈물을 펑펑 쏟으며 울부짖었습니다.

"오, 가엾은 티스베, 그대는 나 때문에 죽은 것인가요? 내 사랑, 그대가 죽다니 나는 어찌 살란 말이오. 이 무서운 장소로 불러놓고 늦게 와서 당신을 죽게 만들다니! 난 더 이상 살 수 없소. 나도 그대를 따라 저승세계에 가서 그곳에서 당신을 만나리다."

피라모스는 그녀의 베일을 손에 들고 약속장소로 정했던 나무 밑으로 갔습니다. 그 나무에 한없는 입맞춤을 하며 나무가 눈물로 흥건히 젖을 정도로 슬픔을 가누지 못했습니다.

"나의 피로 너의 몸을 물들이리라."

이 말을 남긴 채 피라모스는 칼을 빼어 자기의 가슴을 찔렀습니다. 칼에 찔린 상처로부터 피가 샘솟듯 흘러 뽕나무 주변을 붉게 물들였습니다. 피는 땅 위로 흘러 뽕나무의 뿌리로 스며들었습니다. 그 붉은 빛깔은 줄기를 타고 올라가 열매까지 붉게 물들였습니다.

사자에게 잡아먹힐까 꼼짝도 못하고 있던 티스베는 그제야 피라모스를 떠올렸습니다. 그녀는 애끓게 기다리고 있을 피라모스를 생각하고는 용기 내어 조심조심 걸어 나왔습니다. 무엇보다 빨리 그를 만나 자신의 모험담을 얘기하고 싶었습니다.

그런데 약속장소에 도착하자 뽕나무 색깔이 빨갛게 변한 것을 보았습니다. 장소를 잘못 찾았나 의심했습니다. 그러다가 나무 곁에 쓰러져 있는 피투성이를 발견하고는 주춤 물러났습니다. 두려움이 그녀의 몸을 감싸고 머리끝까지 치달았습니다. 가까스로 정신을 가다듬고 그 사람 곁으로 다가갔습니다. 두려움이 이내 절망으로 바뀌었습니다. 다름 아닌 연인 피라모스였습니다.

티스베는 가슴을 마구 치며 흐느꼈습니다. 그를 얼싸안았습니다. 그의 상처에 눈물을 쏟으며, 이미 싸늘히 식어가는 그의 입술에 자신의 입술을 포개고는 미친 듯이 키스를 퍼부었습니다.

"오, 피라모스! 이게 어찌된 일인가요. 말 좀 해봐요. 제발 한 번만 눈을 떠봐요!"

피라모스는 간신히 눈을 떴다가 이내 다시 감아버렸습니다. 그제야 티스베는 피에 젖어 찢어진 자신의 베일과 피라모스의 칼집에 칼이 없는 것을 보고는 그가 자살했음을 깨달았습니다.

"다 내 잘못이에요. 당신은 베일을 보고 내가 사자에 물려 죽은 줄 안 거군요. 이를 어째! 난 이렇게 멀쩡히 살아 있는데 당신은 자결이라니요. 당신은 나를 이토록 사랑했군요. 나도 당신을 따라 죽겠어요. 죽음이 당신과 나 사이를 갈라놓았지만, 내가 당신 곁으로 가는 것을 막지는 못할 거예요. 부모님, 우리 두 사람의 소원을 저버리지 말아주세요. 사랑하는 우리 두 사람을 한 무덤에 묻어주세요. 그리고 뽕나무야, 너는 우리들의 죽음을 기억해 주렴. 너의 열매로 우리들의 피를 기억해 달란 말이다."

말을 마친 티스베는 피라모스의 몸에 꽂힌 칼을 뽑아 자신의 가슴을 깊숙이 찔렀습니다. 그러자 뜨거운 피가 솟구쳐 두 사람의 몸을 피로 물들이기 시작했습니다. 피는 서로 엉겨서 이제는 까맣게 변했습니다. 열매도 다시 까맣게 변했습니다.

두 사람은 한 날 한 시에 죽었고, 신들도 이들의 소원을 받아들여 두 사람은 한 무덤에 묻혔습니다. 그 이후로 뽕나무는 오늘날까지 처음에 새빨간 열매였다가 나중엔 까맣게 변한다고 합니다.

이 피라모스와 티스베, 그리고 트리스탄과 이졸데, 로미오와 줄리엣의 사랑이야기를 가장 아름다운 세계의 3대 비극적인 사랑으로 꼽습니다. 셰익스피어는 그리스로마신화 비극에서 작품의 모티브를 따오곤 했습니다.

르네상스 시대에 이르러서 헤브라이즘 문화에 눌려 창고에서 잠자던 고대 그리스로마 신화와 비극들이 다시 세상 밖으로 나왔습니다. 이 작품들을 당시에 '클라시쿠스(Classicus)'라 불렀습니다.

476년 서로마제국이 멸망하면서 로마는 서유럽에서 영향력을 잃었습니다. 그 자리를 기독교가 차지하며 중세시대가 열렸습니다. 로마는 이미 313년에 콘스탄티누스 대제가 기독교를 공인하면서 점차 기독교 국가가 되었습니다. 비록 게르만족에게 서로마를 잃었다고는 하나 게르만족 역시 기독교도들이었습니다. 그들이 온 유럽을 모두 통치할 수는 없었습니다. 그 힘의 공백을 기독교가 차지하기 시작했습니다. 다시 말하면 로마정부의 힘이 빠져나간 자리를 기독교가 메운 것입니다.

이제 학문도 신학이나 교부철학으로 좁혀졌습니다. 그 긴 암흑의 터널, 금욕의 시대는 1453년 콘스탄티노플이 오스만투르크족에 의해 무너질 때까지 이어졌습니다. 이때까지를 중세라고 부릅니다.

콘스탄티노플, 즉 오늘날의 이스탄불이 이슬람교도들에게 넘어갈 때 가장 위기를 느꼈던 이들은 학자들이었습니다. 이들은 틈틈이 필사해두었던 고대 문헌들, 즉 호메로스의 《일리아드》와 《오디세이아》, 헤시오도스의 《신통기》와 《신들의 나날》, 베르길리우스의 《아이네이아스》 등 그리스로마신화는 물론이고 소포클레스 등의 비극 작품들을 싸서 짊어지고 이탈리아로 도망쳤습니다. 그들의 재능으로 거기서 찬란한 인간중심의 문화를 꽃피웠으니, 그 운동이 르네상스입니다. 르네상스란 고전의 부활, 고대문화의 부활을 의미하는 것이니, 곧 헬레니즘으로 지칭되는 그리스신화의 부활입니다.

이제까지 헤브라이즘, 즉 신본주의 아래에서 금욕을 강요당하며 살았던 이들을 진정한 인간으로 살아가게 하려니 그들을 교육할 자료가 필요했습니다. 이제 신의 명령으로 금지된 욕망에 대한 재검토가 필요했습니다. 그것이 진정 신의 명령인지, 어느 인간이 조작했거나 그릇된 해석인지의 재검토가 필요했습니다. 그렇게 하여 신을 진정한 신의 자리에 있게 하려는 종교개혁, 지나친 신의 영역 확장에서 인간이 들어갈 영역에 인간을 있게 하려는 휴머니즘, 두 가지 운동이 함께 일어났습니다. 이를테면 르네상스 시대는 신은 신의 자리, 인간은 인간의 자리를 제대로 찾게 한 움직임이라고 정의할 수 있습니다.

종교개혁이 마틴 루터나 장 칼뱅에 의해 주도되었다면, 휴머니즘 운동은 휴머니스트들에 의해 시작되었습니다. 이때 휴머니스트들은 휴머니타스(humanitas)로 불렸고, 프랑스어로는 위마니타스로 읽습니다. 이들이 가르친 사상을 위마니즘(humanism)이라 불렀으니, 인간중심 사상, 즉 인본주의입니다. 이 말에서 인문이란 단어가 생겨났습니다. 위마니즘이란 말과 인문이란 말의 음가의 유사성 때문입니다.

이들이 이 사상을 가르치기 위해 끄집어낸 텍스트들이 바로 고전, 즉 클래식입니다. 원래 클래식의 어원은 클라시쿠스로 작품을 의미한 것이 아니라 소수의 명품 귀족을 위해 글을 쓰는 고명한 작가를 지칭하는 말이었습니다. 예를 들면 호메로스나 헤시오도스 같은 그리스신화 작가, 또는 베르길리우스 같은 로마 작가, 소포클레스 등의 비극작가를 그렇게 부르다가 이들이 쓴 작품을 포함하는 용어가 되었습니다. 그러니까 클래식이란 말의 의미는 적어도 명품 작가가 쓴 명품 또는 명작이라 하겠습니다. 따라서 고전의 부활이란 그리스로마신화와 고전 비극의 부활이라 할 수 있습니다.

르네상스 운동이 일어난 16세기 이후에 이 고전들에서 모티브를 얻거나 본뜬 작품들이 발표된 건 당연한 흐름이었겠지요. 그래서 클래식이란 개념이 확대적용되어 고대 그리스로마신화에서 모티브를 딴 작가의 작품들을 클래식이라 불렀습니다. 주로 작품의 모티브를 고전에서 찾아 쓴 셰익스피어는 고전주의 작가임이 당연하고, 르네상스 이후인 17세기가 고전주의란 사조를 맞이하게 된 것도 당연합니다.

:: 사랑을 위한 변신은 제3의 욕구

진정한 사랑의 고수는 변신할 줄 압니다. 사랑하는 사람이 무엇을 좋아하는지, 어떤 유형의 사람을 좋아하는지를 알면 그런 사람이 되고자 하는 겁니다. 이렇게 변신을 잘 하는 사람, 상대가 원하는 모습으로, 상대가 좋아하는 방향으로 변할 줄 아는 사람이 카사노바입니다. 바로 연애도사인 셈입니다.

계절의 신 베르툼누스는 포모나라는 님프를 무척 사랑했습니다. 이지적인 아름다움을 갖춘 포모나는 무수한 신들이 구애할 만큼 인기를 누렸지만 정작 그녀는 연애에 관심조차 없었습니다. 그녀는 연애와는 담을 쌓는 대신 나무들과 함께 지내는 시간을 무척이나 좋아했습니다. 지나치게 자란 나무는 적당히 잘라주고, 잔가지를 보기 좋게 다듬었으며, 가지를 쪼갠 후에 다른 나뭇가지를 접붙여서 새로운 과실을 맺게 하는 일에 푹 빠져 지냈습니다.

정성들여 가꾼 과일나무들을 너무나 사랑했던 그녀는, 혹여 누가 그 나무들에게 해코지 하지 않을까 다른 사람들이 드나들지 못하도록 과수원의 문을 항상 걸어놓았습니다. 그런데도 그녀의 미모에 반한 사람이나 신들은 사랑을 얻기 위해 늘 그녀 주위를 맴돌며 기회를 노렸습니다.

베르툼누스도 그 무리 중에 있었습니다. 누구보다 포모나를 사랑한 그는 여러 번 프러포즈를 했지만 그녀는 꿈쩍하지 않았습니다. 그러던 어느날 수많은 생각 끝에 그는 다른 모습으로 변신하여 그녀에게 접근하기로 했습니다. 일단 그는 추수하는 농부로 변신해 그녀에게 곡식을 담은 바구니를 갖다주곤 했습니다. 하지만 포모나는 여전히 남자에게 관심을 갖지 않았습니다. 베르툼누스는 굴하지 않고 그녀가 관심을 가질 때까지 몇 번이고 변신했습니다. 하루는 목동으로, 다음날은 낚시꾼으로, 또 다른 날은 과수원에서 일하는 사람으로 변신했습니다. 하지만 매번 그녀의 마음을 사로잡는 데 실패했고, 실패가 쌓여갈수록 그녀에게 향한 애정은 더욱 활활 불타올랐습니다.

어느 날, 베르툼누스가 반백의 노파로 변장하여 그녀에게 접근했습니다. 과수원에 들어간 노파가 그녀의 관심을 끌려고 말했습니다.

"참, 훌륭한 과일이군요."

그러면서 노파는 포모나에게 의도적으로 입을 맞추었습니다. 포모나는 '참 별난 노파일세'라며 의아하게 생각했습니다. 노파에게는 어울리지 않을 정도로 입맞춤이 강렬했기 때문입니다. 노파는 과수원 둑 위에 앉아 탐스러운 과일들을 바라보았습니다. 마침 노파의 맞은편에 느릅나무를 타고 올라간 포도덩굴에 먹음직스러운 포도가 주렁주렁 열려 있었습니다. 노파는 느릅나무와 그 위에 엉킨 포도나무를 쳐다보며 칭찬을 아끼지 않았습니다.

"풍경이 참 곱군요. 하지만 느릅나무만 홀로 서 있고, 저처럼 포도덩굴이 엉켜 있지 않았다면 느릅나무는 전혀 매력이 없었을 거예요. 느릅나무는 이파리밖에 얻을 게 없고, 또한 포도덩굴도 느릅나무가

프란체스코 멜치, 〈포모나와 베르툼누스〉(1517~1520, 독일 베를린국립미술관)

없었다면 땅 위에 혼자 엎드려 있을 테지요. 아가씨! 이 느릅나무와 포도나무를 보면서 무슨 생각이 안 드오? 저렇게 어울려 있어서 비로소 아름답듯이 사람도 서로 어울려야 아름답지요. 아가씨도 저 나무들처럼 어서 배필을 얻으세요."

노파는 잠시 말을 멈추며 그녀의 표정을 살폈습니다. 그녀가 관심을 보이는 듯하자 노파는 그녀를 더욱 부추길 법한 말을 이어갔습니다.

"절세의 미녀 헬레네도 당신만큼 인기가 많지는 않았답니다. 오디세우스의 아내 페넬로페에게 구혼했던 남자의 숫자도 아가씨를 추종하는 이들을 따라오지는 못한다오. 아가씨를 사모하는 이들을 가차 없이 거부한다 해도 여전히 그들은 아가씨를 사랑하고 있을 겁니다. 혹여 좋은 배필을 구할 마음이 있다면, 세상 경험이 많은 나 같은 노파의 조언을 듣는 것이 좋을 거요. 아가씨 주위를 맴도는 자들에 대해서는 나 또한 익히 소문을 들어 다 알고 있다오. 내 조언을 받아들일 생각이 있다면, 베르툼누스를 배필로 삼는 게 좋을 듯싶소. 나도 그를 잘 알고, 그도 나를 잘 안다오. 그는 여기저기 떠돌아다니는 신들과 달리 저 산 속 좋은 저택에서 살고 있다오. 또 그는 요즘 젊은 이들처럼 아무나 닥치는 대로 사랑하지 않고, 오직 아가씨만을 사랑한다오. 게다가 젊고 미남인 그는 자기가 원하는 대로 무엇으로든 둔갑할 수 있는 멋진 기술까지 가졌답니다. 그뿐만이 아니라 그는 아가씨처럼 과일나무도 잘 손질한다오. 하지만 지금은 과일이나 꽃 같은 것에는 통 관심이 없고, 오직 아가씨만을 생각하고 있어요. 그를 가엾게 여겨주세요. 그렇지 않으면 그는 죽을지도 모른다오. 실제로 사랑을 이루지 못해 죽은 연인들이 있답니다. 키프로스섬에서 일어난 일이죠."

여기까지 말한 노파는 잠시 숨을 고르고선 심각한 표정을 지어보이며 그 슬픈 사랑 이야기를 시작했습니다.

"가난한 집안에서 태어난 이피스라는 젊은이가 있었다오. 그는 테우크로스라는 명문가의 딸 아낙사레테를 보고는 한눈에 반해버렸죠. 타오르는 열정을 깊숙이 숨기고 있었지만, 시간이 흐르면서 도저히 그녀를 향한 마음을 참을 수 없다는 것을 깨닫고는 그녀의 저택에 나타나 애원했다오. 하지만 그녀는 그를 받아주기는커녕 조롱하고 비웃으며 무정하게 대했어요. 심지어 모욕적인 말까지 하여 커다란 아픔을 주었지요. 그 후로 이피스는 삶의 희망이 모두 사라진 것을 느꼈답니다. 더 이상 사랑의 괴로움을 감내할 수 없었던 그가 마지막으로 그녀의 방문 앞에 서서 유언을 남기듯 울음 섞인 목소리로 이렇게 말했다오.

'아낙사레테여! 당신이 이겼소. 내가 당신을 귀찮게 하는 일은 더 이상 없을 것이오. 당신의 승리를 기뻐하고, 기쁨의 노래를 부르시기 바랍니다. 하지만 나는 지금부터 죽음의 신 곁에 머무를 것이오. 돌처럼 비정한 여인! 당신의 기쁨을 위해서라면 내가 죽기라도 해야겠지요. 내가 죽으면 나를 칭찬해주겠죠? 살아 있는 동안 당신을 사랑했다는 것을 풍문으로 당신께 전하고 싶지는 않소. 당신의 눈앞에서 죽을 거요. 그렇게라도 해서 당신의 눈을 즐겁게 할 거요.'

말을 마친 이피스는 눈물 그득한 눈으로 저택을 바라보며, 그가 가끔 꽃을 걸어두어 사랑을 전했던 문기둥에다 끈을 맸다오. 그 끈으로 목을 매는 마지막 순간까지 그는 중얼거렸지요.

'적어도 지금 내가 만들 이 꽃다발만큼은 당신의 마음에 들 것이오. 너무나 무정한 여인이여!'

그리고는 발판에서 발을 떼어버렸다오. 그는 목뼈가 부러진 채 죽음을 맞이했지요. 하지만 그의 바람과 달리 하인들이 그를 발견하고는 아낙사레테가 보기 전에 그의 시신을 수습했답니다.

비보를 접한 이피스의 어머니는 아들의 싸늘한 시신을 껴안고는 비통함에 절규했죠. 이피스의 시신을 실은 장례 행렬이 화장터로 향하는 길목에 아낙사레테의 집이 있었답니다. 그런데 이피스가 죽으면서 신들에게 아낙사레테에게 복수를 해달라고 애원했던 것이 귀에 들어갔는지, 복수의 신이 그녀에게 예정된 벌을 내렸답니다.

골목에 울려퍼지는 곡소리에 아낙사레테는 무슨 일인가 싶어 탑 위로 올라가 창문을 열고 장례 행렬을 내려다보았지요. 그녀의 시선이 상여 위에 가로놓인 이피스의 시신에 닿는 순간, 그녀의 눈이 굳어지고 몸속의 피가 차츰 식어가기 시작했다오. 너무 놀라 뒤로 물러서려 했지만 마음처럼 발을 움직일 수 없었어요. 얼굴을 돌리려고 했지만 그것도 뜻대로 되지 않았지요. 그녀의 몸은 그녀의 차가운 마음처럼 돌처럼 굳어갔다오.

살라미스에 있는 아프로디테 신전에는 아낙사레테의 석상이 아직도 생전 모습 그대로 서 있다오. 가보면 내 말이 사실임을 알게 될 거요. 그러니 아가씨도 그토록 당신을 사랑하는 베르툼누스를 비웃지 말고 어서 받아들여요. 그러면 아가씨가 이토록 아끼는 과일나무들은 어떤 비바람에도 떨어지지 않고 열매를 잘 맺게 될 것이오."

노파가 이야기를 마치자 포모나는 조용히 고개를 끄덕였습니다.

그러자 베르툼누스는 본래의 모습으로 돌아와 포모나 앞에 섰습니다. 그는 노파의 조언대로 듬직해 보였습니다. 베르툼누스는 노파로 변장한 것을 고백하고는 정중하게 용서를 구했습니다. 그리고는 모든 것이 아가씨를 사랑하는 마음 때문이었다면서 조심스레 고백했습니다. 이미 베르툼누스에게 마음을 빼긴 포모나는 사과하는 의미로 살짝 입을 맞추었습니다. 그토록 얼음 같았던 그녀의 마음에도 사랑의 불길이 조금씩 타오르기 시작했습니다.

남녀관계란 그 끝을 알 수 없습니다. 불가능한 게 남녀관계이기도 하지만 얼마나 정성을 다하느냐에 따라 불가능을 가능으로 만드는 것이 남녀관계입니다. 남녀 간의 변신은 당연합니다. 사람은 변신을 할 줄 아는 유일한 동물입니다. 변신은 능력의 척도이기도 합니다.

제우스 역시 변신의 귀재입니다. 변신은 성욕이나 식욕을 충족하는 데 유용한 능력으로, 인간 본능에 속합니다. 물론 제3의 욕구입니다. 이 제3의 욕구로 인한 능력이 제1의 욕구, 제2의 욕구를 해결해 주는 것이니, 인간의 가능성은 욕구의 힘입니다.

제3부
남자와 여자, 서로 다른 별에서 온 존재

:: 남자와 여자의 보편심리

음과 양, 어느 것이 우위에 있는 것일까요. 음으로 대별되는 여성, 양으로 대별되는 남성, 어느 성이 우위인지는 딱히 규정할 수 없습니다. 남자가 양이어야 할 정당성, 여자가 음이어야 할 이유 또한 없습니다. 다만 인류의 발달 과정에서 그렇게 해석되어 왔을 뿐입니다.

남성중심의 가부장제에서 남성이 우위를 점하고 있었으므로 남성에 의해 모든 걸 그렇게 해석했습니다. 어머니 신과 아버지 신이 있다면 아버지 신이 우위에 있는 것으로 해석했습니다. 남성과 여성은 함께 살아야 하는 당위성이 있으면서도 서로 다른 성향을 갖고 있어서 갈등이 내재해 있기 때문입니다. 신체적인 힘에서 우위인 남성은 여성을 지배하려 했고 그 작전은 맞아 떨어졌습니다. 여성을 남성의 부속물로 해석한 것입니다.

구약성경은 최초의 여성이 남성의 갈비뼈 하나를 취해서 창조된 것으로 기록하고 있습니다. 남성을 돕는 존재로 본 것입니다. 이에 따라 긍정적인 것은 일단 남성의 몫으로 인정했습니다. 음과 양에서 밝고 긍정적인 것은 남성의 몫으로, 어둡고 부정적인 것은 여성의 몫으로 자리 잡았습니다. 신이 부여한 본질이라기보다 남성이 부여한 편의적인 해석의 결과입니다.

아마 지금처럼 남녀가 얼추 평등한 관계로 올라섰다면 남성이 양을, 여성이 음을 차지한다는 보장은 없었을 겁니다. 유일신 하나님을 아버지라고 지칭했을지도 감히 낙관할 수 없습니다. 남성중심 사회에서 경제, 교육, 노동, 취미, 결혼 같은 모든 제도는 남성에게 유리하게, 그리고 여성에게 불리하게 만들어졌습니다. 권리를 가진 자와 권리에 복종하는 자의 관계로 짜였습니다.

이런 불합리한 제도와 관습 아래서 여성은 그것을 신의 섭리거나 자연이 부여한 당연한 이치로 받아들였습니다. 여성뿐만이 아니라 인간에겐 나름의 계급이 있다는 것도 공존했습니다. 신이 있고 신에게 복종하는 인간이 있듯이, 인간 세계에서도 다시 지배자와 피지배자가 있다는 사실을 당연한 것으로 여겼습니다. 당연히 여김, 그것은 무지였습니다. 무지 상태에선 그러한 관계를 당연한 것으로 받아들였습니다.

그런데 이브가 금단의 사과(금지된 욕망)를 먹고 욕망을 알았듯이, 즉 지식을 얻었듯이, 판도라가 상자를 열고 그 안의 내용을 알았듯이, 앎 또는 지식을 얻은 후에는 당연하게 생각했던 것이 더 이상 당연하지 않음을 인식했습니다. 그 앎이 서서히 퍼지면서 계급의 불합리함을 인식하기 시작했습니다.

이로 인해 시민혁명이 일어납니다. 왕은 신이 임명한 것이 아니라 같은 인간존재라는 점을 알게 된 것입니다. 또한 노예와 일반시민, 영주라는 신분도 선천적인 것이 아니라 작위적인 것임을 인식합니다. 그렇게 하여 소위 평등이라는 개념이 생깁니다. 그럼에도 남자와 여자가 평등하다는 논의는 제대로 이루어지지 않았습니다. 여자에겐 앎의 기회, 교육의 기회가 없었기에 거기에 대한 인식을 미처 못했습니다.

파울 루벤스, 얀 브뢰헬, 〈에덴동산과 인간의 타락〉(1615, 네덜란드 마우리츠하위스 미술관)

이는 수렵시대 이후 공고하게 다져진 남성중심주의의 산물입니다. 농경사회, 산업사회에서 무엇보다 우선한 것은 생존본능 중심, 1차적인 욕구입니다. 식욕과 수면욕 같은 것입니다. 이러한 1차적 욕구 다음에 오는 것이 2차적 욕구, 종족보존의 본능입니다.

생존본능은 여성으로 하여금 남성에게 절대적으로 의존하게 했습니다. 모든 생산의 주체가 남성이었으니까요. 때문에 모든 제도와 관습, 법, 도덕, 종교가 남성중심으로 짜였습니다. 그런데 삶의 질, 또는 생존본능이 해결되면서는 이제 중심이 종족보존 본능으로 자연스럽게 퍼졌습니다.

인간은 홀로는 생존이 불가능했습니다. 더불어 삶이 꼭 필요했습니다. 신체적으로 또는 힘으로 다른 동물을 지배할 수는 없기 때문이었습니다. 인간은 이를 극복하기 위해 사회라는 집단을 이루어 살아야 했습니다.

또한 유한성을 자각하는 동물인 인간은 생존본능, 즉 개체보존 본능을 해결하면서 집단 보존 본능을 생각하기 시작하고, 거기에 중요성을 부여하기 시작했습니다. 남성은 생존본능은 해결할 수 있었으나 종족 보존은 스스로 해결할 수 없었습니다. 그것은 여자의 몫이기 때문입니다.

이제까지 여성은 앎의 기회가 없어서 자신들이 가진 힘을 힘으로 여기지 않았습니다. 권리로 여기지 않았습니다. 당연한 의무로 여겼습니다. 아이를 낳아 사회의 구성원으로 내어놓는 것을 의무로 받아들였습니다. 그런데 이제 그걸 자각한 것입니다. 남자는 아이를 만드는 데 하룻밤이면 충분합니다. 반면 여자는 아이를 만드는 데 9개월도 넘게 걸립니다. 게다가 양육하는 데 최소한 2년은 걸립니다. 남자에 비해 3년 정도는 활용할 수 없는 겁니다. 그러니 신체적으로 공정한 경쟁을 할 수 없습니다. 같이 사회생활을 시작한다 해도 남자를 따를 수 없습니다. 그럼에도 남성중심 구조를 인정하며 지내왔습니다.

그러다 1970년대 들어서면서 여성혁신이 일어나기 시작합니다. 종족보존의 무기를 여성이 인식하기 시작한 것입니다. 아이를 낳는 것이 의무가 아니라 권리라는 인식입니다. 아이를 낳거나 낳지 않는 것을 여성의 선택으로 이끌어낸 것입니다. 물론 아이를 낳아 기르는 것이 좋다면 낳아서 기르면 됩니다. 그러나 사회활동이 우선이라면 그것을 거부할 권리가 여성에게 있습니다. 종족 퍼뜨리기에 보다 적극적인 남성에겐 여성의 권리 선언이 아프게 다가옵니다. 잘 보여야만 종족을 남길 수 있게 된 것입니다.

이처럼 남성과 여성 가운데 어느 성이 우위인가는 시대적 산물일 뿐 절대적이지는 않습니다. 양이 우위이며 음이 열등하다고 말할 수도 없을 뿐더러 남성은 양이고 여성은 음이라고 규정할 수도 없습니다.

남녀, 이제는 공존의 시대입니다. 서로가 보완적인 존재입니다. 남성과 여성 어느 한쪽도 완전한 존재는 아니기 때문입니다. 남성과 여성이 서로 보완할 때 그나마 완전한 존재에 근접할 수 있습니다. 남성이어서 나은 점도 있고, 여성이 남성보다 나은 점도 분명 있습니다. 학자들이 이르듯이 남성은 공간지각 능력이, 여성은 언어능력이 뛰어납니다. 물론 신체적인 크기와 힘은 남성이 우위인 게 사실입니다. 그러나 법과 제도가 완비된 사회에서 힘과 신체의 우위는 별개입니다. 이제는 역할은 서로 달라도 공존의 시대입니다. 서로가 서로를 보완하는 그런 시대입니다.

여기 서술할 남성 심리와 여성 심리, 다시 말하면 보편적 무의식은 가부장제에서 여성들이 적자생존에 맞춰 그렇게 살 수밖에 없었던 기억, 잊힌 기억에 따른 무의식입니다. 여성이 여성으로 살아가려 했던 기억, 그렇게 교육하고 교육 받아온 기억의 잠재의식입니다. 따라서 좀 더 세월이 흐르면, 50년 후쯤일까요. 그쯤이면 지금의 보편적 무의식도 달라져 있을 것입니다. 앞으로 현명한 어머니는, 아니 현명한 여성은 더 이상 여자답게 여성을 가르치고 받아들이거나 남자답게 남성을 가르치고 받아들이지는 않을 테니까요. 남성이든 여성이든 사람다움을 가르칠 테니까요.

:: 남자라는 단순한 인간, 아담

화성에서 온 남자 아레스가 있습니다. 그가 금성에서 온 여자 아프로디테와 좋은 짝을 이룹니다. 태양에 가장 가까이 있는 별이 수성, 그 다음이 금성입니다. 금성 다음에 지구가 있고, 그 다음이 화성입니다. 논리적으로 보면 금성으로 대별되는 여자가 더 뜨겁습니다. 화성은 지구보다 오히려 더 차갑습니다. 그럼에도 일반적으로 남성은 불로, 여성은 물이나 흙으로 생각합니다. 피상적으로는 남성이 뜨겁고 여성은 차갑습니다. 그러나 실제로 여성에게는 보이지 않는 용광로 같은 열정이 있고, 남성은 겉 불만 뜨겁지 속은 차갑습니다.

이렇게 상반된 두 성이 찰떡같이 붙어살 수 있는 건, 그들이 서로를 반쯤 버리고 중간지대에서 지구인으로 살기 때문입니다. 극과 극이 만나 중간으로의 이동, 여기에 온전한 결합이 있습니다. 남녀의 만남이란 극과 극의 만남, 상반된 성격의 만남입니다. 이 근원적인 것은 변하지 않습니다. 또한 극과 극이 만나야만 새로운 무엇인가가 나오기 마련이고요.

성경에서 최초의 인간은 아담입니다. 이 아담은 여호와께서 빚은 존재로, 흙덩이란 뜻입니다. 이 흙덩이에 여호와는 생기를 불어넣습니다. 그렇게 창조된 인간이 아담입니다. 그리스신화에서는 예지의 신 프로메테우스가 남자를 만듭니다. 프로메테우스는 인간 외에도 각양각색의 만물을 만들었습니다. 흙덩이를 가져다가 다듬어서 만든 것이지요. 이렇게 만 가지 모양의 존재를 만들고 숨을 불어넣어 살아 움직이게 합니다. 그러던 참에 자신을 닮은 모양의 존재를 만든 것이 인간, 즉 남자입니다.

남자는 프로메테우스가 자기 모양을 본떠 다듬어 만든 존재입니다. 다듬어 만든 존재이다 보니 여자에 비해 각이 있습니다.

이렇게 만든 인간에게 특별한 이름 하나 주지 않았습니다. 그냥 인간입니다. 그래서인지 어느 언어든 남자란 이름은 특별히 없습니다. 영어에서 man은 남자란 의미와 인간이란 의미로 같이 씁니다. 프랑스어에서 homme(옴므) 역시 남자이자 인간입니다.

이런저런 일로 바쁜 프로메테우스는 선물자루를 동생 에피메테우스에게 주면서 자신이 만든 존재들에게 나누어주라고 합니다. 에피메테우스는 생각 없이 손에 잡히는 대로 존재들에게 나누어줍니다. 그런데 모두 불만입니다. 원하는 것이 아니라 쓸모없거나 불편하다는 것입니다. 예를 들어 새는 몸이 약한데 웬 날개를 달아주느냐고 불평합니다. 그도 그럴 것이 날개란 쓸 줄 모르면 불편하고 거추장스러운 물건에 불과하니까요.

그렇게 나누어주다 보니 자루가 텅 비었습니다. 그런데 아직 아무것도 받지 못한 존재가 있었습니다. 늦되고 게으른 인간입니다. 인간은 옷 한 벌도 받지 못하고 벌거숭이 그대로입니다. 그제야 에피메테우스는 자신의 생각 없음에 머리를 치면서 형에게 그 사실을 이야기합니다.

그 어떤 존재보다 인간을 좋아한, '자신과 닮게 만든 인간을 좋아한 프로메테우스'는 올림포스로 올라가 제우스에게서 불을, 아테나에게서 지혜를 얻어다 인간에게 줍니다. 이렇게 만들어진 것이 최초의 인간, 남자입니다. 프로메테우스와 에피메테우스 둘이 영향을 끼친 것입니다. 이것이 남자의 속성입니다.

프로메테우스란 '미리'라는 뜻의 'pro'와 '생각하는 자(meteous)'의 합성어입니다. 이 '프로'란 접두사가 붙어서 조어된 영어 단어들이 많습니다. 어떤 행사를 시작하기 전에 '미리' 작성하는 프로그램(program), 행사 시작 전에 미리 계획 짜는 사람 프로듀서(producer), 사업을 시작하기 전에 미리 짜는 계획 프로젝트(project), 책의 서두를 미리 여는 프롤로그(prolog)도 프로메테우스의 '프로'란 접두사에 어원을 두고 있습니다.

남자는 예지능력도 있지만 에피메테우스를 닮아 일단 일을 저지르고 나서 문제를 해결하려 허둥대는 속성도 있습니다. 에피메테우스에서 온 영어의 에필로그(epilogue)가 그것을 전해줍니다. 책을 쓰고 나서 미진한 부분을 개진한 것이 에필로그니까요.

두 신의 창조물, 그래서 남성은 한마디로 단순한 존재입니다. simple한 존재, 쉽게 말하면 단세포 동물입니다. 여기에 아테나적인 여성성 아니마마저 없는 남자라면 단순함의 극치를 달리겠지요. 그나마 쓸 만한 남자는 여성성(anima)을 갖춘 남자입니다.

남자의 탄생이 곧 인간의 탄생입니다. 인간은 탄생하면서 변변한 선물 하나 없이 왔습니다. 옷 한 벌 못 입고 왔습니다. 그러나 아테나가 준 지혜 덕분에 자기에게 맞는 옷을 만들 줄 압니다. 만일 인간이 신이 준 털옷이나 깃털 옷, 또는 솜털 옷을 받았다면 옷을 따로 마련해야 할 불편이 없었겠지요. 옷을 받지 못한 덕분에 지혜를 열어 옷을 만들어 입으니 다행입니다. 없음이 오히려 다양함을 낳았으니까요. 다른 동물들처럼 옷을 받았다면 우리 모두 인모로 만족하고 살았을 테고, 옷이란 이름조차 만나지 못했겠지요. 궁여지책, 그것은 아테나의 선물입니다.

그리스신화는 아주 절묘합니다. 만일 인간에게 불만 가져다주었다면 인간은 조물주가 만든 모든 것을 태워버리고 말았을 겁니다. 그래서 불에다 지혜를 덧붙여주었습니다. 불은 지혜 없이 쓰면 재난이 되기도 합니다. 지혜와 함께 쓴 덕분에 문명의 도구가 되었습니다.

만년필이나 볼펜도 화가 나면 흉기로 변할 수 있습니다. 분노에 사로잡히면 지혜가 발휘되지 않으니까요. 지혜를 가지고 써야 유용한 도구가 됩니다. 이렇게 단순하게 태어난 남자가 여자를 만나러 갑니다. 여자, 그 이름은 무엇일까요?

:: 여자, 복잡한 인간 판도라

프로메테우스가 만든 인간에게 질투를 느낀 제우스는 남자란 인간보다 훌륭한 존재를 만들고 싶었습니다. 한편으로는 프로메테우스가 만든 인간의 능력을 저하시키고 싶었습니다. 그 계획으로 보다 완벽한 인간 제작 계획에 들어갔습니다.

자신의 둘째아들, 재주꾼이자 대장간의 신인 헤파이스토스에게 완벽한 모양을 만들게 합니다. 헤파이스토스는 프로메테우스가 만든 인간을 참조하면서 특별한 하나의 재주를 더합니다. 번거롭긴 하지만 흙덩이를 가져다 물을 섞어 반죽을 합니다. 부드럽게 만든 반죽으로 모양을 빚습니다. 흙에 물을 섞은 반죽으로 빚은 인간이 여자입니다.

프로메테우스의 인간이 흙으로 다듬어 각이 졌다면 헤파이스토스의 인간은 반죽으로 빚어서 부드러운 선으로 이루어졌습니다. 모양에서 이미 헤파이스토스가 만든 인간이 훨씬 아름답고 부드러웠습니다. 여기에 전령의 신, 상업의 신이자 여행자의 신인 헤르메스가 자신의 고운 목소리를 불어넣어주었습니다. 전쟁의 신 아테나는 방어능력과 전략의 지혜를 주었습니다. 아프로디테가 거짓말의 능력과 허영의 상징인 장신구까지 걸어주었습니다.

이렇게 완성된 완벽한 인간에게 제우스는 판도라라는 이름을 주었습니다. 'Pan'은 '모든', '온갖'이란 뜻이고 'Dora'는 '재능'이란 뜻이니 판도라는 '모든 재능을 가진 인간'이란 의미입니다. 여러 신의 합작으로 여러 신의 성정이 판도라 속에 들어갔습니다. 때문에 여자의 속성은 복잡함, 즉 콤플렉스입니다. 판도라를 읽으면 여자의 근원적인 심리를 캘 수 있습니다.

우선 여자는 헤파이스토스의 속성을 갖고 있습니다. 제우스와 헤라의 둘째아들인 이 신은 태어날 때부터 다리를 절었습니다. 헤라는 최고의 신이 태어났어야 하는데, 자신의 아들이 장애를 갖고 태어났기 때문에 자존심이 확 상했습니다.

당장 제우스의 전처 레토만 해도 아주 훌륭한 신들을 낳았습니다. 쌍둥이로 태어난 그 신들은 숲과 사냥의 여신 아르테미스와 지혜로운 태양신 아폴론입니다. 그들과 자기 아들을 비교하려니 분통이 터져 낳자마자 아들을 던져버렸습니다. 바다로 떨어진 아이를 바다 신 테티스와 에우리노메가 건져서 9년 동안 키웠습니다.

9년 동안 헤파이스토스는 사랑을 받지 못한 분노를 참고 삼켰습니다. 장애를 안았다는 열등감을 눌러 참았습니다. 때문에 그는 내성적으로 변했고, 그 속앓이를 창작으로 풀었습니다. 자신을 버린 헤라에게 복수하기 위해 멋진 황금의자를 만들어 헤라에게 선물로 보냈습니다. 절치부심 만든 그 황금의자는 보기엔 무척 아름답지만, 거기에 앉는 순간 보이지 않는 그물이 앉은 자를 옴짝달싹 못하게 합니다.

➜ 존 워터하우스,
〈판도라〉(1896, 영국 로이드 웨버 경 컬렉션)

선물을 받은 헤라는 아들에게 미안한 마음도 없이 기분 좋게 의자에 앉았습니다. 그런데 의자가 헤라의 엉덩이에서 떨어지지 않았습니다. 아무리 애써도 벗어날 수 없습니다. 결국 의자의 주인 헤파이스토스에게 도움을 받을 수밖에 없었습니다.

헤라는 큰아들 아레스를 헤파이스토스에게 보내 자신을 놓아달라고 했습니다. 미우나 고우나 엄마와 자식 간이니 거절할 수 없을 거라는 예상과는 달리 헤파이스토스는 꼼짝도 하지 않았습니다. 그만큼 분노로 가득 찼고, 복수심으로 가득 찼기 때문입니다. 헤파이스토스는 낳기만 하고 돌보지 않은 것은 아니 낳음만 못하다는 생각이었습니다. 아레스가 윽박지르며 힘으로 끌어가려 했지만 말을 듣지 않았습니다.

할 수 없이 이번엔 디오니소스를 보내서 부탁하기로 했습니다. 인간 여자 세멜레의 배에서 만들어졌으니 인간일 수밖에 없었으나 제우스가 세멜레의 배에서 꺼내 자신의 넓적다리에서 해산한 덕분에 신이 된 디오니소스 역시 헤라의 미움을 받았습니다. 그 때문에 신들의 나라 올림포스에 들지 못하고 인간 세상을 떠돌았습니다. 디오니소스는 이 기회에 헤라와 가까워져서 당당하게 올림포스에 들어가고 싶었습니다.

디오니소스는 헤라의 부탁을 기꺼이 받아들여 헤파이스토스를 만나러 낙소스섬으로 갔습니다. 술판을 벌린 디오니소스는 시침을 떼고 신세타령을 했습니다. 술을 권커니 자커니 하면서 자신은 인간 여자 세멜레와 제우스 사이에서 태어났으니 형제간이라며 가까운 척했습니다. 그리고 자신도 헤라의 미움을 받아 올림포스에 들어가지 못한 채 지상을 떠돌고 있다고 푸념을 늘어놓았습니다. 의기투합한 배다른 형제는 술을 잔뜩 마셨습니다. 술을 처음 마신 헤파이스토스는 만취했습니다. 반면 술에 익숙한 디오니소스는 알딸딸할 정도였습니다. 디오니소스는 술에 취한 헤파이스토스를 올림포스로 데려갔습니다. 그에게서 비밀의 열쇠를 꺼낸 디오니소스는 그때까지 꼼짝 못하고 있던 헤라를 풀어주었고, 헤라의 사랑을 받으며 신들과 합류했습니다. 헤파이스토스 역시 헤라의 뉘우침으로 올림포스에 맞아들여졌고 포세이돈의 중재로 가장 아름다운 여신 아프로디테를 아내로 맞을 수 있었습니다.

그 후 헤파이스토스는 여자, 판도라를 만드는 데 가장 많은 기여를 했습니다. 때문에 여자는 근원적으로 헤파이스토스의 속성을 안고 있습니다. 사랑받지 못한 결핍, 남자에 비해 뭔가 장애를 안고 있다는 열등감을 갖고 있습니다. 하여 감정이 적나라하게 드러날 만큼 만취하면 괜히 서글픕니다. 눈물이 납니다. 자신은 행복하고, 타인이 보기에도 행복해 보이지만, 근원적으로는 이런 결핍과 열등감을 갖고 있습니다.

다음으로 여성은 헤르메스의 속성을 안고 있습니다. 첫째, 헤르메스는 전령의 신입니다. 전령은 말의 전달자이기 때문에 여자는 근원적으로 말을 잘 전달합니다. 언어능력이 뛰어나고 말을 즐깁니다. 비밀일수록 발설하고 싶어 안달이 납니다. 말을 안 하면 병이 나는 이유가 거기 있습니다.

둘째, 헤르메스는 상업의 신입니다. 상업을 잘 하려면 계산을 잘해야 합니다. 이 속성을 가졌기 때문에 여자는 경제적으로 생각하고 계산하는 능력이 있습니다. 여성은 저축을 잘 하고 계산도 정확히 합니다. 사업을 잘 하려면 표정변화 없이 거짓말도 천연덕스럽게 할 수 있어야 하는데 그런 능력이 고스란히 여성 속에 있습니다.

셋째, 헤르메스는 여행자의 신입니다. 남자가 실속 없이 떠도는 방랑을 좋아하거나 출장을 많이 다니는 데 비해, 여성은 목적이 있는 여행을 즐기는 이유가 그것입니다. 가부장제에서 벗어나면서 여성의 여행인구가 급증하고 있습니다.

또한 여자는 아테나의 전략을 가졌습니다. 무엇을 하든 즉흥적으로 결정하지 않고 전략적으로 결정합니다. 아테나의 주 무기가 방패이듯이, 우선 여자는 무엇을 결정할 때 방어 전략을 짭니다. 즉 리스크를 먼저 생각합니다. 남자가 우선 돌진하는 데 비해 여성은 무엇이든 전략적으로 접근합니다. 부부가 싸움을 할 때도 남자는 싸움에만 집중하는 데 비해, 여자는 방어논리로 무장하고 전략적으로 임합니다. 척후병을 먼저 보내 정탐하듯 탐색을 위한 말로 시작하고, 본진에 해당하는 주 싸움꺼리는 나중에 내놓습니다. 그러니 남성이 패배할 수밖에 없습니다.

여자는 아프로디테의 속성도 갖고 있습니다. 장신구를 좋아합니다. 장신구란 영어로 액세서리(accessory), 프랑스어로 악세수아르(accessoire)입니다. 즉 '부차적인'이란 의미입니다. 여자가 본책보다 별책부록을 보고 잡지를 구입하고, 주요리보다 부요리를 더 중요하게 생각하기도 하는 이유입니다. 쇼핑을 좋아하는 이유, 부차적인 것에 더 의미를 부여하는 이유, 책의 주제보다 주제를 받쳐주는 잔재미에 빠져드는 이유, 어떤 장소보다 분위기를 더 중요하게 여기는 이유, 허영심에 잘 빠지는 이유이기도 합니다.

이처럼 여자는 한마디로 복잡한 사람입니다. 복잡한 성격 때문에 여자는 별걸 다 생각합니다. 별 걸 다 따집니다. 그것이 세상을 자세히 보게 하고, 창의적이게 하는 장점입니다. 그러나 그 복잡함이 자신에겐 불편을 가져다줍니다. 세상이 그 복잡한 생각들을 충족시켜주지 않기 때문입니다. 때문에 복잡한 인간 여자는 남자보다 세상을 우울하게, 힘들게 살기 마련입니다. 당연히 우울증환자도 많고요. 다행이라면 다행이랄까, 여성은 나이가 들어 갱년기를 지나면서는 남성화되어갑니다. 아니무스화입니다. 복잡한 삶, 복잡한 생각에서 단순함으로 변하는 것이지요. 신체는 남성화되고요. 그러면서 우울한 생각, 외로운 생각이 점차 줄어듭니다.

대신에 남성이 여성화되면서 더 우울해지고 외로워집니다. 서로 다른, 영원히 평행선을 그릴 수밖에 없는 두 성이 지구라는 공간에 공존합니다. 유년에는 서로 구별이 의미 없을 만큼 유사한 두 성이 단순한 길을 가는 남자와 복잡한 길을 가는 여자로 중요한 시기를 걷습니다. 그리고 이제 삶의 치열한 현장에서 벗어날 때쯤부터 서로 교차하여 나머지 길을 갑니다. 복잡한 존재는 단순한 존재로, 단순한 존재는 복잡한 존재로 황혼녘을 향합니다. 이렇게 달라도 아주 다른 두 성은 서로 사랑합니다. 서로 사랑할 수밖에 없습니다.

:: 남과 여의 결합, 섹스의 탄생

성(性)이 있습니다. 서로 성정이 다른 상대가 있습니다. 성(城)이 있습니다. 벽을 둘러싸고 외부와 내부의 출입을 통제하는 성이 있습니다. 의미는 다르지만 이 두 개의 성은 연결되어 있습니다. 다른 성정이기에 다른 성의 출입을 통제하는 성, 그 통제를 풀고 안으로 받아들이면 성 안에 함께 존재하는 우리가 됩니다. 서로 성을 닫고 통제하면 타인이요, 받아들이면 하나의 성 안에 드는 것, 그것이 성입니다. 뜻은 달라도 말이 같듯이 같으면서 다른 두 성은 근원적으로 하나에서 왔습니다.

일본의 창조신화 〈고사기〉도 두 성의 다름을 보여줍니다.

태초에 광활한 바다가 있었습니다. 그 바다는 기름기가 떠 있는 혼돈 그 자체였습니다. 잡다한 것들이 제자리를 찾지 못하고 뒤섞여 있었습니다. 하늘에서 이 혼돈의 바다를 내려다보던 세 신령이 세상을 창조하기로 의견을 모았습니다. 신령들은 '불러내는 남자'란 뜻의 이자나기와 '불러내는 여자'란 뜻의 이자나미를 만들었고, 많은 남신과 여신도 만들었습니다.

신들은 이자나기에게 보석장식의 마법 창을 주면서 세상을 창조하라고 일렀습니다. 이자나기는 이자나미를 데리고 하늘에서 혼돈의 바다로 내려왔습니다. 이자나기가 창을 혼돈의 바다에 담그고 휘휘 저은 후 꺼내어보니 창끝에 바닷물이 몇 방울 응결되어 있었습니다. 그 방울이 떨어져 섬이 되었습니다.

둘만이 있음을 안 이자나기가 이자나미에게 묻습니다.

"당신의 몸은 어떻게 생겼소?"

"내 몸은 무척 아름다워요. 하지만 내 다리 사이엔 피부가 아물어 붙지 않은 이상한 부위가 있어요."

"참 이상한 일도 다 있네요. 내 다리 사이엔 살이 튀어나온 부분이 있으니 말이오."

"거 참 이상하네요."

이자나기가 이자나미에게 제안합니다.

"나의 튀어나온 부위와 당신의 아물어 붙지 않은 부위를 합쳐보기로 합시다."

이자나미도 동의합니다. 그들이 부분을 합치자 용케도 들어맞습니다. 말로 다할 수 없는 어떤 감정이 솟아납니다. 그 일이 있고 나서 이자나미는 잉태하여 거머리를 낳습니다. 생긴 것이 영 실망스럽습니다. 둘은 거머리를 갈대 바구니에 담아 물에 떠내려보냅니다. 때문에 지금도 거머리는 갈대가 있는 곳에서 사는 걸 좋아합니다.

다시 부위들을 맞추어 이번에는 이자나미가 섬을 낳습니다. 그런데 거품섬이라 쓸모가 없습니다. 재미를 들인 둘은 이번엔 잘 연습하여 더 잘 맞춥니다. 그렇게 잉태하여 섬들을 낳았고, 산을 낳았고, 폭포와 아름다운 자연을 낳았습니다. 더 뜨겁게 서로의 부위를 맞추자 이자나미가 불의 정령들을 낳았습니다. 그런데 불의 정령이 몸을 심하게 태운 바람에 이자나미가 중병에 걸려 서서히 죽어갔습니다. 서서히 밤의 나라로 내려갔습니다. 그녀가 떠나는 것을 보면서 이자나기는 고통의 눈물을 흘렸습니다.

이자나기는 이자나미에게 밤의 나라에 있지 말고 올라오라고 애원했습니다. 그러나 이자나미는 이미 밤의 나라 음식을 먹었기 때문에 떠날 수 없다고 합니다. 할 수 없이 이자나기가 이자나미를 데리러 자신도 밤의 나라로 들어갔습니다. 밤의 나라에 들어가 이자나미를 만났는데 말문이 막혔습니다. 이미 부패하기 시작한 이자나미를 보고 겁이 난 이자나기는 도망을 쳤습니다. 이자나미는 화가 나서 추악한 밤의 정령에게 이자나기를 데려오라고 시켰습니다. 겁에 질려 달아나던 이자나기가 오른쪽 머리털에서 빗을 뽑아 던지자 그 빗이 포도나무로 변합니다. 다시 왼쪽 머리털에서 빗을 뽑아 던지니 이번엔 대나무줄기로 변합니다. 그를 추격하던 밤의 정령이 포도나무와 대나무 줄기를 먹으려고 멈춘 사이 이자나기는 밤의 나라에서 탈출합니다.

괘씸한 생각에 이자나미는 반드시 이자나기를 돌아오게 해야겠다고 결심합니다. 천둥정령 여덟 명과 밤의 나라 군대를 모두 출정시킵니다. 그럼에도 이자나기는 용케 그들을 따돌리고는 복숭아나무 아래에서 가쁜 숨을 몰아쉽니다. 이 복숭아나무는 밤의 나라와 지상세계의 경계 부분에 있습니다. 잠시 쉬는데 벌써 추격자들이 몰려옵니다. 지치고 놀란 이자나기가 그들을 향해 복숭아를 따서 던지자 어쩐 일인지 그들이 겁을 먹고 도망칩니다. 그래서 지금도 일본에선 복숭아가 악귀를 쫓는 것을 압니다.

남편의 배신에 너무 화가 난 이자나미는 "계속 그렇게 도망친다면, 난 지상에 있는 사람들을 하루에 천 명씩 목 졸라 죽일 테요."라고 협박했습니다. 이자나기는 비웃으며 "그럼 난 하루에 천 명씩 세상에 태어나게 할 거요"라고 말하면서 밤의 나라 입구를 커다란 돌로 막아버렸습니다.

그 후부터 인간세계에 죽음이 들어왔고, 죽은 자의 세계와 이승은 통할 수 없게 되었습니다. 일이 일단락되자 이자나기는 무척 피곤했습니다. 그는 밤의 나라에서 묻은 오물을 씻어내려고 시냇물에 몸을 담갔습니다. 그가 왼쪽 눈을 씻자 태양의 여신 아마테라스 오미카미가, 오른쪽 눈을 씻자 달의 신 츠쿠요미 노미코토가, 그리고 코를 씻자 폭풍의 신 스사노오 노미코토가 태어났습니다.

서로 다른 두 신의 만남으로 세상이 시작됩니다. 그 둘이 합체하여 새로운 생명들을 냅니다. 그 생명은 어떤 존재일 수도 있고 어떤 원소일 수도 있고, 어떤 정신일 수도 있습니다. 서로 다른 것들의 만남에서 새로운 것이 생긴다는 원리입니다. 같은 것들과의 만남에서는 더 이상 새로운 것이 나오지 않습니다. 이질적인 것들, 서로 다른 것들, 낯선 것들의 조합에서 새로운 것이 생겨납니다. 이런 이질적이거나 다른 것들을 하나로 합쳐주는 힘이 에로스입니다. 서로 다른 것들이 결합하여 거기서 나오는 모든 것은 새롭습니다. 그것은 추한 것일 수도 있고, 아름다운 것일 수도 있고, 악한 것일 수도, 유용한 것일 수도 있습니다. 무엇이든 에로스의 힘입니다. 사랑의 결과물이 반드시 긍정적인 것만은 아닙니다. 부정적일 수도 있으며, 소멸성일 수도 있습니다.

서로 낯설기 때문에, 서로 다르기 때문에, 서로 극이기 때문에 끌리게 하는 힘, 에로스의 조화입니다. 그 조화 속에는 갈등이 내재되어 있습니다. 그러니까 에로스 속에는 늘 부글거림이 내재되어 있습니다. 겉으로의 끌림과 내부의 부글거림, 그것이 에로스의 본질입니다.

:: 세 종류의 인간

그리스의 작가 아리스토파네스는 원래 남자와 여자는 한 몸이었는데 둘로 분리되었기 때문에 서로가 그리워하고 서로 사랑할 수밖에 없다고 했습니다. 아리스토파네스는 인간이 사랑할 수밖에 없는 이유를 이렇게 들려줍니다.

그에 의하면 원래 세 가지 종류의 인간이 있었습니다. 최초의 인간은 지금과 달리 두 사람이 한 몸을 이룬 존재였습니다. 남자와 남자가 붙어 있는 존재, 남자와 여자가 붙어 있는 존재, 여자와 여자가 붙어 있는 존재, 이렇게 세 종류였다는 것이지요. 지금의 인간 한 사람의 두 배이니 뒤에도 눈이 둘 달렸고, 팔은 넷이요, 다리도 넷입니다. 덕분에 앞뒤를 두루 볼 수 있었으며, 달릴 때는 팽그르르 돌면서 달리는데 그 속도도 지금의 인간하고는 비교할 수 없을 만큼 빨랐고, 힘도 무척 강해서 신도 마음대로 다루지 못했습니다.

그래서 제우스가 아폴론을 시켜 인간의 힘과 능력을 확 줄일 수 있게 반으로 쪼개도록 시켰답니다. 인간을 반으로 쪼개 피가 흐르자 아폴론은 상처 부위의 살을 늘려서 가운데에 묶어 붙였습니다. 그것이 지금의 배꼽이랍니다.

제우스는 쪼개진 인간의 목을 쪼개진 쪽으로 돌려놓았습니다. 원래 우리의 위치는 앞모습이 지금의 등이고 지금의 앞은 원래는 등이었습니다. 때문에 등은 주름 없이 깔끔한 반면 배 부분은 주름 때문에 쭈글쭈글하지요. 제우스가 그렇게 머리를 돌려놓은 이유는 오만을 떨다 신에게 벌을 받은 상처를 내려다보면서 겸손하게 살라는 의미랍니다.

그러고도 모자라 제우스는 반쪽 인간들을 휘휘 돌려 사방에 뿌렸습니다. 그 이후 인간은 힘과 능력이 확 줄어든 데다 반쪽을 찾으려고 세상을 헤매다보니 더는 신에게 대드는 일도 없어졌다고 합니다.

이렇게 쪼개진 인간, 나누어진 인간은 제 짝을 끊임없이 찾아헤맵니다. 평생을 찾아다니거나 반쪽을 찾는답시고 평생 제우스나 아프로디테처럼 방황하기도 합니다. 제 짝 찾기, 남과 남의 반쪽 찾기는 호모요, 여와 여의 반쪽 찾기는 레즈비언이요, 남과 여의 반쪽 찾기는 이성간의 사랑입니다. 이성간의 사랑은 유전성이 강한 반면 나머지 사랑은 번식이 불가능하나 면면히 이어져오기 때문에 그 사랑의 본능도 무시할 수 없습니다.

아리스토파네스의 인간을 주역으로 풀면 카오스는 무극이요, 하늘은 양, 땅은 음입니다. 남자와 남자의 만남은 양과 양의 결합이니 태양이요. 여자와 여자의 만남은 땅과 땅의 결합이니 태음이며, 남자와 여자의 만남은 남자는 하늘에 속한 양이고 여자는 땅에 속한 음이니, 하늘에 있으며 땅에 영향을 미치는 달이라 하겠습니다. 양으로만 이루어진 태양이 하늘, 음으로만 이루어진 태음인 지구, 위로는 양과 아래로는 음을 가진 달, 이 세 가지가 세상의 근본원리입니다.

그러니 우리는 사랑할 수밖에 없습니다. 음양의 원리가 깨지면 세상은 없어지고 말 테니까요.

중국의 창조신화도 이와 유사합니다.

태초에 혼돈은 달걀모양이었습니다. 이 알의 부위들이 음과 양으로 나뉘었습니다. 가벼운 부위들은 위로 떠올라 하늘과 창공이 되었으니, 이것이 남성의 본질인 양입니다. 반면 무거운 부위들은 아래로 가라앉아 땅과 바다가 되었으니, 이것이 여성의 본질인 음입니다. 이것이 분리될 때 엄청난 거인이 이 알에서 태어났으니 반고입니다.

하늘과 땅 사이에 있던 그는 하늘인 양과 땅인 음이 다시 붙을까봐 머리로 하늘을 받치고, 다리로 땅을 눌렀습니다. 그때부터 반고는 하루에 키가 한 길씩 자랐습니다. 그렇게 18,000년 동안 자란 반고는 죽었습니다. 그만큼 하늘과 땅의 사이도 벌어졌고요. 반고가 죽고 나서 그의 몸은 분해되었습니다.

그의 배 부분은 산이 되었습니다. 그의 두 눈은 각각 해와 달이 되었습니다. 그의 눈물은 강, 그의 숨결은 바람, 그의 뼈는 쇠붙이와 돌, 그의 정액은 진주, 그의 골수는 옥이 되었습니다.

이 반고 신화를 풀어 쓴 것이 중국의 문왕이 쓴 《주역》으로 기원전 850년의 일입니다. 이러한 관념은 폴리네시아의 창조신화에도 나타납니다. 이 신화에서도 우주 전체가 두 가지 본성을 띠고 있다고 합니다. 밝음, 낮, 하늘이라는 남성적 원리인 아오와 어둠, 밤, 대지라는 여성적 원리인 포입니다. 이 포의 어둠은 대지 또는 자궁처럼 안전하고 평화로운 생명의 거처를 말합니다. 이렇게 아오와 포를 구별하는 데서 창조가 시작되었답니다.

:: 금기란 금지된 욕망

세상은 에로스로 탄생했습니다. 때문에 세상의 모든 것, 그리고 세상만사는 에로스의 영향을 받습니다. 악이든 선이든, 아름다움이든 추함이든, 슬픔이든 기쁨이든, 불행이든 행운이든, 그 기저에는 에로스가 있습니다. 에로스의 본질은 선이며 미이며 행운이지만, 세상만사가 정도대로 돌아가지는 않습니다.

신은 사랑으로 천지를 창조했으나, 한 번 만든 창조물의 생성 하나하나를 간섭하지 않습니다. 때문에 세상에는 잡다한 일들, 때로는 불의가 정의를 이기고, 악이 선을 이기는 일들이 일어납니다.

이집트 신화에 아누비스라는 형과 바타라는 동생의 이야기가 있습니다. 아누비스의 아내는 사악한 여자로, 기회만 있으면 시동생 바타를 없애야겠다고 마음먹었습니다. 바타는 잘생기고 지혜롭고 아주 착했습니다.

어느 날 형제가 밭으로 일을 하러 나갔습니다. 그런데 아누비스가 밭에 뿌릴 씨앗을 집에 두고 와 바타한테 씨앗을 가져오라고 했습니다. 혼자 집으로 돌아온 바타에게 아누비스의 아내가 체격도 좋고 미남이라고 칭찬하며 팔을 잡아끌었습니다. 여자는 바타가 좀 늦게 밭으로 돌아가도 아누비스가 눈치 채지 못할 거라면서 정사를 갖자고

요구했습니다.

바타는 형수에게 그런 말을 듣고는 소름이 돋았습니다.

"형수님은 제게 엄마 같은 분이십니다. 아누비스 형은 아버지나 다름없고요. 그런데 형수님이 어떻게 그런 부정한 생각을 하신단 말입니까?"

바타는 집에서 씨앗을 가지고 뛰쳐나와 밭으로 달려갔습니다.

밭일을 마치고 아누비스가 집에 돌아왔습니다. 그런데 아내의 옷매무새가 어지러웠습니다. 그녀는 머리를 헝클어뜨리고 일부러 기름과 비계를 먹고는 구역질을 했습니다. 침상에 누워 흐느끼는 아내에게 아누비스가 이유를 물었습니다. 여자는 바타가 자기를 강간했다고 말했습니다.

"당신이 동생을 살려둔다면 난 자살해버릴 거예요."

아누비스는 화가 치밀고 속이 뒤집혔습니다. 그는 창을 들고 마구간 문 뒤에 숨어 바타가 돌아오기만을 기다렸습니다.

바타는 형에게 그 일에 대해 한마디도 하지 않았지만 형수가 거짓말을 하리라는 걸 알고 있었습니다. 그래서 집으로 돌아가면서도 경계를 늦추지 않았습니다. 마구간 가까이에 이르렀을 때, 그는 마구간 문 밑으로 아누비스의 발이 나와 있는 것을 보고, 형이 숨어서 자기를 기다리고 있다는 것을 알아차렸습니다. 바타는 도망쳤습니다. 마구간 문이 벌컥 열리더니 아누비스가 창을 들고 동생을 뒤쫓았습니다.

바타는 달리면서 태양신 라에게 자기를 보호해주고, 사악한 형수를 벌해 자기 누명을 벗겨달라고 기도했습니다. 아누비스가 바타를 거의 따라잡으려는 순간, 태양신이 그들 사이에 강물이 흐르게 했습

오라치오 젠틸레스키, 〈에로스와 프시케〉(1628~1630, 러시아 에르미타슈 미술관)

니다. 아누비스가 강을 건너지 못하도록 라는 강에다 수많은 악어를 풀어 놓았습니다. 바타는 강 건너편에서 안전하게 살아남았습니다.

바타가 형에게 소리쳤습니다.

“라께서 나를 지켜주시는 거예요. 라께서 모습을 드러내시는 동틀 녘까지 기다리세요. 그때가 되면 신들께서 누가 결백하고 누가 죄를 지었는지 밝혀주실 거예요.”

해 뜰 시각이 되었습니다. 바타는 집에서 있었던 일을 형에게 이야기했습니다. 아누비스는 그 얘기를 귀 기울여 들었습니다. 그런 다음 바타는 자신의 결백을 증명하고 라에게 제물을 바치기 위해 자신의 남근을 잘라 강물에 던졌습니다. 라를 모시는 신성한 물고기가 그것을 삼켰습니다.

바타는 피를 너무 많이 흘려 죽고 말았습니다. 아누비스는 비탄에 잠긴 채 집으로 돌아갔습니다. 그리고 사악한 아내를 죽여, 그 시체를 개들에게 먹이로 주고 말았습니다.

남자들이 아무리 친하다 해도 여자가 사이에 끼면 그 관계가 틀어질 수 있는 게 인간의 본질입니다. 근원적으로 오목과 볼록으로 탄생한 남녀 관계란 항시 서로의 끌림이 있습니다. 서로의 빈곳을 채우도록 되어 있기 때문입니다. 그런 것들을 방지하기 위해 금기라는 것이 생겼고, 금기는 항시 깨질 준비가 되어 있습니다. 금기는 우선 부모와 자식 간의 성교 금지를 시작으로 남매 간, 이어서 근친 간의 성교 금지로 확대되었습니다. 이를테면 금기란 없었던 것이 아니라 있었던 것의 부작용을 방지하기 위한 것입니다. 따라서 금지된 행위는 욕망입니다. 통행이 금지된 길일수록 더 가고 싶듯이, 금지된 욕망들은 더 크게 마음을 쑤십니다. 질투와 시기, 오해 같은 것들이 일어나는 이유도 거기에 있습니다.

:: 분리는 새로운 것을 창조한다

하나로 살자니 갈등이요, 분리해서 살자니 고생입니다. 분리의 결과는 어떤 열매를 가져다줄까요?

가이아와 우라노스는 결합과 분리를 거듭하면서 여러 신들을 낳습니다. 아들인 오케아노스, 히페리온, 코이오스, 크로노스, 이아페토스, 크레이오스, 딸들인 테티스, 테미스, 테이아, 포이베, 레아, 므네모시네. 이 여섯 명의 남신과 여섯 명의 여신이 티탄 정통신입니다. 열두 번의 결합과 열두 번의 분리가 있었다는 의미입니다. 이 갈등과 갈등 사이에 새로운 개체들, 서로 다른 개체들이 태어납니다.

그것이 지겨워서 가이아는 우라노스를 거부하고 싶습니다. 그런데 우라노스가 호락호락 물러서지 않습니다. 큰 갈등 끝에 가까스로 결합합니다. 그 결과 천지를 진동하는 천둥 브론테스, 그 신호로 무시무시한 번득임의 번개 스테로페스, 치명적인 뜨거움을 전달하는 벼락 아르게스, 이 세 쌍둥이가 나옵니다. 이들을 키클로페스라고 부릅니다.

그럼에도 둘은 영원히 분리되지 않습니다. 다시 극적인 화해를 하고 결합하였다가 극단적으로 찢어집니다. 거기서 헤카톤케이레스 삼형제가 나옵니다. 돌진하는 자 코토스, 팔을 함부로 놀리는 자 브리아레오스, 난폭한 자 아르게스입니다.

결합의 기쁨도 좋지만 갈등의 아픔이 더 크다는 느낌 때문에 가이아는 끝내 영원한 분리를 꿈꿉니다. 스키테라는 청동 낫을 아들 크로노스에게 들려주어 그 아들이 아버지 우라노스의 성기를 자릅니다. 하늘 우라노스와 대지 가이아는 완전히 양극으로 분리됩니다.

이제 하늘은 대지에 직접 결합할 수 없습니다. 하늘이 땅에서 완전히 뿌리 뽑혔기 때문입니다. 생산을 주도한 뿌리를 잃은 우라노스는 다시는 대지에 접근하지 못합니다. 그 대신에 우라노스는 위에서 아내 가이아를 내려다보며 그리워합니다.

그 그리움을 표현하니, 그것이 이슬입니다. 그것이 비입니다. 우라노스만 그런 게 아닙니다. 함께 있을 땐 번거롭고 귀찮았는데 멀리, 아주 멀리 닿을 수 없을 만큼 멀어지고 나니 그립습니다. 그 그리움의 감정을 우라노스를 향해 올려보냅니다. 계곡에서 안개가 피어오르고, 호수나 강에서 물안개가 피어오릅니다. 가이아의 뽀얀 숨결들이 이처럼 대지 곳곳에서 그리움을 품고 우라노스를 향해 오릅니다.

우라노스의 그리움과 가이아의 그리움이 중간에서 만나 비가 됩니다. 그 비가 우라노스의 뿌리를 대신하여 가이아를 적셔줍니다. 그렇게 촉촉이 젖은 가이아의 몸에서 새로운 생명들이 탄생합니다. 식물의 탄생입니다.

가이아와 우라노스의 만남이 인간 남자와 여자의 만남의 원리요 속성입니다. 그리움이 좋은 건지, 뜨거운 분리와 결합이 좋은 건지, 인간은 드디어 힘을 잃은 뿌리를 뽑힐 때, 받아들일 수 없는 메마른 몸이 되었을 때, 더 촉촉하고 정감어린 사랑을 나눌 수 있습니다. 서로의 극이 무뎌진 탓이든 덕이든 말입니다. 이와 유사한 신화로 뉴질

랜드 마오리족의 신화를 들 수 있습니다.

아버지 신 랑기와 어머니 신 파파가 어둠 속에서 꼭 껴안고 있었습니다. 그들의 품 안에 있던 아이들은 항상 암흑 속에 있을 수밖에 없었습니다. 그들은 랑기와 파파의 이야기를 듣다가 그들의 대화 속에 등장하는 암흑과 광명이 무엇인지 궁금했습니다. 늘 암흑 속에 있으니 그 차이를 이해할 수 없었으니까요.

그래서 아이들은 부모를 죽일까, 아니면 둘 사이를 떼어놓을까 고민했습니다. 가장 흉포한 아들 투마타우엥가는 부모를 죽이자고 주장했습니다. 온순한 아들 숲의 신 타네마후타는 죽이지는 말고 떼어놓자고 했습니다.

"두 사람을 헤어지게 하자. 아버지 하늘은 우리들 위에 올려놓고, 어머니 대지는 우리 발밑에 두는 거야. 그러면 우리는 하늘과는 타인이 되는 거고, 어머니인 대지는 가까이 지내면서 양모로 두는 거지."

아이들은 타네마후타의 의견대로 하기로 하고 힘을 합해 둘 사이, 즉 하늘과 대지 사이를 벌리려 했으나 소용없었습니다. 하다하다 안 되자 타네마후타가 손으로 떼어내려 했으나 역시 실패였습니다. 이번에는 머리를 어머니 대지의 품에다 확실히 묻고, 물구나무서듯이 다리를 올려 아버지 하늘에 걸었습니다. 그리고 온 힘을 다해 등과 사지를 긴장시켰습니다. 그의 힘에 의해 결국 랑기와 파파는 떨어졌습니다. 슬픔에 찬 랑기가 말했습니다.

"너희들은 왜 부모를 죽이려느냐? 부모를 서로 헤어지게 하는 끔찍한 죄를 짓느냐?"

그럼에도 숲의 신 타네마후타는 파파를 아득히 먼 아래로 밀어내렸고, 아득히 먼 위로 랑기를 밀어올렸습니다.

형제들의 의견에 반대했던 폭풍의 신 타휘리마테아가 아버지 랑기의 도움을 받아 형제들을 제압하려 했습니다. 그러나 투마타우엥가와 타네마후타는 대지의 가슴에 머리를 묻고 꿈쩍도 하지 않았습니다. 결국 랑기와 파파는 분노를 진정시켰습니다. 그제야 둘 사이에 숨어 있던 인간들이 지상으로 나와 번식을 시작했습니다.

랑기를 떠나보낸 아내 파파는 랑기를 향한 따뜻한 그리움의 숨결을 내뿜습니다. 그 숨결은 산이나 계곡에서 올라갑니다. 그것을 내려다보고 있어야만 하는 랑기는 이별을 한탄하며, 가끔 그리움의 눈물을 그녀의 가슴에 떨어뜨립니다. 이슬방울입니다.

이 신화에서도 역시 랑기와 파파, 남과 여가 하나로 있다가 분리됩니다. 분리되면서 그 안에 드러나지 않았던 것이 드러납니다. 이 신화는 우리 삶에서 아버지가 때로는 사랑방 손님처럼, 때로는 타인처럼 먼 이유도 설명합니다.

숲의 신이 머리를 대지에 박고 있다는 것은 식물의 머리는 대지에 박고 있어야만 태풍에도 견딘다는 것을 설명합니다. 식물이든 동물이든 중요한 것은 머리입니다. 그래서 식물과 신은 그 머리를 가장 안전하게 대지에 박고 있습니다. 그런데 동물과 인간은 그 머리를 빼어 이동합니다. 그러니까 인간과 동물은 보다 불안한 생활을 합니다. 그나마 동물들은 대지에서 머리를 빼고 이동한다 해도 주로 머무는 곳이 땅 속이나 동굴 속이므로 인간보다 안전합니다.

하늘과 땅의 아주 극한 축소가 남자와 여자이며, 남자와 여자의 지극한 극대화가 천지의 원리이자 음양의 원리입니다. 흔히 인간은 소우주라고 합니다. 인간을 아주 극대화하면 대지 그 자체입니다. 인간에겐 오장육부가 있고, 지구엔 오대양육대주가 있습니다. 지구엔 수많은 갈등과 물길이 온 대지에 얽히고설켜 있습니다. 인간에겐 대동맥과 대정맥이 있으며, 그보다 작은 핏줄들이 있고, 실핏줄이 온 몸을 누비고 있습니다.

새로운 것들의 발견, 또는 새로운 것들의 탄생을 가능하게 하는 것은 분리입니다. 창조의 필수불가결은 분리의 결과입니다. 그렇게 하나였던 것이 분리되면 하나로 있을 때 혼란스러웠든 갈등을 했든 그리워지는 법입니다. 하늘과 땅의 분리, 그것이 남과 여의 근원적 하나이면서 분리의 원리를 설명해주고 있습니다.

:: 하르모니아, 단순한 남과 복잡한 여의 조화

폴리네시아 창조신화의 창조주 쿠는 "포에서 태어난 것들은 포이고, 아오에서 태어난 것은 아오다."라고 선언합니다. 이렇게 양쪽으로 구별되면서 혼돈의 상태가 끝나고 천지가 탄생합니다. 양성은 혼돈의 상태에서 뚜렷이 구별되어 나왔습니다. 근본 속성은 같았으나 성질이 다른 둘로 갈라짐, 그것이 양과 음, 남과 여의 원리입니다

그럼에도 같은 혼돈에서 나왔기 때문에 다시 합치려는 본성이 지배합니다. 이 본성의 부름이 에로스입니다. 우리말로 사랑입니다. 이 사랑이 서로를 부릅니다. 이 부름에서 그리움이 나옵니다. 보고픔이 나옵니다. 그래서 만납니다.

양과 음의 합일입니다. 하나로 합쳐지는 기쁨입니다. 돌출된 부분과 그에 맞게 움푹한 부분의 맞춤입니다. 조각 퍼즐이 짝을 제대로 찾아 맞추듯이, 맞고 나면 거기서 생겨나는 희열, 그것이 사랑의 힘입니다. 그렇게 남녀는 하나이고 싶습니다. 양이 흘러 음으로 섞이고, 음이 흘러 양에 섞입니다. 그 합일이 쾌락을 불러오고 오르가즘을 불러옵니다.

이질적인 것의 합일은 멋지고 아름답습니다. 유유상종보다 더 쾌감이 있습니다. 그러나 그것이 온전하지 않다는 것은 서로 다른 성질을 갖고 있기 때문입니다. 즉 혼돈이기 때문입니다. 혼돈에서 나온

것이 남성적 원리와 여성적 원리인데, 이 두 원리가 하나가 되면 필연적으로 다시 혼돈입니다. 피상적인 이 조화는 둥그스름한 활처럼 원만하긴 하나 그 내부는 끓고 있습니다. 가벼움과 무거움, 밝음과 어두움, 유동성과 정태성, 공격성과 수동성이 대립하고 있습니다. 이렇게 내적 부조화는 늘 분리의 개연성을 내포하고 있습니다. 이것이 남녀관계의 불안정성이라고 할 수 있습니다.

항상 원래의 성질을 찾아 밝히려는, '나는 너와 다르다'는 것을 표출하려는 힘의 분리, 즉 에리스요 불화입니다. 그리스신화의 신 에리스가 바로 불화의 여신입니다. 이는 '너의 권리를 찾으라', '진정한 너를 찾으라'고 내면에 외칩니다.

분리와 만남, 만남과 분리, 이처럼 반복되는 것이 우주의 원리요 창조의 원리입니다. 인간 역시 이 창조원리의 DNA를 고스란히 안고 있으니, 남자와 여자가 결합하려는 본성, 다시 나누어지려는 본성이 그것입니다. 분리는 조화를 요구하고 조화는 혼돈을 부릅니다. 혼돈은 다시 분리를 요구합니다. 이것이 음양의 원리요 남녀의 근본 논리입니다. 그러니 우리는 사랑할 수 있으며 미워할 수 있습니다.

그리스신화 역시 처음 신은 혼돈입니다. 그리고 가이아는 두 성을 한 몸에 갖고 있었습니다. 가이아는 여자인 대지인데 그 몸 중심엔 남성신인 타르타로스가 있었습니다. 타르타로스는 자궁입니다. 여성의 중심에 있는 자궁은 남성이라는 의미입니다. 남성과 여성 둘 다를 가진 것이 그리스어로 헤테로(hetero)입니다.

바호펜은 이 가이아 시대를 야만의 단계로 봅니다. 남녀 구별 없이 한 몸에 남녀가 함께한 상태, 그것이 혼돈입니다. 인류 최초의 단계인 이때를 그는 헤타이리즘(hetairism), 즉 혼란 상태로 불렀습니다. 성적으로 몹시 혼란한 시기로, 아이들이 어떻게 태어나는지도 모릅니다. 그냥 우연히 여자의 몸에서 아이가 나옵니다. 그러니 아이들이 아버지를 알 턱이 없습니다. 여자들은 무방비로 힘센 남자들에 의해 강간을 당하기도 합니다. 그러나 그 일 때문에 아이가 생겨도 그것의 원리는 모릅니다. 그것이 혼돈입니다. 남녀의 정체성 구별, 인류는 거기서 걸어왔습니다.

남녀의 결합, 이질적인 결합에서 새로운 개체의 탄생을 이해하면서 뚜렷한 양극을 경험하는 것입니다. 그러면서 분리와 결합을 반복합니다. 원래부터 다름은 뒤섞여 있을 때 가장 완전한 형태였다고 일깨우며 자제를 요구하는 내면의 충동이 있습니다. 그것이 조화입니다. 애욕의 여신 아프로디테와 전쟁의 신 아레스 사이에서 탄생한 신 하르모니아가 바로 조화의 신입니다. 둘 사이에서 태어난 사랑의 신 에로스와 사랑의 응답의 신 안테로스는 음과 양의 만남을 추구하는 신들입니다. 반면 걱정의 신 데이모스와 공포의 신 포보스는 음과 양의 만남을 깨뜨리려는, 분리하려는 신들입니다. 이렇게 만남과 분리의 갈등을 봉합하기 위해 막내로 태어난 신이 다름 아닌 하르모니아입니다.

:: 남자와 여자의 원초적 고향

대부분의 창조신화에서 천지창조의 궁극적인 신은 여성이 많습니다. 우주 전체를 여성의 몸이라고 한다면 천지만물이 솟아나는 장소는 모든 존재의 궁극적 고향인 자궁입니다. 이 자궁을 흔히 혼돈으로 표현합니다. 물이 있고 어둠이 있는 곳입니다. 빛이 없으나 가장 안전하고 편안한 곳, 만물의 원초적 고향입니다.

그런데 인류 창조신화로 내려오면 최초의 인간은 남자입니다. 남신이 만든 인간입니다. 이는 가부장제 문화의 산물이라 할 수 있습니다.

신화는 미개한 인간, 원시인들의 세계에서 구전되었습니다. 기록 이전인 선사시대에 만들어졌습니다. 혼재된 상태로 이런저런 이야기가 떠돌았습니다. 구전이었습니다.

기록의 시대로 접어듭니다. 역사시대입니다. 역사 시대엔 신화가 만들어질 수 없습니다. 기록은 사실을 다루기 때문입니다.

기록 이전엔 소위 지어낸 이야기들이 만연합니다. 표현할 방법이 없던 사람들이 기억한 것들을 전달합니다. 때로 왜곡되기도 하고 덧붙여지기도 합니다. 그렇게 생성된 이야기들이 신화입니다. 그런데 기록이 시작되면서는 그것들이 고스란히 전달됩니다. 그러니까 덧붙이거나 지어내는 데 한계가 있습니다. 문헌에 의지하는 시대에 더 이상 신화가 생기지 않는 이유입니다. 구전된 이야기, 선사시대에 생성된 신화들이 편집되거나 해석될 뿐입니다.

기록의 시대, 역사시대를 지배한 건 남성들입니다. 이에 따라 모든 신화는 남성의 관점에서 해석되었습니다. 최초의 인간은 남자일 수밖에 없었고, 모든 신화의 중심도 남성일 수밖에 없었습니다. 물론 모든 사회제도, 관습도 남성 중심이었습니다. 만일 여성 중심 사회였다면 최초의 인간은 이브일 수도 있었을 것입니다.

이런 근원적 이유로 남성은 여성의 자궁으로의 회귀를 꿈꿉니다. 그래서 늘 여성의 자궁을 궁금해 합니다. 그곳이 가장 안전한 장소요, 원초의 에덴과도 같기 때문입니다. 물속에서 물고기들이 훤히 볼 것을 보고 살듯이, 여성의 자궁을 암흑으로 사는 것은 주행성 존재들에게만 해당할 뿐입니다. 야행성 존재들은 오히려 어둠 속에서 보다 잘 봅니다.

남성은 매일 수억의 정자를 생성하지만 정자는 사흘을 넘기지 못하고 사멸합니다. 그 자리에 또 수억의 정자가 생성됩니다. 끝없는 생성과 사멸의 반복, 남성은 무의식적으로 생각합니다. 사멸하게 버려둘 바에 그 정자들을 여성의 몸속에 심고 싶습니다. 그 심리가 남성의 공격성을 일으킵니다.

반면 여성은 평생 쓰기에 충분하지만 처음에 갖고 나온 난자 이외에 생산을 하지 못합니다. 심리적으로 더는 생산하지 못한다는 무의식이 성의 수동성을 만듭니다.

남성이 배출한 정자는 난자를 만나기 위해 길고 먼 여정을 떠납니다. 질의 길이가 25센티미터라 가정하면 정자에겐 너무 멉니다. 분당 3밀리미터밖에 이동하지 못하니 무사히 난자에게 도착하려면 한 시간 반은 족히 걸려야 합니다. 그것도 아주 건강한 최성능의 정자가 그렇습니다. 이 어려운 여정에서 보다 용이하게 난자에게 접근하려는 시도가 교미입니다. 교미를 통해 이 거리를 절반 가까이 줄일 수 있으니까요.

이런 신체 구조적 특성이 알게 모르게 남성과 여성 속에 잠재의식으로 자리 잡습니다. 남성은 무수한 씨앗을 어떻게든 심으려는 양에 관심을 갖습니다. 하여 공격적으로 여성에게 접근합니다. 반면 여성은 그중 하나만 선택해야 합니다. 그러다 보니 질을 따질 수밖에 없습니다. 따라서 남성은 양을, 여성은 질을 중시합니다.

인간과 다른 존재들은 그 선택 기준이 간단합니다. 매미는 노래로, 벌은 날아오르는 힘으로, 사슴은 아름다운 뿔로, 공작은 멋진 깃으로 선택합니다. 포유동물은 힘센 놈으로 선택합니다. 남성의 영원한 고향인 여성은 원초적인 향수로 남성을 유혹합니다. 어머니의 양수 속에 있었을 때의 안락함, 완전한 삶의 조건이 구비된 곳, 원초적 본능에서 나온 남성은 여성의 자궁을 그리워합니다.

세상 밖으로 나왔으나 아직 이성을 인식하지 못한 남성은 에덴동산에 있는 인간과 같습니다. 유아기입니다. 배가 고프면 모유가 주어집니다. 배설하면 깨끗하게 닦입니다. 손 하나 까딱 없이 모든 삶의 문제가 해결됩니다. 울거나 몸짓으로 신호를 보내면 자신의 수고 없이 모든 문제가 해결됩니다. 이렇게 생긴 자아를 쾌락적 자아라고 프로이트는 부릅니다.

어머니와 일체감을 느끼던 존재가 분리를 시도합니다. 인식의 단계입니다. 에덴에서 나오려는 움직임입니다. 부끄러움을 압니다. 자신과 다른 존재의 인식, 이때부터 쾌락적 자아는 외부의 영향을 받으며 금지된 욕구와 갈등을 겪습니다. 여기에 적응하면서 생긴 자아가 현실적 자아입니다. 그럼에도 남아 있는 쾌락 원칙은 현실 활동과 갈등을 일으킵니다. 그러나 그 쾌락의 원칙이 서서히 무너짐을 느낍니다. 어머니의 자궁 속 세상에서의 완전한 쾌락, 유아기 때 주어졌던 쾌락, 그 완전하고 고통 없는 욕구의 충족이 이제는 어렵다는 것을 인식합니다. 그것에 매달린 현실적 자아는 세상에 적응합니다.

하지만 그 쾌락도 피상적으로는 나타나지 않으나 무의식에 침전됩니다. 그러니까 삶이 힘겨울수록 그 시절이 그리워집니다. 그것을 퇴행현상이라고 말합니다. 달리 말하면 원초적인 향수의 발로라 할 수 있습니다. 사회생활을 하다가 막다른 골목으로 몰려 어려울수록, 죽음의 위협에 접할수록 성적인 퇴행, 성욕을 느끼는 이유가 그것입니다. 다른 말로 현실도피라 할 수도 있습니다. 아무리 피해도 피할 수는 없지만 성욕의 충족으로 순간이나마 그 상황에서 해방될 수 있기 때문입니다. 그렇게 일시적인 해방이 주는 만족, 거기에서 남성은 위안을 얻습니다. 그것이 중독현상으로 이어질 수도 있습니다.

여성은 남성의 원초적 고향의 상징입니다. 남성이 최후의 승자일 수 없는 이유입니다. 역사는 남성이 쓰는 것 같지만 실제로 여자의 치맛바람의 영향을 받습니다. 세상의 바람 중에 가장 강력한 바람이 여자의 치맛바람입니다.

문명화가 지속될수록 사람들의 불안과 초조는 더욱 커질 것입니다. 그럴수록 남성들은 점차 더 원초적인 고향인 여성을 그리워할 테고요. 점차 사회가 남성 중심에서 여성 중심으로 옮겨가는 이유입니다.

이처럼 신화는 아주 원시적인 과거의 이야기를 넘어 현재를 설명합니다. 그리고 미래를 바라보는 눈을 열어줍니다.

:: 존재의 참을 수 없는 바람기

사랑의 신 아프로디테의 주변에 꽃이 피게 한 신은 바람의 신 제피로스, 즉 감미롭고 부드러운 바람, 서풍입니다. 프시케를 안아 에로스에게 데려다준 신 역시 제피로스입니다. 사랑은 마음에서 일어나긴 하지만 그 마음을 부추기는 것은 밖에서 부는 바람이란 의미입니다.

이처럼 바람은 사랑을 불러일으키는 역할을 합니다. 사람은 분위기를 잘 타는 감정의 동물이라 바람의 영향을 많이 받습니다. 그래서 제 짝을 놓아두고 남몰래 다른 이성을 사귀는 것도 바람이라 부릅니다. 바람의 속성은 어디서 불어서 어디로 갈지 모릅니다. 끝없이 일어나고 싶은 욕망을 가진 불륜처럼, 분명 있으나 실체는 보이지 않는 바람, 바람과 불륜은 유사성이 있습니다.

잘생긴 얼굴과 남자다운 탄탄한 몸매와 박력까지 있어 모든 여성의 이상형으로 꼽힐 만한 케팔로스라는 젊은이가 있었습니다. 그는 사냥에 심취하여 매일 해가 뜨기도 전부터 사냥을 나서곤 했습니다.

그러던 어느 날, 새벽의 여신 에오스가 지상에 얼굴을 내밀고 세상을 내려다보았습니다. 여신은 이 젊은이를 보자마자 첫눈에 반했습니다. 사랑에 빠진 에오스는 자신의 감정을 억누르지 못하고 케팔로스를 납치했습니다.

하지만 신혼의 단꿈에 젖어 있던 케팔로스의 눈에 다른 여자가 들어올 리 없었습니다. 그에게는 누구와도 견줄 수 없을 만큼 아름다운 아내가 있었습니다. 프로크리스라는 이름의 그녀를 케팔로스는 끔찍이도 사랑하고 있었습니다.

프로크리스는 사냥의 여신 아르테미스의 각별한 사랑을 받았습니다. 아르테미스는 프로크리스에게 아주 소중한 두 가지를 선물했는데, 어떤 동물보다도 빨리 달리는 개 한 마리와 어떠한 표적이든 백발백중 맞추는 투창이었습니다. 프로크리스는 여신에게 받은 두 가지 선물을 남편 케팔로스에게 선물했습니다. 케팔로스는 그녀에게 받은 투창을 들고 개를 데리고 다니며 사냥을 즐겼습니다. 두 사람은 무척 다정했으며, 서로가 깊은 사랑을 나누었습니다.

그런 차에 에오스가 그를 납치한 것이었습니다. 에오스는 그를 달래도 보고 협박도 해보았지만 아무 소용없었습니다. 질투를 느낀 에오스는 화가 나서 그를 저주하며 욕을 퍼부었습니다.

"어서 꺼져버려. 이 배은망덕한 놈아! 가서 네 마누라나 잘 모셔라. 언젠가 네 놈이 마누라한테 돌아간 걸 후회하며 땅을 치게 만들고 말 것이야."

에오스에게서 풀려난 케팔로스는 사랑하는 아내를 보고픈 마음에 서둘러 집으로 돌아갔습니다. 그리고는 전과 다름없이 아내를 사랑하면서 평온한 일상을 보냈습니다.

어느 날 아침, 그는 여느 때와 마찬가지로 숲속을 뛰어다니며 사냥을 즐겼습니다. 어떤 사냥감이든 그가 던지는 창이 여지없이 명중했기에 케팔로스는 사냥이 너무 즐거웠습니다. 그렇게 사냥에 푹 빠져

니콜라 푸생, 〈케팔로스와 에오스〉(1630년경, 영국 런던 내셔널갤러리)

돌아다니다 보면 쉬이 몸이 지쳤습니다. 그럴 때면 냇가를 찾아가서 물 한 모금 마시고는 근처 나무 그늘에 누워 서늘한 바람에 몸을 식히곤 했습니다. 그는 바람과 다정하게 이야기라도 나누는 듯 하늘을 향해 이렇게 외쳤습니다.

"감미로운 바람아! 어서 와서 내 가슴에 부채질을 해주렴. 이리 와서 내 몸에 가득한 열을 식혀주렴."

그는 그날도 평소처럼 바람에게 속삭이며 누워 있었습니다. 그런데 근처를 지나가던 사람이 케팔로스가 말하는 소리를 듣고는 그가 아내가 아닌 바람이라는 이름의 여자와 사랑을 나누는 것으로 오해했습니다. 이 비밀스러운 일을 혼자 알고 있기에는 입이 근질거려 참을 수가 없었습니다. 그는 결국 케팔로스의 아내 프로크리스에게 가서 그대로 전했습니다.

그토록 믿었던 남편에게 다른 여자가 있다는 이야기를 들은 프로크리스는 너무나 기가 막혀 기절하고 말았습니다. 한참 만에 깨어난 그녀는 도저히 그 사실을 믿을 수가 없었습니다. 그동안 사냥하러 다닌답시고 하루 종일 나가 있는 남편이 의심스러웠지만, 한편으로는 언제나 자신에게 헌신하는 남편이 설마 그랬을까 하는 생각도 들었습니다. 자기 눈으로 남편의 불륜 현장을 직접 보지 않고서는 의심을 풀기 힘들 것 같았습니다.

저녁에 남편이 돌아왔는데도 그녀는 아무런 내색도 하지 않았습니다. 프로크리스는 가슴을 졸이며 다음날 아침이 오기만을 기다렸습니다. 아침이 되자 케팔로스는 여전히 사냥을 나갔습니다. 그녀는 몰래 그의 뒤를 쫓았습니다. 그리고는 그녀에게 이야기를 전해주었던 사람이 알려준 장소에 가서 몸을 숨기고는 그가 나타나기를 기다렸습니다. 그동안 프로크리스의 머릿속에는 여러 생각들이 교차했습니다. 그가 정말로 바람이라는 여자와 사랑에 빠졌다면 앞으로의 자기 신세를 생각만 해도 숨이 막혔습니다.

얼마나 기다렸을까, 케팔로스는 사냥에 지치자 늘 하던 대로 냇가의 나무 그늘 아래 벌렁 드러누웠습니다. 그리고는 이내 그녀가 전해 들었던 것과 똑같은 내용의 속삭임이 바람을 타고 프로크리스의 귓가에 들렸습니다.

"감미로운 바람아! 어서 와서 내 가슴에 부채질을 해주렴. 내가 너를 얼마나 사랑하는지 너는 알까? 네가 있기 때문에 나의 외로운 산보도 즐겁단다."

그가 그렇게 바람과 속삭이고 있을 때, 갑자기 숲속에서 무언가 흐느끼는 듯한 소리가 어렴풋이 들려왔습니다. 순간 케팔로스는 들짐승이겠거니 생각하고는 소리 나는 곳을 향해서 창을 힘껏 던졌습니다. 알 수 없는 외마디 소리가 들려오자, 그는 자신이 던진 창이 표적을 정확히 맞혔다는 것을 알고는 기쁨에 차서 그곳으로 달려갔습니다.

하지만 그가 마주한 광경은 너무나 처참했습니다. 그가 그토록 사랑하는 아내 프로크리스가 피를 흘리면서 그가 던진 창을 있는 힘을 다해 빼내려 애쓰고 있었습니다. 그녀가 남편에게 선물로 주었던 그 창에 자신이 찔리고 말다니! 할 말을 잃은 케팔로스는 잠시 멍하니 있다가 그녀를 안아 일으켜 피를 멎게 하려고 애를 썼습니다.

"정신 차려. 나를 두고 죽으면 안 돼. 당신이 없으면 나는 어떻게 해. 내가 당신을 찌르다니. 제발 죽지는 말아줘."

그가 울부짖으며 그녀를 흔들어대자, 그녀는 겨우 눈을 뜨고 간신히 마지막 말을 전했습니다.

"여보, 당신이 나를 사랑한다면, 만일 내가 당신의 사랑을 받을 만한 가치가 있다면, 제발 내 마지막 소원을 들어줘요. 제발 그 얄미운 바람이라는 여자와는 결혼하지 말아요."

그제야 케팔로스는 그간 일어난 일의 내막을 알게 되었습니다. 하지만 이제 아무 소용없는 일이었습니다. '바람이란 말을 여자로 알아듣다니! 사랑하는 아내에게 받은 소중한 선물로 하필이면 그녀를 죽이다니!' 그는 바람에 흔들리는 호롱불처럼 아스라한 그녀의 목숨 앞에서, 자기가 속삭였던 말을 아내가 오해했음을 설명해주었습니다. 그녀는 사랑이 가득 담긴 얼굴로 남편을 물끄러미 바라보다가 조용히 눈을 감았습니다.

아내 외의 다른 여자와 속삭이는 사람을 바람난 사람이라고 한 말이 신화에서 시작된 게 아니었을까요?

그리스신화에는 바람의 종류가 세 가지 있습니다. 습하고 더운 바람 노토스는 남풍, 머리를 풀어헤친 털투성이에다 성질이 난폭한 보레아스는 북풍, 부드럽고 감미롭게 산들산들 불어오는 제피로스는 서풍입니다. 그리고 이 신들의 어머니는 에오스로 새벽의 신이요, 아버지는 아스트라이오스입니다. 에오스 역시 치마를 펄럭이며 날마다 가장 먼저 인간 세상에 와서 어둠의 장막을 엽니다. 그리고 바람기가 다분하여 수시로 젊은 남자들을 유혹하여 연애를 즐깁니다.

바람, 그 방향은 알기 어렵습니다. 어디서 불기 시작할지, 어디로 불어갈지 알 수 없는 바람, 아무 소식도 없다가 이유도 모르게 이는 바람, 내 짝을 두고 다른 사랑을 찾는 바람은 서로 닮았습니다.

:: 방향을 알 수 없는 바람기

올림포스 여신 중에서 최고의 멋쟁이는 새벽의 여신 에오스입니다. 에오스는 쌍두마차를 타고 매일 새벽마다 하늘을 가릅니다. 오빠 헬리오스가 붉은 태양마차를 운전하여 하늘로 떠오를 때면 그녀는 장밋빛 붉은 손가락으로 밤의 장막을 거두어들이고 그 자리에 꽃을 뿌립니다. 꽃과 함께 하늘에 나부끼는 그녀의 옷자락은 멋진 장관을 연출합니다. 에오스의 마차는 눈이 부실 정도로 밝은 빛을 내뿜는 파에톤과 람포스라는 두 말이 끕니다.

에오스는 티탄 신족(神族)인 히페리온과 테이아의 딸로, 아버지 히페리온은 태양을 다스리는 신이었습니다. 아버지의 뒤를 이어 에오스의 오빠 헬리오스가 태양을 맡았고, 여동생 셀레네는 달을 운행했습니다. 에오스가 치맛자락을 흔들어 어둠의 장막을 거두어들이고 새벽을 열면, 잠시 후에 헬리오스가 황금 말 네 마리가 끄는 불의 수레를 타고 동쪽에서 서쪽으로 하늘을 가로지릅니다. 그리고 헬리오스가 지나간 자리를 셀레네가 뒤이어 따라가며 밤의 장막을 칩니다.

세 남매는 서로 경쟁이라도 하듯이 셀 수 없이 많은 상대와 연애를 해 온갖 추문들이 끊이지 않습니다. 이 셋 가운데서도 에오스의 남성 편력은 따라올 자가 없습니다.

에오스는 사랑의 진정한 의미를 깨닫기도 전에 그저 육체적인 욕망만을 채우기에 급급합니다. 그녀의 첫 남편은 티탄 신족인 아스트라이오스로 이 둘은 밤낮 없이 격정적인 사랑을 나누었습니다. 이들 사이에서 네 명의 아이들이 태어나 바람과 별을 주관하는 신이 되었습니다. 제피로스는 서풍을, 노토스는 남풍을, 보레아스는 북풍을, 헤스페로스는 저녁별을 다스렸습니다.

세월이 흐르자 그녀는 남편을 향한 사랑이, 아니 들끓던 욕망이 점점 사그라지는 것을 느꼈습니다. 그래서 그녀는 젊고 아름다운 남자들을 찾아다니기 시작했습니다. 그러던 중에 풍요의 여신 아프로디테의 연인이었던 군신 아레스와 연애를 시작했습니다. 이를 안 아프로디테는 분노를 참지 못하고 에오스에게 저주를 내렸습니다. 그녀와 사랑을 나눈 모든 인간 남자들의 목숨을 앗아가 버리는 저주였습니다.

그럼에도 에오스의 남성 편력은 멈추지 않았습니다. 그녀는 아름다운 청년을 만날 때마다 그를 유혹해 잠자리를 가졌으며, 그때마다 아프로디테는 그들을 찾아내어 목숨을 빼앗았습니다. 한때 사랑을 나누었던 이들의 죽음에도 아랑곳하지 않고 에오스는 새로운 상대를 찾아나섰습니다.

타오르는 욕망을 잠재우지 못하고 방황하던 에오스에게도 어느 날 진실한 사랑이 찾아왔습니다. 상대는 티토노스라는 이름의 청년으로 트로이의 왕 라오메돈의 아들이었습니다. 티토노스를 향한 에오스의 사랑은 점점 깊어져 늘 그의 모습을 떠올렸습니다. 자신과 사랑을 나눈 남자는 모두 죽는다는 사실을 잘 알고 있었던지라, 에오스는 사랑이 깊어질수록 이러지도 저러지도 못하고 애만 태웠습니다.

아무리 그렇다 해도 그를 품에 안지 않고는 못 견딜 것 같아 에오스는 그를 일단 납치하기로 했습니다.

그 어떤 날보다도 신경 써서 곱게 차려입은 에오스는 쌍두마차를 타고 티토노스에게 접근했습니다. 티토노스는 에오스의 아름다운 외모도 그렇지만 무엇보다 화려한 쌍두마차에 이끌려 그녀에게 관심을 보였습니다. 에오스는 부드럽고 감미로운 목소리로 말을 건넸습니다.

"티토노스, 그렇게 머뭇거리지 말고 마차에 타요. 저 아름다운 하늘을 가르며 잠시 산책이나 하는 건 어때요?"

그녀는 머뭇거리는 그에게 다가가 얼른 팔을 잡아당겼습니다. 티토노스는 못 이기는 체하며 마차에 올랐습니다. 티토노스가 올라타자 그녀는 빠른 속도로 마차를 몰아 하늘을 향해 내달렸습니다. 한참을 달려 어디인지 가늠할 수 없을 만큼 먼 곳으로 그를 데려간 에오스는 드디어 마차를 멈추고는 잠시 쉬었다 가자면서 그를 유혹했습니다. 그렇게 시작된 둘의 사랑은 점점 깊어갔습니다.

진정으로 사랑하는 이와 환희에 가득 찬 밤을 보낸 에오스는 다음 날 티토노스와 함께 올림포스의 최고신 제우스에게 찾아갔습니다. 그리고는 간절히 요청했습니다.

"제우스님! 저는 이 남자를 정말로 사랑해요. 제발 아프로디테의 저주에서 벗어나 이 남자가 우리처럼 영원히 살 수 있도록 해주세요."

그녀의 거듭되는 청에 못 이긴 제우스는 티토노스에게 영원한 삶을 허락했습니다. 사랑하는 이를 얻은 에오스, 사랑하는 티토노스를 영생불사의 몸으로 만든 그녀는 행복한 나날들을 보냈습니다.

세월이 흐르면서 티토노스에게 점점 변화가 일어났습니다. 그는 다른 사람들처럼 늙기 시작했습니다. 아뿔싸, 제우스에게 영원한 생명을 허락해 달라고만 했지, 영원한 젊음은 미처 부탁하지 않았던 것입니다. 티토노스가 늙어가자 에오스의 마음은 너무도 아팠습니다. 그녀는 진심으로 티토노스를 사랑하고 있었습니다. 지난날 그토록 아름다웠던 티토노스의 모습을 떠올리며 빙그레 미소를 짓다가도, 막상 눈을 뜨면 주름 가득한 티토노스의 모습에 눈물을 흘렸습니다.

티토노스가 늙어가면서 그녀의 사랑도 점점 식어갔습니다. 결국 그의 머리가 백발이 되자 그녀는 그와 더 이상 사랑을 나눌 수 없었습니다. 마침내 에오스는 그를 침실에 가두고는 음식으로 꿀만 내주며 홀로 외롭게 내버려두었습니다. 티토노스는 나중에는 몸을 가눌 수 없을 정도로 쇠약해졌습니다. 자신의 처지가 서글펐던 티토노스는 계속 혼잣말을 지껄였습니다. 그런 그를 더 이상 볼 수 없었던 에오스는 급기야 티토노스를 매미로 만들어버렸습니다.

다시 혼자가 된 에오스는 매일 새벽마다 어둠의 장막을 걷는 일을 하면서 새로운 상대를 찾아나섰습니다. 그녀의 바람기는 계속 되었습니다. 그러다 그녀는 오리온을 만났습니다.

우람한 체격, 균형 잡힌 몸매, 아름다운 용모를 갖춘 오리온은 누가 보아도 사랑에 빠질 만한 호남이었습니다.

어느 날, 해가 뉘엿뉘엿 서산으로 기울던 무렵에 에오스가 바닷가

← 이블린 드 모건,
〈에오스〉(1895, 컬럼비아 미술관)

를 찾아 홀로 외로움을 달래고 있었습니다. 그날따라 물결 위를 곡예하듯 날아든 물새들의 노랫소리가 더욱 구슬프게 들려왔습니다. 한참 그 소리를 들으며 넋을 잃은 듯 앉아 있던 에오스는 언덕 너머로 들리는 어떤 남녀의 웃음소리에 놀라 자리에서 일어났습니다. 소리를 따라 언덕으로 올라가보니, 우람한 체격의 사내가 아름다운 여신과 즐거이 사냥을 하고 있었습니다. 두 남녀를 바라보던 에오스의 눈동자가 순간 새벽별처럼 반짝였습니다. 매력적인 사내를 자신의 남자로 만들어야겠다는 묘한 오기가 발동했습니다. 그 남자는 바로 오리온이었고, 그에게 사랑을 받는 여신은 아르테미스였습니다.

올림포스 12신 가운데 한 명인 아르테미스는 수렵과 궁술을 책임진 여신으로, 에오스에겐 벅찬 상대일 수밖에 없었습니다. 하지만 아르테미스는 처녀성을 잃은 여인들에게 가차 없이 화살을 날릴 정도로 순결을 중시하는 여신이었기에, 에오스는 오히려 너무나 쉽게 오리온을 유혹할 수 있을 것으로 생각했습니다. 그때부터 에오스는 오리온과 은밀한 곳에서 마주칠 수 있도록 기회를 엿보았습니다.

그러던 어느 날 오리온은 여느 때와 마찬가지로 아르테미스와 사냥을 나누면서 그녀에게 자신의 사랑을 고백했습니다. 하지만 아르테미스는 그의 마음을 쉽사리 받아주지 않았습니다. 풀이 죽은 오리온은 숲속으로 들어가 홀로 자신의 신세를 한탄했습니다. 이를 엿보던 에오스는 오리온에게 다가가 부드러운 목소리로 말을 걸었습니다. 매혹적인 여신이 자신에게 다가오자 오리온은 기쁜 마음에 그녀의 유혹에 걸려들었습니다. 두 남녀는 그동안 참았던 정염을 불태우며 사랑을 나누었습니다.

바람들은 사랑을 닮았습니다. 제피로스처럼 감미롭고 부드럽게 시작되어 노토스처럼 걷잡을 수 없이 뜨겁게 휘몰아치다가 도가 지나치면 보레아스처럼 세상을 절단 낼 듯한 광풍으로 휘몰아칩니다.

사랑은 바람을 닮았습니다. 언제 어디서 시작될지 모르는 게 바람입니다. 아프로디테에게 사랑의 마음을 불러 넣어준 것도 제피로스(서풍)였고, 그녀를 뭍으로 올라가도록 밀어올린 것도 제피로스였습니다. 사랑도 이와 같습니다. 언제 어디서 시작될지, 어디로 불어갈지, 냉풍일지 열풍일지 알 수 없습니다.

제4부

에로스, 끝없는 바람기와 남녀의 갈등

:: 여성, 남성의 가장 두려운 괴물

메데이아라는 여인이 있습니다. 그녀는 황금양털을 찾으러 온 이아손이란 남자에게 한눈에 반합니다. 그녀가 온몸과 마음을 다해 도운 덕분에 이아손은 무사히 목적을 이룹니다. 이아손은 더 나아가 메데이아의 힘을 빌려 정적 펠리아스도 제거하고, 노쇠한 아버지의 젊음도 되찾아줍니다.

그러나 생활이 안정되자 이아손은 자신을 위해 아이들까지 낳아준 메데이아를 배신하고 젊고 아리따운 코린토스의 공주 글라우케와 결혼하려 합니다. 분노한 메데이아는 이아손에게 가장 소중하다고 생각되는 자신들의 아들들을 죽입니다.

그녀는 여성에게 아이를 낳거나 낳지 않을 권리, 그 아이들에 대한 처분 권리가 있다는 것을 알고 있었습니다. 그 때문에 메데이아는 페미니즘의 선각자, 팜므파탈의 원조로 꼽힙니다. 남성을 유혹하여 헤어날 수 없는 늪에 빠뜨리고 기어이 멸망에 이르게 만드는 여성 말입니다. 오랫동안 지속된 가부장제에서의 해석은 잘잘못이 누구에게 있든 모든 죄과의 원인은 여성이라고 보았습니다. 만약 여성과 남성이 서로를 보완해주는 존재로 탄생되었다는 전제가 받아들여지면 이에 대한 해석도 달라집니다. 물론 고쳐져야 할 사회제도, 정치제도, 경제제도도 많습니다.

쉽지는 않을 겁니다. 남성은 이미 그것을 본질적으로 경계하고 있으니까요. 그리스신화에 등장하는 괴물들을 보세요. 거의가 여성입니다. 아름다운 노래로 뱃사람을 유혹하여 수장시키는 세이렌도, 테베 길목을 지키며 이상한 수수께끼를 내어 행인을 죽이는 스핑크스도, 눈을 쳐다보기만 해도 돌로 변하게 만드는 메두사도 여성입니다. 남성중심 사회에서 만들어진 신화임에도 치명적인 비극으로 떨어뜨리는 괴물 또는 유혹자를 여성으로 상정한 것은 남성이 가진 쾌락의 유혹에 대한 두려움의 반영입니다. 그런 이유로 여성과 남성은 절대적인 공존을 필요로 하면서도 적대관계를 유지합니다.

테베 길목을 가로막고 수수께끼를 내는 괴물이 있었습니다. 스핑크스입니다. 무척 아름다운 얼굴에 눈매 또한 아주 매혹적입니다. 그런데 사자의 몸을 하고 어깨에 날개를 달고 있습니다. 그 괴물이 수수께끼를 내면서 조건을 겁니다. 자신이 내는 수수께끼를 맞히면 자신이 절벽에 몸을 던져 자결할 것이며, 수수께끼를 맞히지 못하는 사람은 가차 없이 벼랑에 내던져 죽이겠답니다.

그렇게 하여 많은 사람이 죽었습니다. 그들이 왜 '아침에는 네 발로 걷고 점심에는 두 발로 걸으며, 저녁에는 세 발로 걷는 짐승이 무엇이냐?'는 아주 쉬운 질문에 답하지 못했을까요? 그러나 생각해보면 아름다운 얼굴, 뽀얀 피부, 당장이라도 빨려들 것 같은 매혹적인 눈을 가진 그녀에게 매혹당하지 않을 남자가 어디 있겠어요. 그러니

← 귀스타브 모로,
〈오이디푸스와 스핑크스〉(1864, 미국 메트로폴리탄 미술관)

까 그 쉬운 수수께끼 앞에서 정신이 멍해져 답을 못 찾은 것이지요. 그만큼 남성은 여성의 유혹에 쉽게 무너집니다. 스핑크스는 전형적인 괴물입니다. 상체와 머리는 인간입니다. 상체가 이성의 부분이라면, 하체는 짐승으로 쾌락이며 감정 부분입니다. 때문에 범인들은 위보다는 하체를 먼저 보고, 그 하체에 빠집니다. 그래서 이성적 판단을 하지 못한 채 자신을 망치고 파멸당합니다.

다행히도 오이디푸스는 그 문제의 답을 맞춰 죽음을 피합니다. 날카로운 지성에 의지한 창을 지팡이 삼아 든 오이디푸스만이 그 수수께끼를 풀 수 있었습니다. 결국 자신이 신탁대로 아버지를 죽이고 어머니와 결혼하리라는 것은 꿈에도 생각지 못하지만 말입니다.

괴물을 퇴치한 주인공 남자, 범인들이 해결하지 못한 유혹을 이기고 괴물을, 달리 말해 유혹을 이기고 욕망을 이겨낸 인물을 우리는 영웅이라고 합니다.

메두사의 경우도 마찬가지입니다. 아름다운 머리카락을 가졌다고 오만에 빠진 메두사는 아테나가 아무리 아름답다고 해도 머리카락만큼은 자신을 따라올 수 없다고 장담합니다. 그렇잖아도 아테나 신전에서 포세이돈과 질펀한 정사를 나누기도 한 그녀가 이처럼 아테나를 무시했으니 메두사를 가만히 두겠어요? 아테나 여신은 메두사에게 저주를 내립니다. 메두사의 그 아름다운 머리카락이 한 올 한 올 뱀으로 변하고 말았습니다. 여기서 끝나지 않고 누구든 흉측하게 변한 메두사의 얼굴을 정면으로 바라보면 즉시 돌로 변하여 죽게 되었습니다. 메두사의 얼굴을 보았다가 돌이 된 남자들이 많았습니다. 그 두려운 괴물을 퇴치하기 위해 나선 영웅이 페르세우스입니다. 결국 메두사는 페르세우스에 의해 목이 잘린 채 죽었습니다.

여성의 얼굴을 바라보는 순간 돌이 된다, 뱀들이 치렁치렁 매달린 것처럼 보이는 머리카락, 그 안의 얼굴을 본 순간 돌로 변한다. 이는 남성의 영원한 고향 자궁의 묘사와 유사하지 않나요. 여성의 자궁에 접근한 남성은 돌처럼 굳게 됩니다. 그리고 그 동굴에 들어갔다 나오는 순간 죽습니다. 이를 해석하면 남성이란 존재는 여성의 유혹에 빠지면 헤어날 수 없다는 의미입니다.

역사적으로 자궁에 빠져 실패한 인물들은 얼마든 있습니다. 양귀비에 빠져 나라를 망친 중국의 현종, 클레오파트라에 빠져 나라를 망치고 비참한 최후를 맞은 율리우스 카이사르와 안토니우스 등 실제 역사적 인물도 많습니다. 이처럼 남자와 여자는 서로가 그리워하면서도 한편으로는 서로를 경계하며 살아왔습니다. 잠자리에서는 누구보다 가까운, 떼려야 뗄 수 없는 한 몸으로 일심동체인 듯 지내면서도, 사회에 나오면 갑을관계로 바뀌어 살아왔습니다. 이는 개인적인 이유가 아닌 집단적인 이유 때문이었습니다. 사회라는 구조가 만들어놓은 틀이었습니다. 때문에 사람들은 밤과 낮을 달리 생각하며, 완전히 달리 생각하며 살아야 했습니다.

그 안에서 여성은 남성에게 자칫 잘못하면 인생을 망칠 수도 있게 하는 질펀하고 끈끈한 늪이요, 한 방에 훅 가게 만드는 괴물이기도 했습니다. 반면 남성은 여성에게 두려움의 대상, 주인처럼 행세하는 존재, 눈치를 보게 만드는 존재, 감히 반항할 수 없는 독재자였습니다. 그럼에도 서로를 완전히 배척하지 못하고 서로를 필요로 하며 살아왔습니다. 이런 관계 속에서 켜켜이 쌓인 무의식이 길이길이 후손에게 대물림 되었습니다. 현대에도 여전히 여성은 남성에게 두려움의 대상인 늪이요 괴물입니다. 그만큼 여성은 치명적인 아름다움과 신비를 감추고 있습니다. 남성들이 피할 수 없는 영원한 고향이기도 하고요.

:: 남자와 여자, 그 위험한 동거

남자와 여자, 서로가 보완적인 존재인 것 같은데 신화는 서로 경계의 대상으로 보는 걸까요? 실제 역사적으로도 그런 사례가 많으니 말입니다. 히타이트 사람 우리야의 아내를 범하고는 우리야를 전방으로 보내 죽게 만든 다윗은 선지자에게 꾸중을 듣습니다. 밧 세바도 그렇지 하필이면 다윗이 잘 볼 수 있는 옥상에서 목욕을 할 건 뭡니까?

여자가 적극적으로 남자를 유혹한 사례도 많습니다. 야곱의 아들 꿈 잘 꾸는 요셉의 경우도 그렇습니다. 아버지의 편애 때문에 형제들에게 미움을 받은 요셉은 이집트로 팔려갑니다. 출중한 미모에 반한 이집트의 장군 보디발의 아내가 그를 유혹합니다. 요셉은 그녀를 거부하지만 앙심을 품은 보디발의 아내는 요셉이 자신을 강제로 추행하려 했다고 남편에게 거짓말합니다. 아무 죄 없이 요셉은 감옥에 갇혔다가 나중에 꿈 해몽을 잘한 덕분에 다시 풀려납니다.

이와 유사한 그리스신화가 파이드라와 히폴리토스의 이야기입니다.

테세우스는 라비린토스(미궁)에서 빠져나올 수 있는 지혜를 빌려준 아리아드네를 낙소스 섬에 버려두고 아테네로 돌아옵니다. 그리고는 후에 무슨 일인지 아리아드네의 언니 파이드라와 결혼합니다. 그에겐 전처가 낳은 아들 히폴리토스가 있습니다.

파이드라는 의붓아들 히폴리토스에게 연정을 품습니다. 그러나 여자를 혐오의 대상으로 보던 히폴리토스는 유혹하는 새어머니 파이드라를 뿌리칩니다. 자존심을 구긴 그녀는 오히려 히폴리토스가 자신을 강간하려 했다고 남편 테세우스에게 고발합니다. 순결을 지키기 위해 아버지 여자를 뿌리친 죄밖에 없었던 히폴리토스는 비참한 최후를 맞습니다. 물론 파이드라 역시 비극적으로 죽게 됩니다.

그리스신화엔 이처럼 자신의 욕망을 주체하지 못하고 남자를 유혹했다가 비극적인 최후를 맞는 이야기들이 무척 많습니다. 미케네 왕 아가멤논의 아내 클리타임네스트라 역시 마찬가지입니다.

아가멤논은 사냥으로 따지면 아르테미스도 자신만 못할 거라고 흰소리를 한 불경죄로 저주를 받았습니다. 트로이 원정을 떠나려는데 도무지 바람이 일지 않아 출정을 할 수가 없었습니다. 원인을 알아보니 자신의 오만 때문이었습니다. 그걸 해결하는 길은 가장 사랑하는 딸을 희생 제물로 바치는 것이었습니다.

그가 가장 사랑하는 딸은 이피게네이아였는데 그녀를 제물로 바치는 일을 아내가 허락할 리 만무했습니다. 결국 그는 이피게네이아를 당장 데려다 그리스 최고의 장군 아킬레우스와 결혼시키려 한다고 거짓말을 합니다. 그렇게 하여 이피게네이아는 제물로 바쳐졌습니다. 결국 이 일을 알게 된 클리타임네스트라는 남편의 행위에 분노합니다. 그런데 전쟁에 나갔다가 10년 만에 돌아오는 남편이 트로이 공주 카산드라를 옆에 끼고 온답니다.

클리타임네스트라 역시 남편의 사촌인 아이기스토스와 내연관계였습니다. 자신의 정념의 비밀도 감추고 밉기만 한 남편을 없애는 게 최선이란 생각을 합니다. 남편을 반갑게 맞이한 그녀는 그를 따뜻한 목욕탕으로 안내합니다. 그리곤 잔인하게 도끼로 쳐 죽입니다. 나중에 클리타임네스트라 역시 아들 오레스테스와 딸 엘렉트라에게 죽임을 당합니다.

정신분석에서는 딸이 동성의 어머니를 죽인다는 의미로 엘렉트라 콤플렉스를 듭니다. 남자의 성과 여자의 성, 서로 다른 두 성이 불꽃을 일으키는 정념은 무척이나 무섭습니다. 인간에게 가장 강렬한 욕망인 에로스, 삶의 충동입니다.

:: 자궁, 남성의 영원한 고향

신약성경에 살로메의 일화가 나옵니다. 평범한 남자는 눈에 차지 않는 살로메는 헤롯왕의 동생의 아내 헤로디아의 딸입니다. 헤롯은 동생의 아내가 탐이 나서 동생을 죽게 만들고 제수를 차지했습니다. 그런데 헤로디아는 늘 불안합니다. 용기 있는 세례 요한이 바른 말을 팍팍 합니다. 헤롯이 동생을 죽이고 제수를 아내로 차지한 것은 못된 죄라는 것입니다. 그처럼 평범하지 않은 남자, 카리스마 충만한 요한을 본 살로메는 그에게 반합니다. 그러나 요한은 그녀를 거부합니다. 결국 요한이 옥에 갇히고. 살로메의 계속된 구애도 실패합니다.

헤롯의 생일날, 살로메가 세례 요한을 좋아하고, 헤롯이 자신의 딸 살로메에게 눈독을 들이는 것을 안 헤로디아가 이 기회를 이용합니다. 살로메가 엄마의 제안으로 헤롯의 생일선물로 뇌쇄적인 춤을 춥니다. 살랑거리는 몸짓, 뇌쇄적인 미소, 가냘픈 허리, 헤롯이 멍해집니다. 그녀에게 소원을 묻습니다. 그녀의 소원은 세례 요한의 목을 잘라 쟁반에 담아다 달라는 것입니다.

많은 사람들 앞에서 한 약속이므로 헤롯은 살로메의 청을 들어줍니다. 살로메는 쟁반에 담긴 세례 요한의 입술에 입을 맞춥니다. 남녀의 관계는 참 알다가도 모를 일입니다. 이 관계 역시 결국 성욕으로 묶여 있습니다.

죽음의 늪에 빠지는 줄 모르고 사랑에 빠집니다. 아니 알면서도 사랑이라는 구실로 기꺼이 불구덩이에 뛰어듭니다. 어쩔 수 없는 강력한 힘입니다. 통제 불가능한 힘, 그래서 무의식입니다.

이러한 강렬한 힘을 자크 라캉은 인간이 태아일 때 어머니와 한 몸을 이루었던 데서 추적합니다. 엄마와 한 몸이었던 아이는 세상에 나오면서 둘로 갈라집니다. 인간이 애초에 한 몸이었던 상태를 무의식적으로 기억하기 때문에 평생토록 어머니와의 근원적인 분리감을 느낀다는 것입니다. 이 근원적인 감정, 이것이 분리되기 이전의 상태로 되돌아가려는 욕구의 다른 측면이라고 설명합니다. 아리스토파네스가 말한 한 몸이었다가 아폴론에 의해 둘로 나뉜 인간이란 이야기와 일맥상통합니다.

그러나 인간이 원래의 한 몸 상태로 돌아가는 것은 물리적으로 불가능합니다. 때문에 한 몸 상태로 돌아가고 싶은 욕구는 분리된 대상과 결합하고 싶은 욕구로 작용합니다. 이 무의식 때문에 남자와 여자는 결합을 원합니다. 이것이 성적 욕구이자 성적인 사랑입니다.

플라톤은 《향연》에서 에로스 신의 탄생을 언급합니다. 여기에선 아프로디테가 제우스의 딸로 소개됩니다.

미의 여신 아프로디테를 딸로 얻은 제우스가 향연을 엽니다. 풍요의 남신 포로스와 빈곤의 여신 페니아도 초대를 받습니다. 페니아는

➜ 귀스타브 모로,
〈헤롯 앞에서 춤을 추는 살로메〉(1876, 미국 해머 미술관)

항상 빈곤에 시달리는 자신의 처지를 비관하며 어떻게 빈곤에서 벗어날까를 고민합니다. 마침 이 잔치에서 풍요의 신 포로스를 보고는 이 남자와 결합하면 가난에서 벗어날 수 있겠다고 생각하여 결합에 성공합니다. 이 둘, 즉 풍요의 신 포로스와 빈곤의 신 페니아 사이에서 사랑의 신 에로스가 탄생했다는 겁니다.

때문에 사랑의 신 에로스는 극단적인 풍요와 극단적인 빈곤 사이를 왔다갔다합니다. 그러니 그 사이에서 괴롭고 고통스러울 수밖에요.

이처럼 사랑은 결핍에서 시작됩니다. 결핍을 해소하려는 욕구가 사랑입니다. 정신적인 결핍이든 육체적인 결핍이든 공허한 느낌, 외로움, 그리움의 감정은 결핍을 전제로 합니다. 지금 옆에 없음, 지금 소유하고 있지 않음입니다.

플라톤은 《향연》에서 이렇게 말합니다.

"사랑의 비의…… 올바른 길로 나아가는 자는 반드시 이 일을 어려서부터 시작해야 하며, 또 아름다운 육체에 접근해야 하는 것입니다. 맨 먼저는 그의 지도자가 바르게 지도한다면, 한 육체를 사랑하며 거기서 아름다운 언설을 낳아야 합니다. 그 다음엔 한 육체의 아름다움이 다른 육체의 아름다움과 비슷하다는 것과, 또 아름다움을 본질에서 추구하고 보면 모든 육체에 대해서 가볍게 생각하여 그것이 지극히 작은 것이라고 믿음으로써 그 한 육체에 대한 강렬한 정욕에서 해방되지 않으면 안 됩니다. 그 다음에 정신의 아름다움이 육체의 아름다움보다 더 소중하다는 것을 믿지 않으면 안 됩니다. 그리하여 누구든 정신이 아름다운 사람이 있으면 설사 그 용모가 그다지 환하지 못할지라도 만족하여 사랑하고 보살펴주며, 그리하여 자식을 낳고 또 그 젊은이들을 훌륭하게 해줄 만한 이야깃거리를 찾아 이야기해주어야 합니다. 이와 같이 하면 그는 더욱 우리의 여러 제도와 법률 속에서도 아름다움을 찾아보게 되며, 또 모든 아름다움이 결국 하나의 동일한 연줄로 서로 결부되어 있음을 이해하게 되고, 따라서 육체의 아름다움이란 것이 보잘것없는 것임을 잘 알 수도 있을 겁니다. 그 다음에 그는 제도나 법률 같은 것으로부터 지식으로 나아가, 여러 가지 다른 종류의 짓기 속에 있는 아름다움을 보아야 합니다. 그리고 이제부터는 아름다움을 하나의 전체로서 바라보도록 하여 다시는 노예처럼 한 가지 것에 얽매여 한 소년이나 한 인간이나 혹은 어떤 한 가지 일에만 만족하는 일이 있어서는 안 됩니다."

근원적인 분리, 이러한 감정을 소재로 한 소설로는 카뮈의 《이방인》을 들 수 있습니다. 《이방인》의 주인공 뫼르소는 어머니의 부음을 듣습니다. 그는 어머니에게 가기 전에 마리를 만납니다. 이를테면 어머니의 대체물입니다. 근원적인 상태로 돌아갈 수 없음에서 대체자를 찾은 겁니다. 그리고 그녀와 바다에 가서 수영합니다. 어머니 자궁 속에 있던 때의 안온한 느낌, 그 바다에 잠깁니다. 근원적으로 남과 여는 하나이고자 합니다. 그 방식과 생각의 차이가 비극의 늪으로 밀어 넣기도 하고 환희의 극단으로 끌어올리기도 합니다. 이 세상의 지배원리는 어쩌면 사랑이라고 해도 과언이 아닙니다. 어디서부터 이 원리가 헝클어지고 혼돈스러워져서 사랑으로 괴로워하고 힘들어하는 걸까요. 계속 사랑하면 질서가 잡힐 텐데, 사랑에 잡티와도 같은 미움이나 시기, 질투 같은 것들이 끼어들기 때문입니다. 사랑은 여럿이든 둘이든 하나로 묶어주는 힘이 있으나 그것은 불가능합니다. 그 상태는 바로 아이가 자궁 안에 있는 것과 같기 때문입니다. 따라서 인간은 그 시절로의 회귀를 꿈꾸며 지향할 뿐입니다. 그것이 노스텔지어이며, 에덴 또는 유토피아입니다.

:: 에로스, 지상 최고의 지배법칙

사랑보다 상위법은 없습니다. 사랑은 모든 것을 하나로 감싸는 커다란 보자기와도 같습니다. 그런데 이 사랑 때문에 때론 사회나 국가, 또는 개인 간에 분열이 일어나고 분쟁이나 전쟁이 일어납니다. 그리스신화 중 트로이전쟁도 사랑 때문이었듯이, 실제 역사에서도 사랑 문제로 일어난 전쟁이 많습니다. 로마의 대장군이었던 카이사르와 안토니우스도 사랑에 저당 잡혀 국가를 망치기도 하고, 스스로도 타락했습니다.

그러나 분열이나 분쟁을 일으킨 것은 진정한 사랑, 진실한 사랑이 아닙니다. 위대한 사랑은 진실한 사랑, 모름지기 신들도 인정할 수 있는 사랑입니다. 이 사랑은 세상의 어떤 법도 능가하여 용서받을 수 있습니다. "사랑엔 국경이 없다."는 말은 '사랑은 어떤 법으로도 통제할 수 없다'는 말입니다.

정직하고 바르며 용감하기 그지없는 전사 올란타이가 있었습니다. 그는 황제 잉카에게 충성을 다했습니다. 올란타이는 잉카의 딸인 아름다운 쿠시콜루르와 사랑에 빠졌습니다. 문제는 타완티수요 법엔 평민은 태양신 인티, 혹은 비라코차의 후예인 잉카의 딸과 결혼할 수 없다는 것이었습니다. 그럼에도 두 사람은 결혼을 약속하고 사제를 찾아가 결혼 집전을 부탁했습니다. 사제는 고민했습니다. 두 사람을 결혼시킨다면 자신이 목숨을 잃기 때문입니다. 쿠시콜루르는 자기가 올란타이와 결혼하는 것이 죄가 아니라, 오히려 두 사람을 떼어 놓는 것이 더 큰 죄라고 사제에게 말했습니다. 그녀의 간청에 못 이겨 사제는 결혼을 인정했습니다.

얼마 후 쿠시콜루르는 임신했다는 사실을 알고 아버지에게 알렸습니다. 잉카는 태양의 여사제에게로 가서 살라며 딸을 멀리 떠나보냈습니다. 그곳은 절대 남자가 들어갈 수 없는 곳이었습니다. 쿠시콜루르는 으마 수마크라는 예쁜 딸을 낳았습니다. 아기는 어머니와 떨어져 그 사원의 별채에서 자랐습니다.

그 사이에 잉카는 올란타이에게 사형을 선고했습니다. 잉카의 군대는 올란타이의 사형을 집행하려고 그를 추격하여 계곡으로 들어갔습니다. 올란타이의 부하들이 추격자들을 완전히 격퇴시켰습니다. 집행에 실패한 잉카의 장군 루마나위는 올란타이의 전사들이 잠들기를 기다렸다가 올란타이와 그의 전사들 전원을 체포하여 처형지인 제국의 수도 쿠즈코로 압송했습니다.

쿠즈코로 가던 중 전령이 연로한 잉카가 죽고 그의 아들이자 쿠시콜루르의 오빠인 투파크 유팡키가 타완티수요의 새 통치자가 되었다는 소식을 전했습니다. 다행히도 올란타이와 새 황제는 죽마고우였습니다. 쿠즈코에서는 투파크 유팡키가 올란타이를 기다리고 있었습니다.

"올란타이, 내 아버지 위대한 잉카 파차쿠테크께서 자네의 처형을 명령하셨으니 나로서는 별 도리가 없네. 혹시 마지막으로 할 얘기가 있나?"

올란타이는 "법대로 형을 집행하는 것이 황제의 임무이긴 하오. 하지만 나는 황제의 반역자가 아니라 법이 사랑의 반역자요. 법이 서로 사랑하는 두 사람을, 아이까지 낳은 두 사람을 떨어뜨려 놓았소." 라고 항변하며 자기는 쿠시콜루르 말고는 그 누구도 사랑할 수 없다고 단언했습니다. 그리고 "누가 누구를 사랑하는가를 결정하는 것은 사람이 아니라 신들입니다. 나와 쿠시콜루르가 결혼하는 것 역시 신들의 뜻이었소."라고 덧붙였습니다.

올란타이의 말에 마음이 움직인 투파크 유팡키는 쿠시콜루르와 으마 수마크를 궁전으로 데려오라고 했습니다. 올란타이와 쿠시콜루르는 백성들 앞에서 정식으로 결혼했고, 잉카는 올란타이를 수석장군 겸 조언자를 곁에 두었습니다.

16세기 잉카제국에 전해오는 지고지순한 사랑이야기입니다.

설에 의하면 투파크 유팡키는 가장 인정 많고 현명한 잉카로 전해온다고 합니다. 국법보다 사랑의 법을 우선한 잉카, 이는 사랑법이 세상 어떤 법보다 지고한 권위가 있다는 반증입니다.

세상의 많은 창조신화들을 보면 원래 인간은 한 몸이었다는 신화들이 많습니다. 그리스 작가 아리스토파네스의 신화도 그러하거니와 중국신화 반고 역시 그렇습니다. 원래 하나였는데 분리되었으니 하나가 되려는 것은 당연합니다. 분리된 것을 하나로 묶을 수 있는 법칙이 있다면 그것이 사랑의 법칙입니다. 진정한 반쪽 찾기, 그 반쪽 찾기의 시도인 사랑, 그리고 바람기는 인간이라면 누구나 가지고 있는 보편심리입니다. 그렇다고 정당화할 수는 없습니다. 인간이란 홀로 잘 살아야 함과 동시에 더불어도 잘 살아야 하기 때문입니다.

어떤 위치에 있는 사람이든, 어떤 성정을 가진 사람이든 그 사랑이 진실하다면, 그 사랑은 세상을 분리하게 만드는 게 아니라 하나로 합쳐주는 조화로운 것이기에, 사랑의 법은 지상 최고의 지고한 법칙입니다.

제5부
달라도 너무 다른 남과 여의 공존

:: 두 에로스의 충동과 합일

동서양을 막론하고 원래 남녀는 한 몸이었다는 신화가 주류를 이룹니다. 전통적으로 남녀가 결합하여 부부를 이루면 일심동체라 지칭합니다. 이는 분리되었던 하나의 존재가 다시 제 몸을 찾아 합체되었다는 의미로, 인연이요 운명입니다.

중국의 문헌 《주역》에선 무극이 등장합니다. 그 하나의 무극에서 둘로 나뉜 것을 음과 양으로 구분합니다. 이를 태음과 태양이라 하여, 위에 있는 태양인 하늘을 남성, 아래에 있는 태음인 지구를 여성이라 합니다. 이 음양의 원리는 어디에든 적용이 됩니다. 나사가 있다면 볼록한 나사가 양이요, 오목한 나사가 음입니다. 그릇이 있으면 담는 것이 음이요, 담기는 것이 양입니다. 이런 원리로 보면 언제나 음이 양을 감쌉니다. 어머니가 아이를 품듯이 말입니다. 양은 음보다 작습니다.

예를 들면 그리스신화의 양에 해당하는 우라노스는 음에 해당하는 가이아와 크기가 같으나, 그 아래로 내려오면 남신들은 모두 가이아보다 작습니다.

세상의 모든 역사의 시작은 음이라 할 수 있습니다. 대부분의 신화가 암흑 또는 카오스라는 공허로부터 나와서 구체화된 모신으로 시작하는 이유가 거기에 있습니다. 가장 큰 무정형의 신, 이를테면 카오스나 흑암 같은 신이 남성이란 보장도 없습니다. 단지 문명화 과정에서, 적어도 역사시대에 들어서면서 가부장제였다는 것, 그 이유가 무정형의 신을 남신으로 설정했을 뿐입니다. 무정형의 신은 직접적인 생산도 하지 못합니다. 음양의 원리 이전을 굳이 유추하면 무극으로 그것은 무정형이며 카오스입니다. 최초의 신을 남성으로 여기는 것은 가부장제에서 키워온 관습이며, 가부장제 시각에 불과합니다.

좀 더 유추하면 결국 무정형의 암흑상태, 이것을 극히 축소하면 여성의 자궁입니다. 자궁 속은 어둠입니다. 거기 물이 있습니다. 신화가 설명하는 암흑 상태 또는 카오스는 여성의 자궁을 상징합니다. 우주의 자궁에서 천지만물이 탄생하고, 여성의 자궁에서 세계의 주인공 인류가 창조되어 나오니까요.

신화의 암흑 상태와 여성의 자궁을 비교해 보세요. 여지없는 모습입니다. 자기 인식을 갖지 못한 시대를 미개의 상태라 한다면, 자궁 속의 아이가 그렇습니다. 태아는 자기 인식 없이 안온하고 안전하고 가장 편안하게 삽니다. 거기선 남성이니 여성이니 안 따집니다. 그것 자체를 모릅니다. 에덴동산의 아담과 이브가 그러하듯 무지의 상태, 쾌락을 모르는 상태입니다. 그들이 자궁 밖으로, 다시 말하면 에덴동산의 문을 나서면서 고통의 시작입니다.

아이는 압니다. 세상을 산다는 것이 얼마나 힘겨운 일인지를. 그래서 아이는 자궁 밖으로 나오자마자 길게 숨을 내쉽니다. 날숨입니다. 이내 고통을 예감하는 울음을 터뜨립니다. 마치 에덴에서 쫓겨난 아담과 이브처럼 한 번 나오면 다시 들어갈 수 없는 문을 나서는 것입니다.

이렇게 세상에 나온 아이는 자라면서 자기를 인식합니다. 자신이 아담의 후예라는 것을, 자신이 이브라는 것을, 고로 다른 성이 존재한다는 것을 인식합니다. 자기 인식을 넘어 다른 성이 있다는 것을 인식하면서 유혹을 받습니다. 문명화의 시작임과 동시에 쾌락의 시대를 여는 겁니다. 그 쾌락과 함께 온갖 갈등과 시기와 질투가 시작됩니다.

다른 성의 인식, 원래는 하나였기에 몰랐습니다. 그러다 다른 성을 인식하면서 자신의 부족함을, 불완전함을 동시에 인식합니다. 자기 인식에선 충분조건의 존재였으나 다른 성을 인식하면서 자기 안의 부족이나 불완전함을 인식합니다.

그 불완전함을 완전으로 바꾸려는 시도가 에로스요 사랑의 행위입니다. 따라서 사랑한다는 것은 둘이 하나로 합쳐져서 완전해지려는 원초적인 욕구의 발현입니다. 그렇게 맛보는 결합행위의 최정점은 서로가 카오스 상태로, 아득하게 떨어지는 체험입니다. 그것이 인류의 원초적 고향입니다. 무극으로 돌아가기, 아득한 자궁 깊이로 떨어진다는 환상, 그것이 오르가즘입니다.

인도 신화 한 토막을 들어볼까요.

태초에 아주 큰 존재는 하나뿐이었습니다. 브라흐만입니다. 브라흐만은 아무도 없이 혼자일 뿐인데 왠지 두려웠습니다. 까닭 없는 두려움, 브라흐만은 생각합니다. 무엇이 두려운가. 그가 두려워한 대상, 그것은 외로움이었습니다. 그래서 브라흐만은 창조주의 모습으로, 즉 브라흐만에서 브라흐마가 되었습니다. 아무런 낙도 없었습니다. 그때에 생각했습니다.

'외로운 존재는 즐거움을 모르는 법, 누구든 무엇이든 함께 있으면 좋겠군.'

이 생각을 하자 그가 임시 사용하던 몸이 두 쪽으로 갈라졌습니다. 이 두 부분이 남성과 여성입니다. 이 둘은 서로 남편과 아내로 여겼습니다.

브라흐마는 생각으로 천지를 창조했고, 이처럼 남녀를 창조했습니다. 브라흐마는 자기 몸을 갈라 창조한 인간이 번성하려면 불이 있어야 한다는 것을 알았습니다. 그는 자기 입에서 털을 뽑아 불을 만들었습니다. 그 때문에 인간들은 입 안에는 털이 자라지 않고 뺨에 자랐습니다. 이렇게 창조된 남성과 여성은 서로를 바라보면서 서로가 한 몸이었는데 나누어졌다는 것을 알아차렸습니다. 그래서 그들은 결합을 했습니다.

먼저 원래 둘이 하나였다는 것에

샤를 앙드레 반 루, 〈디오니소스와 아리아드네〉1760, 영국 스핑크스 미술관)

의구심을 가진 것은 여성이었습니다. 서로가 하나라면, 서로가 주고 받는 것은 가당치 않기 때문이었습니다. 그래서 여성은 다시는 남성과 결합하고 싶지 않았습니다.

반면 결합의 기쁨을 발견한 남성은 여성을 공략하려고 애썼습니다. 여성은 마뜩찮게 피하려 합니다. 남성이 치근대자 여성은 남성을 피하려 암소로 변합니다. 그러자 남성이 수소로 변해 강제로 결합합니다. 이번에는 여성이 암말로 변합니다. 남성은 수말로 변하여 강제로 결합합니다.

이렇게 두 성이 변화한 결과, 변한 대로 잉태되어 소가 나오고 말이 나옵니다. 이런 식으로 아주 작은 생물들까지 탄생합니다. 지금도 일부러 관심 없는 척하는 여자를 얻기 위해 남자들이 변신하는 이유가 그것입니다.

거대한 암흑인 여성 속에서 양극, 즉 남녀가 나왔듯이 남성은 원초적 고향의 부재상태입니다. 여성은 상징적으로 원초적 고향을 보유하고 있습니다. 따라서 남성은 보다 적극적이고, 그럴수록 여성은 방어적일 수밖에 없었습니다. 남성은, 아니 이 세상에 존재하는 모든 수컷은 여성의 환심을 사려 애를 쓸 수밖에 없습니다.

아무리 좋은 씨앗이 있어도 그것을 뿌릴 밭이 없다면 소용없습니다. 세상에 존재하는 모든 수컷들은 폭발적으로 생성되는 씨를 뿌리기 위해 처절한 사투를 벌입니다.

비단 인간만이 아닙니다. 수벌들도 제 씨를 심기 위해 하늘 높이 날아오르는 여왕벌을 향해 솟구칩니다. 서로 경쟁하여 결국 씨를 심는 데 성공하는 수벌은 한 놈입니다. 성공한 수벌은 다른 수벌의 침투를 막으려고 제 몸을 던져 여왕벌의 구멍을 막고 전사합니다.

수년 동안 애벌레로 있다가 지상으로 올라온 수매미 역시 죽도록 노래합니다. 그 우렁찬 노래에 반한 암매미와 결합하기 위해서입니다. 곤충들은 이처럼 한 번의 교배로 다른 수컷을 거부합니다. 그러다 보니 지상의 많은 수컷 중 세상에 태어나 제 씨를 퍼뜨리고 사라지는 수는 극소수에 불과합니다.

인간을 제외한 다른 생물들은 종족보존을 위한 교미를 합니다. 이들의 결합을 성욕이라고 하지 않습니다. 그나마 인간은 종족보존만이 아니라 그 이상의 다른 쾌락의 욕구로 교미하기 때문에 여러 수컷들에게 기회가 주어집니다.

인간에게만 부여할 수 있는 것이 성욕입니다. 그리고 이 성욕은 인간문화 전반의 모든 욕구와 관련이 있습니다. 인간에게서 성욕을 제거한다면 항상 평화만 존재할 수도 있습니다. 그 대신에 인간의 문명은 답보되고 말 것입니다. 성욕은 사회를 혼란스럽게 하고, 개인을 힘들게 하지만 다른 한편 문명의 원동력이라 할 수 있습니다.

대부분의 신화는 천지창조이든 인류창조이든 부계신화로 보고 있습니다. 이는 기록 이후인 역사 시대를 남성이 독점한 탓입니다. 역사시대에도 가모장제, 모계사회였다면 신화의 해석도 지금과는 충분히 달랐을 것입니다. 신화의 전파나 해석이 가부장 문화에서 이루어졌든 그렇지 않았든 남녀가 원래는 하나였다는 것은 거의 유사합니다. 때문에 남녀는 항상 서로를 그리워할 수밖에 없고, 서로 진정한 짝을 찾으려 시도할 수밖에 없습니다.

:: 가정의 탄생

인간은 신체적으로만 질을 따지지 않습니다. 인간의 잣대는 심리적 · 경제적 잣대가 수없이 많습니다. 당연히 다양한 문제가 벌어질 수밖에 없습니다. 이 다양함을 무엇으로 설명할까요? 그렇습니다. 애정의 문제입니다. 인간만이 가지고 있는 고유한 또 하나의 감정, 애정입니다. 이 애정이 각종의 사건을 불러옵니다. 이 각종의 사건이나 상황을 통틀어 문화라 한다면, 성문화는 인간만의 고유본능이라 할 수 있습니다.

다양한 성문화, 거기서 벌어지는 애정문제들, 그 문제들 때문에 홀로 살 수 없고 더불어 살아야 하는 사회적 동물인 인간들에겐 정리가 필요합니다. 더불어 살기 위해 서로 양보하거나 배려하고, 서로 지켜야만 하는 것들, 그것이 금기입니다. 금기를 성문화하지 않은 것이 관습이요, 성문화하면 법입니다. 이렇게 형성된 금기, 관습, 법을 통틀어 제도라 한다면, 이것을 지키도록 가르치는 것이 도덕이요, 이것을 보다 즐거운 마음으로 지키도록 유도하는 것이 종교입니다. 이런 식으로 여러 애정문제들을 정리하는 것을 지혜라 할 수 있습니다. 마다카스카르 신화가 그 한 예입니다.

창조주가 남자 둘과 여자 하나를 만들어 이들 셋을 따로 살게 했습니다. 이들은 자신 외에 다른 인간이 존재한다는 것을 모른 채 각자가 홀로 대지를 헤매고 다녔습니다.

그러던 어느 날 첫번째 남자가 외로움을 느꼈습니다. 그는 외로움을 달래려고 자기와 닮았으나 다른 사람, 즉 여자를 조각했습니다.

두번째 남자가 우연히 첫번째 남자의 집을 지나다 조각상을 보았습니다. 이 조각 여자를 사랑하게 된 남자는 벌거벗은 조각 여자에게 옷을 입혀야겠다고 생각했습니다. 남자는 꽃을 꺾어 예쁘게 여자를 덮어주었습니다.

창조된 여자가 이 남자의 집을 지나가게 되었습니다. 역시 외로웠던 여자는 자신을 닮은 조각 여자를 보자 탐이 났습니다. 여자는 이 조각을 집으로 가지고 가서 창조주에게 생명을 불어넣어달라고 청했습니다. 여자가 조각상을 꼭 껴안고 잠이 들었다가 아침에 깨어보니 조각상이 살아 있는 처녀로 변해 있었습니다.

이 사실을 모르는 두 남자는 각자 조각상을 찾아 헤맸습니다. 결국 셋이 마주쳤습니다. 서로 그 조각상을 두고, 아니 이제는 처녀가 된 여자를 두고 자기 것이라고 다투었습니다.

첫 남자는 자기가 조각한 것이니 당연히 자기 것이라 했고, 두 번째 남자 역시 자신이 꽃잎 옷을 입혔으니 자기 것이라고 우겼습니다. 여자 역시 조각을 사람으로 만든 것은 자신이니 당연히 자기 것이라 했습니다.

싸움은 끝이 나지 않았습니다. 결국 창조주가 끼어들어 그 문제를 해결해주었습니다. 창조주는 조각한 남자를 처녀의 아버지로 정했습니다. 조각상을 집으로 가져가서 살아나게 한 여자는 어머니로 정해주었습니다. 옷을 입혀준 남자는 그 처녀의 남편으로 삼았습니다.

이렇게 하여 가정이 탄생했다는 것입니다. 아버지는 존재를 만듭니다. 어머니는 생명을 줍니다. 남편은 옷을 입혀줍니다. 이것이 가족 내에서 각자의 역할입니다. 일의 분리입니다.

여자는 일생 중에서 옷을 입혀주는 남자와 가장 오래 함께합니다. 꽃으로 옷을 입혀준 남자, 그 때문에 여성은 지금까지도 꽃 선물을 좋아합니다. 꽃을 선물하고 옷을 입혀주는 남자에게 빠져 여자는 자신을 만들어준 남자, 아버지를 곧잘 잊습니다. 여자는 생명을 불어넣어준 어머니와는 꽤 오랜 시간 보내지만 결국 선물을 주고 옷을 입혀주는 남자에게로 떠납니다. 이것이 우주의 질서입니다.

서로 교류가 없었는데도 이 원시신화와 유사한 이야기가 다른 신화 속에 나타납니다. 그리스신화의 피그말리온 이야기입니다. 물론 피그말리온은 조각을 한 사람이자 옷을 입혀준 사람이며, 선물을 한 사람이자 감정을 불어넣어 함께 잠을 잔 사람입니다. 그에게서 여자는 생명을 얻어 살아납니다. 그리고 둘은 부부가 됩니다. 조각이 아니라 아름다운 여인 갈라테이아로 살아납니다.

피그말리온 신화에서는 마다가스카르 신화에 등장하는 두 명의 남자와 한 명의 여자 역할을 피그말리온 혼자 다 합니다. 여성은 진정으로 사랑하는 남자에게서 새로 태어난다는 의미입니다. 온전한 사랑을 하는 남자는 여자의 아버지이자 어머니이며, 남편의 역할까지 다 맡습니다.

:: 가정, 서로 다른 존재들의 결합

사회의 가장 기본 단위는 가정입니다. 이 가정의 출발이 곧 사회입니다. 때문에 가정에서의 행위 하나하나가 그만큼 중요합니다. 가정은 서로 다른 개인이 만나 이루는 모임이라기보다, 서로 다른 성향을 가진 사람들의 이질적인 모임이라 할 수 있습니다. 이질적이기 때문에 서로를 더 잘 알아야 할 필요가 있습니다. 인디언의 신화를 들어볼까요.

사냥꾼 알곤은 어느 날 풀밭에서 이상한 원을 발견하고는 그 원이 왜 생겼는지 알아보려고 덤불숲에 숨어 동정을 살폈습니다. 한참 후 하늘에서 커다란 버드나무 바구니가 내려오더니 아름다운 처녀 열두 명이 땅으로 내려와 천상의 노래를 부르며 윤무를 추기 시작했습니다. 알곤은 가장 어려보이는 한 처녀에게 첫눈에 반했습니다.

알곤이 그 처녀를 보려고 달려가 그곳에 닿자 처녀들은 바구니를 타고 하늘로 올라가버렸습니다. 세 번이나 똑같이 반복되자 알곤이 한 가지 꾀를 냈습니다.

알곤은 쥐들이 살고 있는 속이 빈 나무줄기 하나를 원 근처에 갖다놓고 마법의 약을 꺼내 쥐로 변신했습니다. 처녀들이 바구니를 타고 내려오자 알곤과 다른 쥐들은 처녀들 사이로 뛰어들었습니다. 춤을 추는 처녀들의 발길에 알곤을 뺀 다른 쥐들은 모두 죽고 말았습니다. 때를 놓치지 않고 알곤은 재빨리 인간으로 변해 사랑하는 처녀를 납치했습니다.

알곤은 처녀를 마을로 데리고 갔습니다. 둘은 아들을 낳고 한동안 행복했으나 언젠가부터 처녀가 시름시름 앓았습니다. 향수병이었습니다. 결국 견디지 못한 처녀는 마법의 버드나무 바구니를 만들어 하늘로 돌아갔습니다. 처녀는 여러 해를 하늘나라에서 보냈습니다.

알곤은 아내와 아들이 그리워 하루도 빼놓지 않고 처음 그녀를 만난 곳에 가서 앉아 있곤 했습니다. 알곤도 점점 늙어갔습니다.

하늘나라로 간 그의 아들은 청년이 되면서 아버지에 대해 이것저것 물었습니다. 아들이 아버지에 대해 물을 때마다 처녀 역시 알곤이 그리웠습니다. 처녀는 아버지에게 자신의 심정을 털어놓았습니다. 아버지는 두 사람을 땅으로 보내주겠다면서 알곤과 함께 하늘로 돌아오라고 했습니다. 다만 돌아올 때 땅에 사는 모든 짐승들의 특징을 가장 잘 나타내는 부위를 모아오라고 명했습니다.

아내와 아들이 돌아오자 알곤은 뛸 듯이 기뻤습니다. 그는 아버지가 원한 선물을 열심히 모았습니다. 곰의 발톱, 독수리와 매, 새매의 깃털, 너구리 이빨, 그리고 사슴의 뿔과 가죽도 골랐습니다. 알곤은 아내, 아들과 함께 버드나무 바구니를 타고 하늘나라로 올라갈 때 특별한 약 주머니에 이 선물들을 담아 가지고 갔습니다.

알곤의 장인은 기념품을 하늘나라 사람들에게 골고루 나누어주며, 알곤과 처녀에게도 하나를 고르라고 했습니다. 그들은 새매의 깃털을 골랐습니다. 아버지는 알곤과 처녀가 언제나 자유롭게 하늘과 땅을 왕래할 수 있게 되었다고 말했습니다. 알곤과 그의 아내는 새매가 되었습니다. 아직도 숲과 평원 위에서는 그들이 높이 날아올랐다가 급강하하는 것을 볼 수 있습니다.

이질적인 두 집단의 결합, 여기서 원 소속에 대한 문화의 향수가 생깁니다. 향수는 인간의 원초적 고향에의 그 무엇이며, 그 소속원들에의 그 무엇입니다.

:: 오이디푸스 콤플렉스

지그문트 프로이트는 인간의 성격 형성을 리비도, 즉 성적 욕구 충족으로 해석합니다. 아기였을 때 성적 욕구가 어떻게 충족되느냐에 따라 고착된 욕망이 성인이 되었을 때 성격으로 연결된다는 것입니다. 아이는 세상에 나오면서 타고난 성적 욕구를 충족하려 시도합니다.

처음엔 입으로 리비도를 충족하는 구순기입니다. 구순기에 억압된 욕망은 성인이 되었을 때 입술에 도착된 욕구불만이 퇴행하여 입술로 욕구를 충족하고자 합니다. 예를 들면 골초가 되든지, 남의 험담을 하여 해소하려 한다는 것이지요. 구순기에 도착된 욕구불만이 성인이 되어 나타나는 증상을 구순성격이라고 합니다.

마찬가지로 항문기(배설기)에 도착된 것은 항문성격으로 나타난다고 합니다. 일반적으로 완고하고 지나치게 깔끔하여 스트레스를 잘 받는 유형이거나, 자유분방하고 방탕한 성격입니다. 이때까지는 자체애의 시기입니다.

프로이트는 어머니에게 강한 애정을 갖고 전적으로 의존하는 갓난아이 때부터 이미 성격이 형성된다고 보았습니다. 그의 이론에 따르면 적어도 구순기와 항문기까지의 아이들에게는 남녀구분이 없습니다. 그리스신화로 보면 카오스로부터 창조가 시작된 이래 가이아와 우라노스의 동거기까지입니다. 우라노스는 아이를 낳는 족족 가

이아의 자궁 속에 밀어넣었다고 신화는 말합니다. 즉 아이들이 어머니의 자궁 속에서 여전히 보호를 받았던, 다른 말로 동굴 속에서 어머니에게 전적으로 의존했던 시기입니다. 그러니까 한 아이가 태어나 자라고 성장하고 어른이 되고 늙는 과정을 인류의 탄생에서 소멸까지 보여준다고 하겠습니다.

그러다 남녀의 구별이 나타나는 시기에 사내아이는 자신의 남근을 의식합니다. 반면 여자아이는 자신에게 남근이 없음을 의식합니다. 서로가 다름을 의식하는 때입니다. 성서로 말하면 아담과 이브가 선악과를 먹은 때입니다. 그로부터 인간은 남녀 구별을 알게 되고, 성적 욕구를 알게 됩니다. 그와 동시에 욕망이 살아났다가 죽는 것과 마찬가지로 죽음을 깨닫습니다. 죽음을 의식하고 자살을 생각하는 존재는 인간밖에 없습니다.

이때부터 아이들은 어머니와 자신이 동일하지 않으며 한 몸이 아님을 깨닫습니다. 고통이 시작되는 때이기도 하고요. 남자아이는 보다 남성다워지고, 프로이트의 이론에 따르면 이 시기의 여자아이들은 남근선망을 가질 때지요. 그러면서 아이들은 자신이 아닌 타인에게 관심을 가지며 애정을 싹틔웁니다.

자크 라캉은 이때부터 인간으로 취급합니다. 그전까지는 동물의 상태요, 세 살 이후부터 인간이란 겁니다. 자기 존재 인식, 그리고 자기 존재와 다른 존재 인식의 시작입니다. 이제 확연히 남녀 구별이

← 프란시스코 고야,
〈아들을 잡아먹는 크로노스〉(1819~1823, 스페인 프라도 미술관)

시작됩니다.

그리스신화로는 이 시기가 가이아와 크로노스가 우라노스를 내몰려고 계략을 꾸미는 때입니다. 끝내 크로노스는 아버지 신 우라노스의 성기를 거세하고 아버지 자리를 차지합니다. 프로이트는 크로노스가 우라노스를 거세한 것보다는 오이디푸스에 관심을 두었으나, 오이디푸스 이전에 이미 근원적인 아버지 살해 신화가 있었습니다. 크로노스의 남성 상징보다 우라노스의 상징이 더 거대했습니다. 그런데 크로노스가 그를 물리쳤습니다. 이 신화가 오이디푸스로 이어졌으니, 근원적인 아버지 살해입니다. 프로이트의 오이디푸스 콤플렉스와 크로노스의 우라노스 거세는 같은 맥락입니다. 이때를 인간으로서는 서너 살 무렵으로 볼 수 있고, 인류문화사적으로는 유목민 시대의 저녁임과 동시에 농경시대의 여명이라 하겠습니다. 크로노스는 농경의 신이니까요.

이제 프로이트로 다시 돌아갈게요. 성기기에 이른 아이는 이성 부모에게 애착을 갖습니다. 즉 남자아이는 어머니에게 애착을 갖습니다. 그런데 연적이 있습니다. 바로 아버지입니다. 어머니를 사랑하는 다른 남자는 자신보다 강합니다. 혹시나 저 강한 남자가 자신의 왜소한 성기를 자를까 두렵습니다. 그래서 그 남자를 미워합니다. 그러면서 한편으로 미안한 생각도 듭니다. 자신 이전에 어머니의 연인은 그 남자였으니까요. 이렇게 얽히고설킨 복잡한 감정, 그것이 오이디푸스 콤플렉스입니다. 이중에 왜소 콤플렉스는 열등감의 일종입니다. 따라서 콤플렉스는 열등감과 대등관계라기보다는 콤플렉스, 즉 복잡하게 얽힌 감정 중 일부라 하겠습니다.

반면 여자아이들은 자신에겐 성기를 달아주지 않은, 아니 성기가 잘리도록 방치한 어머니에게 증오심을 갖습니다. 한편으로는 남근을 가진 아이들을 부러워하는 남근선망 때문에 여자아이들은 어머니보다 아버지에게 더 애착을 갖습니다. 동성 간에 질투를 느끼고, 이성의 부모에게 보다 애착을 갖는 시기라 할 수 있습니다.

그리스신화에서는 가이아와 우라노스가 권력을 함께 쟁취한 시기고, 인류 역사로는 본격적인 농경사회의 대두이자 정복 전쟁의 시작인 때입니다. 크로노스가 농기구인 낫 스키테로 우라노스의 성기를 잘라 내쫓은 것처럼 말입니다. 크로노스는 아이들을 낳아 자신이 모두 삼켜버립니다. 아이들과 크로노스는 동일시됩니다. 크로노스 안에 아이들이 있습니다. 모든 중심이 크로노스입니다. 즉 아버지와 대적할 수 없음을 깨닫고 아이가 아버지와 자신을 동일시한다는 프로이트의 이론과 여기서 접점을 이룹니다.

:: 힘이 지배하는 가부장제의 서막

제우스는 형제들과 달리 유일하게 크로노스의 범위 밖에 있었습니다. 제우스는 아버지 크로노스와의 싸움에서 승자가 되어 아버지와의 동일시를 벗고 독립에 성공합니다.

요약하면 카오스 시대(자궁 안), 가이아 시대(태아기), 가이아와 우라노스 시대(유아기), 가이아와 크로노스 시대(영아기), 크로노스와 레아 시대(사춘기), 제우스 시대(성인)로 나눌 수 있습니다. 그러니까 그리스신화의 선대 신들을 읽으면 한 사람의 탄생과 성장과정을 읽을 수 있습니다. 이에 따르면 남아와 여아가 서로를 느끼는 때는 세 살 이후라 할 수 있고, 이때부터 남녀 차이가 벌어지기 시작합니다. 남자아이와 여자아이는 처음엔 능력의 차이가 없이 태어납니다. 일정 기간이 지나면서 우선 신체의 차이가 생기고 그에 따른 성격 형성이 더 차이를 벌립니다.

신체능력의 차이를 보면 적어도 초등학교 때까지는 힘이나 능력 면에서 별 차이가 없습니다. 오히려 언어능력 면에서는 여아가 앞섭니다. 힘으로도 10세 전후까지는 남자아이가 여자아이에 비해 월등하지 못합니다. 이때부터 여자아이가 신체적으로 불리한 환경에 놓입니다. 여성은 생산능력으로 인해 더불어 사는 사회에서 불리하게 됩니다. 여성이 생산능력을 갖추는 신체구조의 영향으로 그때부터 성장이 멈추는 것은 아닐까요. 적어도 그 이전까지는 남자아이보다 신체의 발달이 떨어지지 않는 걸로 본다면 말입니다.

여성은 우선 월경이라는 불편함에서 남성과 대등한 경쟁을 할 수 없습니다. 임신을 하고 출산까지 하면 그 차이는 더 벌어질 수밖에 없습니다. 생리 구조상 여성은 사회생활에서 이미 남성과 공정한 경쟁을 할 수 없습니다. 그러니까 인류 역사는 개인을 떠나 집단생활을 시작한 이후, 남성중심의 사회로 변할 수밖에 없었습니다.

같은 뿌리에서 나오지만 남성과 여성은 태어나면서 다른 유전자를 안고 나옵니다. 그것이 양성 간에 묘한 불협화음을 만들어냅니다. 그러면서 남성은 자기 편리를 위해 여성 지배를 위한 작당을 합니다. 이를 미처 깨닫지 못한 여성은 여기에 더하여 여자아이들에게 여성다울 것을 교육시킵니다. 이에 따라 남성중심의 사회는 더욱 공고해집니다.

이것을 인류문화 차원으로 해석한 학자가 바흐오펜(Johann Jakob Bachofen)입니다. 그는 인류 초기를 헤타이리즘기, 즉 원시적 난교시대로 구분합니다. 이 시기의 사람들은 아버지를 알 수 없는 아이들을 낳았습니다. 이런 야만상태에서 젊은이들은 사냥터에서 어떤 다툼으로 아버지를 살해하는 경우도 있었을 겁니다. 그러니까 신화가 아닌 실제 인간 삶에서 아버지 살해는 자연발생적이었다고 할 수 있습니다. 그것이 인간의 무의식 속에 들어오게 되었고요.

➔ 귀스타브 모로,
〈제우스와 세멜레〉(1895, 프랑스 귀스타브 모로 미술관)

그 다음 단계는 가모장제입니다. 어머니들이 아이를 보호하기 위해 집단생활을 합니다. 이때는 여성이 남성보다 우위에 있었을 겁니다. 이러한 가모장제에서 바흐오펜은 디오니소스기로 넘깁니다. 어머니에게 의존했던 가부장제에서 주신 숭배로의 복귀입니다. 이를테면 헤타이리즘으로의 퇴행입니다. 즉 자웅동체입니다. 아이는 아버지가 만들고 어머니는 배양자, 즉 인큐베이터 역할을 할 뿐이라는 의식입니다.

디오니소스 탄생신화를 볼까요.

제우스가 세멜레를 사랑합니다. 이를 헤라가 눈치챕니다. 헤라는 제우스를 벌할 수 없으니, 세멜레에게 복수할 생각을 합니다. 헤라가 세멜레의 유모로 변신해 사랑에 빠진 세멜레에게 연애상대가 누구냐 묻자, 세밀레는 제우스라고 답합니다. 바쁜 제우스가 여기까지 올 리 없다며 헤라는 필시 사기꾼이 틀림없다고 부추깁니다. 의구심이 생긴 세멜레에게 헤라는 사기꾼의 정체를 확인할 방법을 알려줍니다. 정말 자신을 사랑한다면 스틱스강에 맹세하고 소원을 들어달라고 청하라는 것입니다. 그 소원은 다음에 올 때 본래의 모습으로 오는 것입니다.

그날 밤 제우스가 오자 그녀는 헤라의 말 그대로 청합니다. 제우스가 깜짝 놀라 다른 소원을 말하라고 하지만 그녀는 말을 듣지 않습니다. 제우스는 그 말에 따를 수밖에 없습니다. 아무리 세멜레를 위해 약속을 어긴다 해도 스틱스강에 맹세한 이상 벌칙을 받아야 하기 때문입니다. 신으로서의 자격박탈 8년, 신들의 음식 암브로시아와 음료 넥타르 1년 동안 금지 등을 받아들여야 하니 약속을 지켜야 할 수밖에요.

세멜레의 소원대로 제우스는 다음날 신의 모습으로 그녀를 찾아옵니다. 결국 이글거리는 제우스의 불길이 그녀를 불태우고 맙니다. 그런데 세멜레의 뱃속에 태아가 있습니다. 제우스는 급히 아기를 꺼내 자신의 넓적다리에 넣습니다. 산달이 되어 제우스의 넓적다리에서 태어난 아이가 바로 주신 디오니소스입니다.

이처럼 주신 디오니소스가 아버지의 몸에서 태어난 것처럼, 인류는 이때부터 가부장제의 조짐을 보입니다.

:: 제2의 가이아 시대 부활

그리스신화의 초기 신으로 따지면 처음은 가이아의 모권시대요, 그 다음은 우라노스를 받아들여 가이아가 동거한 시대인 모계시대를 거쳐 크로노스의 가부장제에 이릅니다. 크로노스가 집어삼켰던 아이들이 제우스가 먹인 구토제 때문에 아버지 뱃속에서 나온 신화와 디오니소스 탄생 신화는 가부장제, 즉 부권시대와 일맥상통합니다. 이 시대 이후로 아버지들의 지배하에 들어간 겁니다. 가부장제 하에서 여성은 눌려 살았습니다. 사회적 활동의 기회를 얻지 못했습니다. 여성은 점차 열등해졌고 인간 이하의 취급을 받기도 했습니다. 사회적 약자로 전락한 여성은 남성의 노예였고 남성의 대지였습니다. 남성은 그녀의 하늘이었습니다. 재산권을 행사하기는커녕 재산에 속하기도 했습니다. 남성이 가진 중요한 재산 1호는 여성이었습니다. 얼마나 많은 여성을 차지했느냐가 남성의 힘의 상징이었습니다.

호메로스의 《일리아드》에서도 전쟁의 발단은 여자 차지하기 싸움입니다.

트로이와의 전쟁이 9년이나 지지부진하자 그리스 총사령관 아가멤논과 최고의 장군 아킬레우스는 트로이를 직접 공략하지 않고 트로이를 돕는 주변 나라들을 공격합니다. 그 전쟁의 중요한 노획물이

지오반니 티에폴로, 〈아가멤논에게 인도되는 브리세이스〉(1757, 이탈리아 빌라 발마라나)

프리세이스와 브리세이스였습니다. 프리세이스와 브리세이스는 재물이 아닌 여성입니다. 그 처녀들 중 프리세이스는 프리세스의 딸로, 문제는 그가 아폴론 신전의 제사장이라는 겁니다.

프리세이스는 아가멤논이, 브리세이스는 아킬레우스가 차지합니다. 그러자 무남독녀인 프리세이스를 빼앗긴 프리세스가 많은 재물을 싣고 아가멤논에게 갑니다. 아가멤논은 딸을 돌려주기는커녕 프리세스를 모욕하여 쫓아버립니다.

딸은 물론 재물까지 잃은 채 모욕당하고 돌아온 프리세스는 자신이 모시는 신 아폴론에게 아가멤논에게 복수하고 자신의 딸을 되찾게 해달라고 기도합니다. 이에 아폴론이 그리스군 진영에 수많은 화살을 날립니다. 눈에 보이지 않는 아폴론의 화살에 맞아 그리스 병사들이 픽픽 쓰러집니다. 그리스 진영에서는 이것을 역병으로 판단합니다. 용한 예언자들을 불러 원인을 알아보니 아폴론신의 분노이므로 프리세이스를 아버지에게 돌려보내야 한다는 겁니다. 아가멤논은 프리세이스를 돌려주는 대신 아킬레우스가 차지한 브리세이스를 자신에게 주는 조건으로 요구에 응합니다. 그러자 아킬레우스는 화가 나서 전쟁에 나서지 않습니다.

이 대목부터가 《일리아드》의 시작입니다. 이처럼 여성은 가부장제에서 노예로, 재산으로 취급당했습니다. 신화나 인류문화사를 보면 여성은 농경시대 이후 철저히 남성에게 예속되었습니다. 모든 사회구조가 남성중심으로 짜였고, 교육과 권력, 경제와 종교도 남성중심으로 짜였습니다. 심지어 신화도, 성경이나 경전도 남성중심으로 해석되었습니다.

그런데 제2의 가이아 시대가 열리고 있습니다. 요즘 역으로 여남평등이라고 해야 할지도 모릅니다. 첫번째 가이아 시대에서 남성은 자유스러웠습니다. 비축은 여성이 했지만 소비의 권리는 남성의 몫이었습니다. 가이아가 불만이 생겨 우라노스를 내치기로 한 것도 그 때문이니까요.

그런데 이제 열리는 제2의 가이아 시대엔 저축의 주체도, 소비의 주체도 여성입니다. 그만큼 여성이 남성에게 의존하는 미망의 상태에서 깨어난 결과입니다. 여성이 전적으로 아이를 기르고 양육하는 대신 남성은 사냥이나 수렵을 하여 생계를 책임지던 여성 주도의 가이아 시대, 남성이 가축을 기르기 시작하면서 가이아와 동거하던 시대, 신체적 우위를 내세운 크로노스가 지배한 시대를 넘어 영원히 공고할 것 같았던 제우스의 시대가 저물고 있습니다.

이제는 가이아의 부활입니다. 보다 강한 무기를 장착한 가이아의 시대입니다. 정보의 힘, 경제의 힘, 그리고 종족보존의 힘을 여성이 좌우합니다.

시몬 드 보부아르의 《제2의 성》에서 말했듯 "여성은 여성으로 태어나는 것이 아니라 여성으로 길들여졌습니다." 여성이 남성에 비해 열등한 존재이기 때문이 아니라 사회적 조건에 맞추어 살아왔을 뿐입니다. 물론 물리적인 힘만으로 따진다면 여성이 열등할 수 있습니다. 그러나 물리적인 힘은 한 단면일 뿐 전부가 아닙니다. 여성이 월등한 힘도 분명 있습니다. 단지 가부장제 하에서 힘의 기준이 남성중심이었을 뿐입니다. 이제는 여성이 자신들의 진정한 힘을 찾고 있습니다. 더 이상 상속권이 남성에게만 주어지지 않습니다. 호주제도 없어졌습니다. 중세 봉건사회에서 농노가 장가를 들면 아내를 영주의 방으로 들여보내 첫날밤을 보내게 했던 초야권도 없어졌습니다.

남편은 이제 여성에게 성을 요구할 권리가 없습니다. 아내와 협의할 수는 있지만, 아내가 거부하면 그만입니다. 성을 거부할 권리를 찾으면서 여성은 남녀평등의 단초를 열었습니다.

그리스의 민주주의도 남녀평등은 아니었습니다. 프랑스 대혁명이 군주와 백성의 평등은 이루었어도, 미국의 남북전쟁에서 노예와 시민의 평등은 이루었어도 여전히 남녀평등은 이룰 수 없었습니다. 여성이 성을 거부할 권리에 이어 아이를 낳거나 안 낳을 선택권을 얻으면서 남녀의 위상은 평등을 찾아가고 있습니다. 아무리 유능한 남성이라도 출산할 능력은 없으니까요. 본격적으로 여성이 피임을 하고 출산을 선택할 권리를 주장한 것은 그다지 오래지 않은 1970년대 이후입니다.

:: 야만시대, 공유의 꿈

남자든 여자든 보편적으로 바람기는 갖고 있습니다. 단지 그 성격이 다를 뿐입니다. 이는 신이 그렇게 창조한 것이 아니라 인간이 살아오면서 개체보존이든 종족보존이든 적응하면서 생긴 보편적 무의식입니다. 인류학자인 바흐오펜이나 모건(Lewis Henry Morgan)에 따르면 인간은 야만인으로 살다 미개인이 되었고, 미개인에서 문명인으로 진화해왔습니다.

야만시대에 인간은 맹수들 속에서 생명을 위협받으며 나무열매를 따먹거나 뿌리를 캐먹으며 생활했습니다. 특정한 거처 없이 떠돌며 살던 이들은 우연히 성교를 하면 그걸로 끝이었습니다. 무규율 성교 상태의, 그야말로 공유의 성이었습니다. 그러니 어쩌다 아이를 낳아도 아버지란 개념이 없었습니다. 아버지가 누구인지 알 수가 없었으니 남녀 간의 시기니 질투니, 사랑 같은 의식조차 없었습니다.

아이는 당연히 엄마와 함께 지내야 했으니 모계혈족을 따랐고요. 그래서 인류 사회에선 모계사회가 먼저 태동합니다. 한 여자의 삶에는 한 남자만 있는 것이 아니라 여러 남자가 거쳐나갈 수도 있습니다. 여기서 근원적인 난혼으로 인한 바람기가 내재되기 시작합니다.

야만시대가 초기를 지나 중기에 접어들면 식생활이 진보하기 시작합니다. 식생활의 영역에 어류가 추가되는 것입니다. 이를 위해 기본적인 도구인 불을 사용하거나 조잡한 석기를 이용합니다. 이쯤에서 유목생활이 시작됩니다. 그러면서 야생동물로부터 안전하기 위해 남녀가 집단생활을 하게 됩니다. 여전히 모계를 따르지만 오늘날의 가부장제처럼 여자가 절대적인 힘을 가진 것이 아니라 어머니 중심으로 모인 단순한 모계혈족의 시대라 할 수 있습니다.

남녀 간의 관계 역시 특정한 개인과 개인의 만남이 아니라 촌락공동체 내에서의 공유적인 관계였으므로 성으로 인한 다툼은 없습니다.

점차 인류는 활과 화살을 이용하여 짐승을 사냥합니다. 본격적인 수렵생활입니다. 촌락을 이루고 정착생활을 합니다. 자연 인구도 늘어납니다. 그러면서 어쩔 수 없이 적당한 생산수단 통제도 시작됩니다.

이와 같은 야만시대에 남녀의 결합에는 거의 규율이 없었습니다. 인간은 고등동물 수준 그 이상이 아니었습니다. 물론 이때는 바람기라는 의미의 단어도 없었습니다. 바람기라는 것은 문명의 산물이고, 어떤 규율이 정해지고 나야 생기는 개념이니까요. 무규율 상태의 성교가 나중에 문명시대의 금기로 자리 잡은 것입니다. 인류가 걸어온 길을 알아야 우리 자신의 내면에 잠재된 무의식을 이해할 수 있는 것이 그런 점입니다. 인류가 걸어온 길이나 지금은 모르는 아주 먼 옛날의 기억, 그것이 우리의 무의식에 자리 잡았습니다. 무규율의 결합, 그것이 근원적인 존재의 참을 수 없는 바람기입니다.

남성 수렵꾼은 이때쯤 사냥을 나갑니다. 때로는 멀리 나가 며칠 걸리기도 합니다. 낯선 곳까지 가서 낯선 여인을 만나기도 합니다. 낯선 곳, 낯선 여인, 남성의 무의식 속엔 그런 동경 또한 자리 잡습니다.

대부분 여성은 여전히 촌락에 머물고 남성은 사냥을 나갑니다. 당연히 남성은 낯선 것을 동경하고, 여성은 익숙한 것을 편하게 생각합니다.

그리스신화로 보면 가이아가 홀로 우라노스를 낳았던 시대입니다. 종족 내에서 구속 없는 성교를 하며, 모든 여자와 남자가 서로 공유한 계급 없는 평등사회입니다. 물론 가족의 개념은 없습니다. 따라서 질투의 여지도 없습니다.

:: 여자를 빼앗고 빼앗기는 미개시대

미개시대의 낮은 단계에선 토기나 목기가 제조됩니다. 옥수수 재배를 하고 일부 가축, 즉 라마를 길들입니다. 늘 사냥이나 채집을 나서던 남성들도 촌락에 머무는 시간이 길어집니다.

좀 더 발전한 중간 단계에선 우유를 생산하거나 가축을 길러 육류를 식재로 쓰기도 합니다. 이제부터는 부족 간 경계를 위한 울타리도 생깁니다. 일정한 공간의 구체화, 인구의 밀집화로 사람들 간의 시비가 일어납니다. 성적인 시비가 없을 리 없습니다. 따라서 공동체를 위한 규율이 필요해집니다.

규율적인 결합, 그 첫번째 카드가 금기입니다. 부모와 자식 간의 결합 금기이며, 남매간 결합의 금기입니다. 앞선 미개시대엔 명확하게 누가 누구의 자식인지 알 수 없었던 터라 그런 문제가 없었습니다. 이제는 적어도 같은 부족 내에선 남매간의 결합 금기가 따릅니다. 그것을 쉽게 만든 것이 족내혼 금지입니다. 이전까지는 족내혼, 즉 남매간의 결합이 필수였으나 이제 그것을 금한 것입니다.

그러면 다른 대책이 나와야겠지요. 그것이 족외혼입니다. 보다 구체적으로 대우혼입니다. 여기 한 부족이 있습니다. 그리고 산 너머나 강 건너에 부족이 또 있습니다. 그 부족과 협약을 맺습니다. 서로가 족내혼을 금지하는 대신 이쪽 부족의 아들은 저쪽 부족의 딸, 만일 딸이면 저쪽 부족의 아들과 결합을 시키는 겁니다. 부족 간의 겹사돈이라고나 할까요.

이때까지는 남성이 수렵, 어로, 식료 채취를 맡으며, 그에 필요한 도구를 제작하고 관리했습니다. 반면 여성은 옷 만들기, 요리 같은 가사를 맡았습니다. 이를테면 여자는 집의 주인이요, 남자는 삼림의 주인입니다.

그러나 개인의 재산은 없었고, 남성들은 남성들의 것을 공동으로 관리하고, 여성들은 여성들의 것을 공동으로 작업했습니다. 공동재산, 공동작업, 공동양육, 그러므로 공유경제요 공산제도였습니다. 나의 그 무엇이라는 것이 없는 부족 공동체였습니다. 문명인의 시각에선 이해할 수 없지만 익숙하면 당연하기 마련입니다.

J. F. 맥레넌은 약탈혼을 이야기합니다. 미개단계의 높은 단계쯤일 것 같습니다. 이때에 철기 사용과 함께 전쟁이 일어나니까요. 그는 족내혼 종족 내에서 아내를 구하지 못하거나 금지된 경우엔 족외혼을 했다고 주장합니다. 그렇다면 적어도 이때에는 공동의 아내나 공동의 남편 개념이 더 이상 유효하지 않았다는 설입니다. 공동생산이나 공동소비라는 공유경제는 계속되었다고 하더라도 남녀 결합에 있어서는 그 안에서 나름의 가계를 이루고 살았다는 이야기입니다. 이런 일부 약탈혼에서 전반적인 족외혼으로 진행됐을 것입니다. 다른 종족에서 성비의 균형이 너무 안 맞을 경우, 전쟁에서 여자를 약탈했을 가능성도 농후합니다.

또한 부족의 관습상 여아를 낳아 죽이는 경우 당연히 남자가 남아돕니다. 그러면 남자 여럿이 아내를 공유하는 일도 생깁니다. 일처다

자크 루이 다비드, 〈헬레네에게 구애하는 파리스〉(1788, 프랑스 루브르 박물관)

부제가 되는 것입니다. 아버지가 누군지 알 수 없던 야만시대처럼 이 상황에서도 아버지를 알 수 없습니다.

전술했듯이 이런 현상은 침팬지의 양육방식과도 유사합니다. 암컷 침팬지가 한 수컷 침팬지와 결합하여 임신합니다. 그러면 엄마 침팬지는 주변 수컷들이 자신이 낳을 아이에게 해코지를 할까봐 일부러 주변의 녀석들 중 대여섯 마리와 결합합니다. 그 후 새끼가 태어나면 새끼는 정확히 자기 아버지를 알지 못합니다. 아버지 역시 그

새끼가 자신의 자식인 줄 모릅니다. 그러면서도 침팬지들은 여럿이 새끼를 지켜줍니다.

인간도 이런 시대를 건너왔습니다. 더불어 사회의 부족 공동체 내에서 가족 탄생의 조짐이 보이기 시작합니다. 이 시기에 여성들은 오히려 남편 공유제에 두려움을 느끼기 시작합니다. 북아메리카에선 맏언니와 결혼한 남자가 적당한 연령에 달한 처제들을 아내로 삼을 권리가 있었습니다. 이른바 남편 공유입니다.

그리스신화 시대로 보면 미개시대의 높은 단계는 영웅들의 시대, 즉 트로이전쟁이 일어난 시대와 닿아 있습니다. 이때쯤이면 이미 모계 또는 모권사회는 서서히 막을 내릴 준비를 합니다. 이때에 일처다부제만 있었던 건 아닙니다. 반대로 일부다처제도 생겨나 부족의 연장자, 우두머리, 마술사 또는 승려는 여러 명의 아내를 거느리고 있었습니다. 여자들이 이처럼 권력자에게 집중되다 보니 여자를 차지하지 못한 사람이 늘어났고, 또한 욕구불만 상태인 여자들도 늘어났습니다. 그래서 특권층은 아내에게 사투르누스 대전 같은 축제에서 젊은 사람들과 향락을 허락하기도 했습니다. 비록 짧고 일시적이지만, 소외당한 여성에겐 다행한 해방구였습니다. 이렇게 인류는 진보할수록 다양한 만남, 다양한 혼인 제도를 탄생시켰습니다.

그리스신화의 트로이전쟁에서도 그런 약탈사건이 소개됩니다. 트로이 왕자 파리스에게 아내 헬레네가 납치되자 스파르타 왕 메넬라오스는 아가멤논과 함께 전쟁에 나섰습니다. 앞에서도 언급했지만 지지부진한 공략에 지친 그리스인들은 트로이의 주변국을 공격해 재물과 여자를 약탈했습니다. 그 가운데 가장 아름다운 처녀였던 프리세이스와 브리세이스 때문에 아가멤논과 아킬레우스가 불화를 겪게 됩니다.

결국 영웅들의 이 이야기는 가부장제 초기 단계의 설명이라 할 수 있습니다. 두 남자간의 여자 탈취 경쟁으로 질투가 시작되었습니다. 또한 이 이야기는 족외혼에서 여자를 강제로 데려오는 약탈혼이 있었다는 반증입니다. 트로이 왕자 파리스가 메넬라오스의 아내인 헬레네를 트로이로 데려갔다는 것은 족외혼의 신호이자 약탈혼입니다. 여자가 중요한 재화 중 하나로 다루어졌고, 남자의 종속물로 전락하기 시작했다는 뜻이기도 합니다.

우라노스의 끔찍한 성 요구에 치를 떨던 가이아가 남편을 성불구로 만들어 내치고 싶었던 것처럼, 여성은 일단 임신하면 남자를 받아들이는 것이 싫습니다. 그럼에도 남자는 제 욕심을 채우려 힘으로 제압하고, 그럴수록 여자는 남자에게서 벗어나고 싶습니다.

남자는 트로이 왕자 파리스가 그리스 공주 헬레네를 동경하듯이, 낯선 여자에게 더 호기심을 갖습니다. 이에 반해 여자는 익숙한 남자에게 더 편함을 느낍니다. 때문에 여성은 오직 한 남자에게 몸을 바치고 싶어 합니다. 그래서 생긴 제도가 속신으로, 남편 공유제에서 해방되어 오직 한 남자에게만 몸을 바치는 권리입니다.

이처럼 근본적으로 서로 다른 과정을 거쳐 온 남성과 여성의 자취가 지금의 보편적 무의식이 되었습니다.

그럼에도 야만시대나 미개시대엔 여전히 모계혈족을 따라 모계사회였습니다. 모권이 그리 강하지는 않았다고 해도 가부장제처럼 여성이 존재 이하의 대우는 받지 않았습니다. 적어도 안에서는 안주인이었고, 혈연 역시 모계를 따랐습니다.

대우혼이 성행했던 시대에도 여전히 모권은 유지되었습니다. 남성이 주도권을 갖느냐, 여성이 주도권을 갖느냐는 남녀의 성행위에도 곧바로 유지되었습니다.

생물의 제1 본능인 먹고 사는 문제는 제2 본능인 종족보존 본능과 자연스럽게 연결됩니다. 종족보존 본능은 결국 제1 본능을 쉽게 잘, 또는 용이하게 채울 수 있는 구성원을 탄생시키는 것과 연관되기 때문입니다. 따라서 에로스의 본능은 단순히 어떤 신체적 조건에만 끌리는 게 아니라 제2 본능을 충족시켜 줄 것인가와 더 밀접한 관계를 맺습니다.

시대에 따라 제1 본능을 해결하는 능력이 무엇인가가 제2 본능으로 채우는 상대의 기준이 됩니다. 수렵시대엔 수렵능력, 농경시대엔 경작능력, 정보화시대엔 정보능력, 자본주의 시대엔 돈 버는 능력이 제2의 본능의 상대이며 미의 기준입니다.

여성 역시 마찬가지입니다. 최고의 미를 자랑하는 여신 아프로디테도 시대에 따라 균형 잡힌 모습으로 그려지기도 하고, 때로는 제법 뚱뚱한 여신으로 등장하기도 합니다. 다산이 필요한 시대라면 아이를 낳기에 충분할 만큼 건강해야 하기 때문입니다. 따라서 남녀 성의 결합도 먹고 사는 문제, 즉 경제적인 면과 밀접한 관계가 있습니다. 이렇게 인간은 야만의 숲을 지나, 미개의 길을 걸으며 다양한 본능을 만들며 살아왔습니다.

:: 가부장제에서 여성의 자리

어머니는 알지만 아버지는 몰랐던 원시사회에선 금제도 없었고 질투도 없었습니다. 서로 더불어 성을 나누었기에 어떤 면에서 성이란 공적인 관계에 불과했습니다. 사적 감정이 많이 들어가는 깊은 관계가 아니라 같은 공동체 내에서 늘 생활했기 때문에 이별의 아픔이나 슬픔을 느끼지 않았습니다. 이때까지는 난혼이나 대우혼 또는 군혼 이상을 넘어가지 않았으니까요. 관계를 맺은 이들은 같은 부족이거나 멀리 봐야 대우혼의 대상인 매개부족 이상 멀어질 일이 없었습니다.

푸날루아(punalua) 가족의 경우 매개집단의 남자들은 다른 일정한 집단의 여자들과만 결혼했습니다. 어머니는 부족의 모든 자녀를 자신의 자녀로 인정하고, 비록 자신이 낳은 아이가 아니어도 그 아이들의 어머니로서 의무를 다했습니다. 다른 모든 어머니도 자신의 어머니로 인정했습니다. 족내혼은 금지되었으므로 형제와 자매간 성교는 금지되었고, 서로 혼인하면 안 되는 모계혈족이었습니다.

이런 과정에서 남매간에 이상한 감정을 품는 것은 점차 사그라들었습니다. 남매간 성교가 있었던 시대의 산물이 완전히 사그라들지는 않았지만 말입니다.

그리스신화에서는 우라노스와 가이아 사이에 태어난 티탄신족 12명 중 네 쌍이 남매간에 결합합니다. 태양신 헬리오스, 달의 여신 셀레네, 여명의 여신 에오스의 부모인 히페리온과 테이아가 남매이면서 부부이고, 스틱스를 비롯한 3000명의 오케아니데스를 낳은 오케아노스와 테티스 부부 역시 남매입니다. 지혜의 신 아폴론과 숲의 여신 아르테미스의 어머니 레토와 아스테리아를 낳은 신 코이오스와 포이베 역시 남매이며, 제우스, 하데스, 포세이돈, 헤라, 데메테르, 헤스티아 같은 올림포스 신족의 아버지 크로노스 역시 누이인 레아와 결혼했습니다. 그리스신화의 이 시대는 족내혼 시대였습니다.

신들 중 크로노스가 스키테라는 청동 낫으로 아버지 우라노스의 성기를 자르고 하늘로 쫓아버렸으니, 이 시대 이후 문명시대라 하겠습니다. 문명시대는 농경시대 이후라 할 수 있습니다. 먹을거리를 자연적 여건에만 의지하던 인간이 경작을 하여 해결하는 시대요, 부족의 공동소유만 있던 것이 사적 소유가 가능해진 시대입니다. 공산경제에서 사유경제로 넘어갔다고 할 수 있습니다. 컬처(Culture)라는 경작이 시작된 시대, 문화란 단어가 처음 시작된 시대입니다.

이때부터 본격적인 농경시대가 시작됩니다. 크로노스는 권력을 잡은 후 자식을 낳자마자 집어삼켜버립니다. 이는 생산물의 전부를 직접 소유한다는 의미입니다. 즉 사유재산이 제도화되면서 경제주체가 이제 부족이나 씨족 중심이 아니라 가족중심으로 분리되는 겁니다. 각 가정은 재산을 축적하기 시작했고, 축적된 재산은 남자가 관리했습니다. 그러면서 본격적인 남성중심의 가부장제가 열립니다.

모계혈통에서 부계혈통으로 바뀌고 사유재산의 축적이 그와 맞물리면서, 아버지는 재산을 자신의 순혈에게 물려주고 싶어 합니다. 그렇게 해서 상속권제도와 유언제도가 생깁니다. 또한 한 가정의 주인은 하나라는 호주제가 생기면서 호주가 될 자격도 남자로 제한됩니다. 따라서 여성이란 존재는 안주인의 지위도 박탈당하고 하녀들의 우두머리 정도로 취급당합니다. 이에 따라 혼인 유대는 보다 공고해졌고, 이렇게 맺은 유대는 끊기가 불가능했습니다. 남자는 정조를 지키지 않아도 될 권리를 얻어, 능력이 있다면 본처 외에 첩을 둘 수도 있었고 성을 살 수도 있었습니다. 반면 여성은 혼인하면 정조를 지킬 의무가 있었고, 이를 어기면 무서운 형벌을 받았습니다.

호메로스의 《오디세이아》에서 주인공 오디세우스는 트로이 전쟁에 출정하여 집에 돌아가기까지 20년이 걸립니다. 그럼에도 아내 페넬로페는 수절하면서 오디세우스를 기다렸습니다. 이 신화는 가부장제에서 남편과 아내의 상반된 모습을 잘 보여줍니다. 남편은 별의별짓을 다하며 오랜 시간 후에 귀향하지만 아내는 수절하며 남편을 기다립니다. 트로이 전쟁에서 그리스 최고사령관 아가멤논은 귀국할 때 트로이의 왕 프리아모스의 딸 카산드라를 데리고 돌아옵니다. 집에는 버젓이 본처 클리타임네스트라가 있음에도 말입니다. 그뿐 아니라 아가멤논과 아킬레우스는 전쟁에서 여자들을 포로로 잡아 자기 여자로 삼습니다. 성 노예로 삼은 셈입니다. 아가멤논은 프리세이스를, 아킬레우스는 브리세이스를 차지합니다. 이는 전쟁터에서 여자들을 강제로 잡아다 노예로 삼거나 성 노예로 삼는다는 의미입니다.

그리스신화의 영웅시대엔 일부일처제가 기본이지만 능력 있는 남자에겐 일부다처가 허용되었다는 흔적을 발견할 수 있습니다. 공고한 가부장제가 막 시작된 시대로 아직 미성년인 아이밖에 없다면 재산의 상속은 남자에게 속하되, 남편의 부재 시에 그 재산은 새로운 남편의 재산으로 편입되었다는 흔적도 볼 수 있습니다.

오디세우스의 아내 페넬로페에게 108인이나 되는 그리스 영웅들이 매일 프러포즈했다는 것은 단순히 그녀의 미모 때문만이 아니라 그녀의 재산을 얻기 위한 구애라고도 할 수 있습니다. 재산의 처분권은 여자의 몫이 아니라 남자의 권한이기 때문입니다. 여자는 물론 아이를 포함한 모든 재산이 새 남편의 소유가 된다는 것을 보여주는 예가 오디세우스와 페넬로페의 이야기입니다.

기원전 11세기 이야기로 추정되는 트로이 멸망은 다양한 인간 성문화를 잘 보여줍니다. 페넬로페처럼 끝까지 정숙한 아내로서 자리를 지키는 여인네도 있지만 억눌림과 성노예 이상의 취급을 못 받는 아내들의 불만을 표출하는 예가 여인들의 불륜입니다. 우선 트로이 전쟁의 불씨가 된 헬레네는 낯선 곳에서 온 트로이 왕자 파리스에 반해 사랑의 줄행랑을 칩니다.

전쟁터로 나간 남편의 귀향이 늦어지자 불륜을 저지른 클리타임네스트라도 있습니다. 그녀는 남편 아가멤논이 트로이전쟁에 나가서 10년이 넘게 있는 동안 아이기스토스와 사랑에 빠집니다. 돌아오지 않을 것 같던 남편이 카산드라까지 데리고 귀향하자 정부와 계략을 꾸며 남편을 잔인하게 도끼로 쳐 죽입니다. 간음이 드러나면 받을 처벌이 두려웠기 때문입니다.

트로이 전쟁 당시 영웅들의 이야기와 영웅들을 둘러싼 여인들의 이야기는 다양한 남녀관계의 양태를 보여줍니다. 그 다양한 모습들은 특정한 개인의 습성이 아니라 인간의 무의식 속에 가라앉은 보편적인 심리입니다.

이처럼 개인과는 관계없는 무의식이 인간 속에 켜켜이 가라앉았습니다. 인간 무의식을 만든 기억, 그 기억들을 우리는 그리스신화에서 만날 수 있습니다. 미개시대를 넘어서 문명시대로 들어서는 이즈음에 다양한 성문화가 탄생합니다. 그리고 이 다양한 성문화가 남녀의 보편심리의 총본산이 됩니다.

신이 내려준 고유한 성심리가 아니라 인류문화의 형성 과정에서 남성중심으로 짜인 무의식들입니다. 물리적 힘과 신체적인 자유로움을 무기로 여성을 정복한 남성은 절대 우위를 차지하고 갑의 위치에 섭니다. 여성은 남성의 성을 충족시켜야 하고, 그 씨를 잇기 위한 도구로 전락합니다. 관습이나 법에 의한 성의 제공이건 매춘이건 본질은 남성을 위해 존재해야 한다는 것입니다. 신이 완벽하게 창조한 인간으로서의 대우를 받는 것이 아니라 남성중심 문화가 인위적으로 만들어놓은 구조에 적응해서 살아남아야 합니다. 그것이 여성의 당연한 운명으로 받아들여졌습니다. 운명이 아닌 것을 운명으로 여긴 겁니다. 운명은 인간이 고칠 수 없습니다. 그러나 우리가 운명으로 생각해온 많은 요소가 운명적인 것이 아닙니다. 인위적으로 만든 것들을 오랫동안 답습하며 당연시 여긴 것들이 대부분입니다. 운명으로 받아들이면서도 그 운명에서 벗어나고 싶은 욕망의 몸부림, 그것이 에로스의 역사이며 보편적 무의식입니다.

:: 에로스적 충동이 지배하는 현대

신화는 역사시대의 도래, 즉 기록의 시대가 열림과 함께 막을 내립니다. 왜냐하면 신화는 기록이 없던 시대에 원시의 눈으로 본 그 본질의 기억이기 때문입니다. 호메로스가 기원전 800년경에 정리한 《일리아드》와 기원전 750년경의 《오디세이아》로부터 역사시대가 열렸습니다. 이후로 인류문화는 기록을 근거로 관습화되면서 무의식이 아닌 의식들이 기록으로 남습니다.

무의식의 발현 역시 기록으로 남았습니다. 존재들의 바람기는 적나라하게 기록으로 남습니다. 중세 기사들의 연애를 다룬 글이 그것을 증명합니다. 이들의 연애는 간통으로 일관합니다. 프로방스 지방의 연애시 〈여명의 노래〉는 기사가 자신의 연인인 정부와 동침하는 이야기입니다. 밖에는 그 기사를 돕는 파수꾼이 서 있다가 그가 일을 마치고 몰래 빠져나가도록 돕습니다. 여명이 밝아오는데도 나오지 않으면 파수꾼은 기사에게 그것을 알려줍니다.

그만큼 간통은 인류의 보편심리 속에 녹아들 수밖에 없도록 억눌려온 보편심리입니다. 인류의 여명기에 자유롭게 가졌던 남녀관계의 희구가 남녀 모두에게 동등하게 쌓여 있습니다. 남성은 그것을 비교적 자유롭게 발현할 수 있었으나 여성에겐 억제되었습니다. 문명시대에 들어서 생긴 법이나 제도에 순응했기 때문입니다.

더구나 중세사회에서는 거의 모든 것이 운명으로 규정되어 금욕해야만 했습니다. 모든 인간의 욕망을 기독교의 규정으로 금지시켰습니다. 대부분 전통적인 기독교 국가인 유럽에선 부모가 아들의 여자를 구해주었습니다. 만일 그것을 거부하면 자식은 부모의 재산을 상속할 수 없었습니다. 부모가 가진 계급과 재산을 고스란히 상속하려면 부모가 골라준 짝을 받아들여야 했습니다. 당연히 부모나 자식들은 보다 나은 계급이나 많은 재산을 상속받기 위한 속물근성에 따라 결혼해야 했습니다. 부모의 셈법에 따라 상대가 마음에 안 들어도 가문을 위해 받아들여야 했습니다. 기독교 교리에 따라 이혼은 금지되어 있었기 때문에 가정의 평화를 위해 그 모두를 감수해야 했습니다.

남자는 능력만 있다면 인류의 여명에서부터 내재한 난혼시대의 그리움을 충족할 수 있었습니다. 남자들에겐 간통이 허락되었고 성을 살 수 있었습니다. 그러나 여자에겐 아니었습니다. 욕망의 크기는 같은데 여성은 억눌렸습니다. 어쩌다 억눌린 성을 발산하다 발각되면 혹독한 처벌을 받아야 했습니다. 자신이 선택하지 못하는 삶, 여성은 켜켜이 피해의식과 억눌림의 압박을 삼키며 살았습니다. 그것이 여성다움이었고, 그것을 어머니는 딸에게 교육시켰습니다. 스스로 운명이란 굴레를 씌우며 스스로를 길들였습니다.

마음에 들지 않아도 억눌려 사는 삶, 스스로 선택한 운명이기에 우울을 만들었고, 과거시대의 난혼을 더 꿈꾸게 했습니다. 프랑스나 러시아문학에서 불륜소설들이 더 많이 나오는 이유가 거기 있습니다. 전통적인 가톨릭 국가에선 모든 운명이 부모의 손에 달렸기 때문에, 싫어도 그냥 받아들여야 했기 때문에, 그 억눌린 욕망들이 소설로 표현되었고, 실제 그런 연애사건들이 일어났습니다.

문명화된 현대에는 남녀가 동등하게 결혼 상대의 선택권을 갖습니다. 또한 상호 동일한 권리와 의무를 갖습니다. 간통을 규제하는 법의 규제도 점차 의미를 잃고 있습니다.

성은 억누르면 억누를수록 무의식의 바다에서 우뚝 솟아오르는 아프로디테적 욕망입니다. 의식으로 누를 수 없는 강한 힘입니다. 그 힘을 관습으로, 법으로 눌러왔습니다. 사회가 개인의 성을 통제했습니다. 통제받지 않았던 시대의 성을, 자유롭게 욕망을 발현했던 원시시대의 성의 기억을 사회가 통제했습니다.

현대에 들어오면서 그 모든 것이 개인의 몫으로 넘어오고 있습니다. 여성과 남성이 평등하게 상호선택권을 가지면서입니다. 상호 같은 조건과 같은 권리를 가지고 선택할 수 있습니다. 이전 시대의 혼인에 의한 성교는 서로의 합의만 있으면 가능합니다. 자기 세력의 확장을 위해 자식을 도구로 삼고, 가문의 이해타산으로 자식을 희생시켰던 시대에서 개인의 선택과 결정, 개인의 감정이 그 기준이 되었습니다. 이전 시대의 결혼이 운명이었다면 이제는 계약관계에 불과합니다. 운명이란 의식은 깨뜨릴 수 없다는 전제가 있는 반면, 개인과 개인의 약속인 계약은 개인이 합의하면 깰 수 있습니다. 따라서 간통이나 불륜으로 인한 강한 처벌 같은 용어가 그 힘을 잃었습니다.

하지만 원시시대 난혼의 그리움, 자유로운 결합의 그리움은 여전히 무의식에 존재합니다. 금기의 영역이 좁아짐으로써 사회문제화는 줄어들지만 그 욕망은 여전히 유효합니다. 단지 그 발현이 이전에는 남성에게만 자유로웠던 데 비해 여성도 동등하게 누려간다는 점이 다를 뿐입니다.

즉 다시 난혼시대, 원시시대의 성 시대로 인류는 접어들고 있습니다. 야만시대에서 미개시대로, 미개시대에서 문명시대, 이제 문명시대에서 성욕에 있어서만은 원시상태로 회귀하려고 합니다. 그것이 어쩌면 인간의 완전한 순수상태일 테니까요. 신은 어느 인간이 우위에 있고, 어느 인간이 아래에 있도록 창조하지 않았습니다. 인간이 시대의 흐름에 적응하면서 억지로 그런 문화를 만들어 왔을 뿐입니다.

남자도 여자도 난혼의 기억, 대우혼, 군혼의 기억을 갖고 있습니다. 그런데 남자는 그것을 발현하며 살았고, 여자는 그것을 억누르며 살았을 뿐입니다. 그 기억을 이제 여자도 되찾고 있을 뿐입니다. 문명의 발달로 생존욕구 적응에서 이제 여성이 불리하지만은 않습니다. 그렇다면 이제는 여성도 갑의 위치에 오를 수 있고, 남성과 동등한 위치에 자리할 수도 있습니다.

동물세계에서는 을의 위치에 있는 성이 더 아름답습니다. 선택을 받기 위한 하나의 수단입니다. 그렇다면 인간의 모습도 점차 변할 것입니다. 서로 아름다워지려는 노력의 단계를 지나 만일 남성이 을의 위치에 놓이는 시대가 오면 남성은 더 아름다워지려 애쓰고, 여성은 더 이상 아름다워지는데 지금처럼 투자하지 않을지도 모릅니다. 그때도 여전히 인간은 원시시대를 기억할 것입니다. 이른바 잊힌 기억입니다. 무의식으로 남은 기억, 이른바 존재들의 난혼 시대의 기억, 대우혼 시대의 기억, 족내혼 시대의 기억, 족외혼 시대의 기억입니다. 결론은 에로스입니다. 인간 삶의 가장 지배적인 강한 힘, 또는 무의식은 에로스적 충동입니다.

:: 태어나는 남자, 만들어지는 여자

인간 심리의 중심에는 에로스가 있습니다. 에로스는 창조의 시작임과 동시에 인간사회를 좌우하는 강렬한 힘입니다. 에로스가 인간의 행동을 지배하고, 행동의 오랜 지배는 심리를 지배합니다. 때문에 인간의 보편심리 중심엔 에로스가 버티고 있습니다. 에로스를 빼고는 인간을 이해할 수 없고, 인간이 이루는 사회를 알 수도 없습니다. 진정한 인간 이해는 에로스의 이해로부터 비롯된다고 할 수 있습니다.

심리학에서는 인간에게 존재하는 가장 강렬한 심리로, 에로스라는 삶의 충동과 타나토스라는 죽음의 충동을 이야기합니다. 에로스와 타나토스는 서로 상반된 충동이면서 같은 선에 나란히 서 있습니다. 삶의 극단에서 만나는 것이 죽음이고, 죽음에서 벗어나려는 몸부림에 삶이 있기 때문입니다. 이 양극단의 심리 사이에 이루 헤아릴 수 없이 복잡한 심리들이 촘촘하게 인간 내면을 지배하고 있습니다. 그러니까 에로스는 심리학의 시작이자 끝이요, 인간 세상의 알파이자 오메가라고 할 수 있습니다.

이 에로스를 피상적으로 잘 보여주는 것이 여성의 허영이요, 남성의 쾌락입니다. 허영과 쾌락은 남녀가 사랑, 즉 에로스를 얻기 위한 방법의 다름 아닙니다. 신화는 여성과 남성이 왜 에로스에서 비롯된 심리를 갖게 되었는지를 상징적으로 잘 보여줍니다. 남성과 여성 간의 간극을 메우기도 하고 벌어지게도 하는 등 복잡한 심리를 만들어 내는 에로스의 충동을 중심으로 남성 심리와 여성 심리가 서로 달리 나누어집니다. 하나의 예를 들어볼까요?

트로이의 왕자로 태어났으나 양치기의 아들로 살아왔던 파리스는 어느날 제우스의 명령으로 정숙미의 헤라, 지성미의 아테나, 섹시미의 아프로디테, 이 세 여신 가운데 누가 가장 아름다운지를 판결하게 되었습니다. 그가 가장 아름다운 여신에게 주라는 황금사과의 주인으로 아프로디테를 선택하자 아프로디테는 명실상부 가장 아름다운 여신으로 등극합니다.

파리스가 왕자의 몸으로 양치기의 손에 자란 데에는 사연이 있었습니다. 아이를 가진 트로이의 왕 프리아모스의 아내 헤카베가 두 번에 걸쳐 불길한 태몽을 꿉니다. 곧 태어날 아이가 트로이를 완전히 잿더미로 만들 왕자라는 것입니다. 아이가 태어나자 나라의 미래를 염려한 트로이 왕은 아이가 죽도록 양치기에게 갖다버리게 합니다. 양치기는 명령에 따라야 했지만 차마 죽이지 못하고 자신이 양을 치는 이다산에 버리지요.

하지만 마음이 여린 양치기는 며칠 후 아기를 버린 자리에 다시 찾아갑니다. 아기는 아기 곰들과 함께 어미 곰의 젖에 매달려 젖을 먹고 있었습니다. 경이로움과 두려움에 사로잡힌 양치기는 어미 곰이 아기들을 데리고 자리를 뜨기를 기다려 아기를 데려다 기릅니다. 아기는 양의 젖을 먹으며 자랍니다. 아기가 울면 양치기는 아기를 바구니에 담고 줄로 매달아 흔들어주며 달랬습니다. 양치기에게서 자란 파리스는 '바구니'란 뜻의 이름을 갖습니다. 원래 트로이 왕가에서는 알렉산드로스(국가를 보호하는 자)란 이름을 얻었으나 양치기의 아들로 자라면서 파리스(바구니)라는 여성형 이름을 받게 된 겁니다.

파리스가 늠름한 청년이 되었을 때 트로이에서는 매년 열리는 제의의 무예 우승자에게 멋진 소를 부상으로 주려 합니다. 트로이 왕의 신하들은 이다 산에서 마음에 드는 소를 찾았습니다. 하필이면 그 소는 파리스가 재물 이상으로 아끼는 친구 같은 소였습니다. 강제로 소를 빼앗긴 파리스는 소를 찾아 트로이 성으로 갑니다. 그러고는 치열한 시합에서 쟁쟁한 영웅들과 트로이의 왕자들을 다 물리치고 우승자가 되어 소를 되찾습니다. 이를 질투한 트로이 왕자에게 죽을 고비를 맞지만, 예지력을 가진 트로이 공주 카산드라 덕분에 살아남을 뿐 아니라 트로이의 왕자임이 밝혀져 지위도 되찾습니다. 우여곡절 끝에 갑자기 양치기의 아들에서 트로이 왕자가 되어 한껏 들떠 있는 파리스에게 제우스의 전령 헤르메스가 찾아와 미의 여신을 선택하라는 제우스의 명을 전합니다. 신의 몸을 보는 것은 저주를 받는 일이기에 모두 거부하지만, 철딱서니 없는 파리스는 졸지에 왕자가 되는 바람에 사리판단을 잘 못하고 제안을 받아들인 겁니다.

인간 남자 펠레우스와 여신 테티스의 결혼식 피로연에 초대받지 못한 불화의 여신 에리스는 자존심이 상해서 축하 분위기를 깨뜨리고 불화를 일으키려고 헤라와 아프로디테, 아테네 여신 앞에 '가장 아름다운 여신에게'란 문구가 적힌 황금사과를 던졌습니다. 이를 본 세 여신은 저마다 그 사과의 주인은 자신이라며 달려들었습니다. 신들 사이에 문제가 된 사과의 주인을 가리는 일은 제우스의 몫이었으

엔리케 시모네, 〈파리스의 심판〉(1904, 스페인 말라가 피카소미술관)

나 나라 문제를 논의할 때 의결권을 가진 이들 중 하나를 선택하는 것은 제우스에게도 부담스러운 일이었습니다. 아무도 판정에 나서지 않자 제우스는 헤르메스에게 세 여신을 이다산으로 데리고 가 파

리스에게 해결을 하라고 맡겼습니다.

세 여신은 아름다움을 뽐내기 위해 파리스가 시키는 대로 옷을 벗기까지 합니다. 제우스 앞에서만 옷을 벗던 헤라와 세상에 처음 나올 때부터 완전무장을 한 아테나는 물론 옷을 벗는 게 전혀 어려울 것 없는 아프로디테도 파리스 앞에서 옷을 벗습니다. 그러고도 파리스가 결정을 못 내리자 세 여신은 로비를 합니다.

헤라는 자신에게 사과를 주면 소아시아의 권력을 주겠다고 약속합니다. 아테나 여신은 지혜와 함께 어떤 전쟁에서도 백전백승할 수 있는 전략을 주겠다고 했지요. 마지막으로 미의 여신 아프로디테는 지상에서 가장 아름다운 여인을 아내로 맞게 해주겠다고 파리스를 설득합니다. 파리스는 세 여신의 제안을 듣고 아프로디테에게 사과를 건네줍니다. 결국 파리스의 이 선택으로 트로이는 헤카베의 태몽처럼 완전히 멸망하고 그 자신도 비극적인 죽음을 맞고 맙니다. 쾌락을 추구한 한 남자의 선택에 그 자신의 생사는 물론 나라 전체의 흥망이 달린 순간이었습니다.

이처럼 남성의 치명적인 약점은 쾌락에 잘 빠진다는 것입니다. 유혹에 빠지면 제정신을 못 차리고 자기 자신은 물론 주변까지도 어렵게 만듭니다. 벗은 여신들의 아름다운 유혹, 눈앞에서 화려한 나신이 아른거리니 다른 것은 보이지 않습니다. 때문에 파리스는 보다 거시적인 선택을 하지 못하고 바로 앞에 놓인 쾌락을 선택합니다. 권력을 얻으면 조금 시간이 걸리지만 쾌락을 얻을 수 있습니다. 전쟁에서 백전백승하면 당연히 권력을 얻을 수 있고, 권력을 얻으면 쾌락 또한 얻을 수 있을 터인데, 파리스의 선택은 남자의 치명적인 약점이 쾌락이라는 것을 여실히 보여줍니다. 쾌락에의 약점, 남성은 여자와 함께 있기를 그토록 좋아하면서도 본능적으로 여자를 경계합니다. 좋지만 자칫 자신의 삶을 망칠 수도 있다는 불안감 때문입니다.

이에 반해 여성이 가장 경계해야 할 유혹은 허영입니다. 허영에 빠지기 쉬운 여성의 심리, 남자에게 잘 보여야 한다는 허영 앞에서는 부끄러움을 생각할 겨를이 없는 여성들의 모습은 여성의 근원적인 약점을 보여줍니다.

여성이 가장 빠지기 쉬운 유혹인 허영, 남성이 가장 빠지기 쉬운 유혹인 쾌락, 이러한 남성 본능과 여성 본능은 어떻게 형성된 것일까요? 크게 두 가지 본능으로 정의했지만 그 안에는 수많은 본능들이 내재되어 있습니다.

남성과 여성이라는 이름의 인류는 살아오면서 서로에게 영향을 미쳤습니다. 이들의 일상의 다름, 하는 일의 다름이 생각의 다름을 낳았습니다. 그 결과가 지금의 남성 심리요, 또한 지금의 여성 심리입니다. 공고한 가부장제에서 남자는 타고난 그대로 살면 되었으나, 여성은 사회가 만들어놓은 틀에 갇혀 살아야 했습니다. 그러니까 남자는 타고난 존재요 여자는 만들어진 존재, 남자가 자율적 존재라면 여자는 타율적 존재라 할 수 있습니다.

:: 남자가 화장하는 시대

남성중심 사회에서 여성은 때로 남성의 폭력에 굴종하며 살아야 했습니다. 남성은 힘을 우위로 여성을 아무렇게나 대했습니다. 남성이 갑이요 여성이 을의 입장이었습니다. 갑은 눈치 볼 것도 없는 명령자였습니다. 을은 생존을 위해 또는 편안한 삶을 위해 눈치를 보며, 아름다운 모습으로 갑의 마음에 들어야 했습니다. 여성의 잘 보여주기, 예쁘게 꾸미기는 어쩔 수 없는 선택이었습니다.

파리스와 삼미신 이야기를 보면, 한 남자가 세 여자를 발가벗겨 놓고 감상합니다. 그것도 같은 등급의 인간이 아니라 여신들입니다. 여신마저도 남성의 노리개처럼 벗으라면 벗습니다. 남성은 우위에 있고 여성은 그 아래에 있습니다.

왜 여자는 남성에게 굴종해야 했을까요? 남존여비, 근원적으로 여성은 노예로, 남성은 주인으로 태어나기라도 한 것일까요. 여필종부, 여자는 땅으로 남자를 하늘로 받들도록 창조되었을까요. 이렇게 질문해보자고요. 신은 실제로 남성을 보다 우수한 존재로, 여성은 열등한 존재로 창조했을까요? 아니면 대부분의 신화가 그렇듯이 최고의 신은 남성일까요? 신이 여성이나 남성을 차등을 두어 창조했다고 생각하지 않습니다. 두 성은 동등하게 창조되었으며, 신은 남성도 여성도 아닌, 성을 필요로 하지 않는 존재일 것입니다.

요컨대 지금의 여성 심리와 남성 심리는 근원적으로 신이 만들어 놓은 것이 아니라, 살아온 환경에 의해 그렇게 되었다는 전제입니다. 인간이 살아온 길을 되짚어보면 처음 인류는 모혈중심이었다는 것이 학자들의 견해입니다. 그러다 부계중심으로 바뀐 것은 농경시대 이후입니다. 농경사회는 인류가 본격적인 정착생활을 시작한 시기로 이때 사람들은 도구를 사용하기 시작했습니다. 도구를 사용해 경작을 하는 데엔 무엇보다 남성의 힘이 필요했습니다. 경작은 생존본능을 충족할 수 있는 근원적인 노동이었으므로 이때부터 힘으로 도구를 사용하는 남성이 중심이 될 수밖에 없었습니다. 농경사회라는 특수한 환경이 남성을 여성보다 우위에 있도록 했습니다.

남성이 신체적인 또는 물리적인 힘의 우위를 점하면서, 힘을 앞세운 남성은 여성과 아이를 지배하기 시작했고, 그것은 남성이 공동체의 모든 것을 지배하는 원동력이 되었습니다. 점차 여성은 남성에게 종속되었으며, 역할분담도 뚜렷해졌습니다. 생존을 위해서 여성은 남성에 의존할 수밖에 없었고, 물리적 힘과 식량의 힘에 눌린 여성은 남성의 눈치를 보면서 살아야 했습니다. 남성의 폭력 앞에 살아남기 위하여 나름의 방법을 강구하면서 살았습니다. 힘의 열세로 출발한 남성과 여성의 차이는 점차 벌어졌고, 남존여비니 여필종부니 하는 지경에까지 이르렀습니다.

여자의 눈치 빠름! 남성의 압제 아래서 살아남아야 하는 여성은 강한 남성의 눈치 보기, 여러 여성 중에서 남성의 눈에 들기 등 주어진 환경에서 궁여지책으로 살아야 했고, 적자생존의 원칙 안에 순응해야 살아남았습니다. 그러다보니 남성을 적이 아니라 주인으로 섬기는 대신에 같은 성이지만 동시에 경쟁자인 여성을 오히려 적대시 하는 질투와 시기가 여성의 전유물로 여겨지게 되었습니다. 남성은 여성 공동의 적이 아니라 섬김의 대상으로, 여성끼리는 서로를 생존 경쟁의 상대로 여기는 아이러니한 관계가 이어진 것입니다. 이러한 특수한 환경에서 서서히 젖어든 것이 오늘날 여성의 보편심리로 자리 잡았습니다. 그 결과 여성은 남성보다 눈치가 빠릅니다. 또한 남성의 눈에 들기 위해 보다 예쁘게 보일 필요가 있었습니다. 여성이 화장을 잘하는 이유입니다.

여성은 남성에 비해 동시에 여러 일을 할 수 있는 능력이 뛰어납니다. 이는 여성의 일상과 관련이 있습니다. 가사와 육아를 담당한 여성은 집안에서 여러 일을 동시에 해야만 합니다. 아이를 달래다 요리를 해야 하고, 길쌈도 해야 합니다. 이를 순차적으로만 할 수는 없고 동시에 해야 하는 경우가 많았습니다. 그러한 환경이 오늘날의 여성에게 전이되어 멀티능력을 갖게 했습니다. 때문에 여성은 과정을 중요시하며 잔재미에 보다 관심을 갖는 보편심리를 갖습니다.

반면 남성은 집에 들어오면 군림하는 것으로 끝나는 단순함 때문에 지금도 한 가지 일에만 전념할 줄 압니다. 수렵시대로부터 시작된 사냥꾼의 학습 활쏘기, 목표지향적 습성 때문에 남성은 목적을 중요시합니다. 단순한 남성 심리는 이처럼 갑의 입장에서 살았던 군림의식, 사냥에서의 목표지향 습관에서 비롯되었습니다.

남성과 여성의 근원적인 차이는 물리적 힘의 차이 외에는 별로 내세울 것이 없습니다. 공간능력이니 언어능력이니 이러한 것들은 두 성이 각기 살아오는 과정에서 훈련된 것에 다름 아닙니다. 남성이 주로 어떤 일을 하며 살아왔고, 여성은 어떤 일을 주로 하며 살아왔느냐의 차이입니다. 요즘 들어 남성만의 고유한 영역이라고 여겼던 부분이 줄어드는 것도 그 이유를 잘 설명해줍니다.

남성이나 여성이 같은 일을 오랫동안 해왔다면 지금의 차이는 상상도 할 수 없을 것입니다. 서로 다른 일을 하면서 남성은 남성답게, 여성은 여성답게라는 공식이 지배한 결과가 지금의 모습입니다. 이제 여성의 사회참여 또는 정치참여로 상호간의 고유한 영역은 현저히 줄어들고 있습니다. 흔히 남성이 여성보다 탁월하다고 여겨졌던 철학이나 논리학, 수학 등에서의 활약도 마찬가지입니다. 그동안 여성에게 교육의 기회가 없었던 탓이지 본래 타고난 천성은 아닙니다.

우리보다 앞선 서양에서도 여성이 교육을 받는 일은 무척 어려웠습니다. 실제로 여성이 제대로 교육 받을 기회를 얻은 것은 20세기 들어서였습니다. 물론 유럽에서는 수녀원에서 일부 여성이 교육을 받기는 했으나, 이는 더욱 여성답게 살라는 교양 교육이었습니다. 어머니로부터 받는 교육은 더더욱 여성다움을 함양하는 것이었지요. 보다 진보적인 교육이라 해도 글을 깨우친 여성이 소설을 읽는 것 정도가 전부였습니다.

여성은 남성 사회에 접근하는 것조차 어려웠습니다. 투표권을 얻게 된 것도 그리 오래전의 일이 아닙니다. 세계 최초로 전국 선거에 여성 투표권을 허용한 국가는 뉴질랜드로 1893년, 뒤이어 오스트레일리아와 남부 웨일스가 1902년, 핀란드는 1906년, 스칸디나비아 반도 국가들과 오스트리아, 덴마크, 독일, 룩셈부르크, 네덜란드, 폴란드 그리고 러시아가 1910년대, 현대사회에서는 민주주의의 산실로 여겨지는 영국과 미국조차 1920년대까지 기다려야 했습니다. 2004년에 이르러서야 세계 대부분의 나라에서 여성의 투표가 가능해졌습니다.

이처럼 여성은 남성중심 사회에서 공정한 게임을 할 수 없었습니다. 물리적인 힘에 눌려서 가정 안에 머물러야 하는 환경적 제약이 첫번째요, 교육을 받을 기회를 얻지 못함이 두번째요, 사회활동을 할 수 없었음이 세번째요, 사회참여를 전혀 할 수 없었던 것이 네번째 제약이라고 할 수 있습니다. 이러한 제약 때문에 여성은 자기계발은 물론 폭넓은 사회경험을 쌓을 수 없어서 좁은 관계만을 유지할 수밖에 없었으니, 아무리 유능한 유전자를 타고난 여성이라도 자기 능력의 최대치를 발휘할 수 없었음은 자명합니다.

여성과 남성의 능력에서 남성이 물리적인 힘의 우위에 있다면, 여성은 섬세한 면에서 남성보다 우위에 있습니다. 이렇게 본다면 더더욱 남성과 여성의 능력은 동등합니다. 얼마 되지 않은 여성 환경의 진보적인 변화, 오래지 않은 여성의 교육 기회, 막 시작된 여성의 사회활동과 정치참여의 결과만으로 여성과 남성의 능력을 비교할 수는 없습니다. 그럼에도 최근 여성들의 사회진출을 보면 그 속도가 남성을 능가한다는 것을 알 수 있습니다. 남성만의 영역이라고 여겨지던 지점은 거의 다 사라졌습니다. 사회 전 분야에 진출하는 여성의 증가속도가 무서울 만큼 빠릅니다. 사회적 약자로 살아오면서 키운 궁여지책의 능력, 무의식적으로 숨겨온 날카로운 지혜, 여성만의 세밀한 힘은 이제 남성의 아성을 무너뜨리는 것은 물론 여성 중심으로 영역을 넓혀가고도 남습니다.

그럼에도 불구하고 힘을 앞세운 남성중심 사회에서 궁여지책과 적자생존을 위한 몸부림으로 살아온 여성, 신화에 드러난 여성 심리는 아직 유효합니다. 보편적인 심리, 칼 융이 말한 심리는 아주 오랜 동안 만들어져 온 것이기에 쉽게 변하지 않습니다. 앞으로 여성과 남성이 어떤 생각으로 살아가느냐, 어떤 활동을 하느냐, 어떤 교육을 하느냐에 따라 그 변화의 속도나 질은 달라질 것입니다. 지금의 남성 심리와 여성 심리는 이미 굳혀진 것이지만 앞으로 여성은 여성답게, 남성은 남성답게가 아니라 남성이나 여성이나 그냥 등가치하게 인간답게 교육을 한다면 보편적인 남성과 여성의 심리 또한 변할 것입니다.

어쩌면 언젠가는 갑과 을의 관계가 역전되어 여성은 화장을 하지 않고 오히려 남성이 화장을 하는 시대, 노비가 기다린다고 생각하던 남성중심의 시대에서 여주인이 집에서 기다리는 시대가 올지도 모릅니다. 그러나 군주와 시민이 동등하고, 부자와 빈자가 동등하며, 남성과 여성이 동등하여, 서로가 서로를 제대로 이해하며 존중하고 서로의 다름을 받아들이며 살아야 한다는 명제를 깨우치는 것, 그것이 인문학의 본질 아닐까요. 아직은 남성이 여성보다 유리한 위치에 있다면, 남성의 배려가 더 필요합니다. 성과 관계없이 누구나 동등한 인간이어야 하니까요.

그리스신화로 읽는 **에로스 심리학**

초판 찍은 날 2017년 12월 4일
초판 펴낸 날 2017년 12월 11일

지은이 최복현

펴낸이 김현중
편집장 옥두석 | **책임편집** 이선미 | **디자인** 이호진 | **관리** 위영희

펴낸 곳 (주)양문 | **주소** 서울시 도봉구 노해로 341, 902호(창동 신원리베르텔)
전화 02. 742-2563-2565 | **팩스** 02. 742-2566 | **이메일** ymbook@nate.com
출판등록 1996년 8월 17일(제1-1975호)

ISBN 978-89-94025-65-0 03180
잘못된 책은 교환해 드립니다.